# 資本蓄積と失業・恐慌

リカードゥ，マルクス，マルサス研究

蛯原良一 著

法政大学出版局

# 目　次

凡　例

序　論　本書の課題　1

## 第1篇　リカードゥの「機械について」とその経済学的意義

### 第1章　リカードゥの「機械について」と一般的過剰生産　7
序　説　7
1　機械導入と労働階級の失業　9
2　機械導入による総生産物「減少」の意義　13

### 第2章　リカードゥの機械論と補償説的見解について　31
　　　──特にリカードゥ著『マルサス評注』の「評注149」との関連において──

序　説　31
1　リカードゥ著『マルサス評注』の「評注149」に対する
　　スラッファの評価について　37
2　J.R. マカロックの補償説的見解と「評注149」について　44
3　「機械について」と総生産物の減少　49
むすび　54

### 第3章　リカードゥとシスモンディの機械論について　62
　　　──それらの類似性と相違点──

序　説　62
1　シスモンディによるリカードゥ批判の視角　64
2　シスモンディの価値論，剰余価値論そして資本関係論と
　　労働者階級の窮乏化論　67
3　シスモンディの国民所得論　77
4　シスモンディの機械論　80
むすび　88

第4章　リカードゥの「機械について」に対する
　　　　　J. バートンとシスモンディの影響について　104

　　序　　説　104

　1　J. バートンの影響について　107

　2　シスモンディの影響について　116

　　むすび　122


第2篇　マルクスとリカードゥにおける資本の絶対的過剰生産

　　序　　説　137

　第1章　マルクスにおける利潤率の傾向的低下の法則と
　　　　　資本の絶対的過剰生産について　139

　第2章　リカードゥにおける利潤率の傾向的低下の法則と
　　　　　資本の絶対的過剰生産について　154

　　むすび　168


第3篇　『剰余価値学説史』におけるマルクスの,
　　　　マルサス剰余価値論批判について──一つの疑問

　　序　　説　173

　第1章　『剰余価値学説史』におけるマルクスの,
　　　　　マルサス剰余価値論批判　176

　第2章　アダム・スミスの生産的労働論に対するマルサスの評価　181

　第3章　『経済学原理』におけるマルサスの
　　　　　剰余生産物論と剰余価値　187

第4章 『価値尺度論』および『経済学における諸定義』における
　　　マルサスの剰余価値論　192

　　むすび　205

第4篇　マルサスの有効需要論と剰余価値

　　序　説　211

　第1章　マルサスにおける商品の必要価格の三構成要素と
　　　　剰余価値　215

　第2章　マルサスの有効需要論と「全生産物の交換価値の増大」
　　　　について　224

　　むすび　232

付録1　リカードゥのギャトコム・パークとアダム・スミスの肖像画　235
　　──イギリス経済学史の旅のひとこま──

付録2　（資料・翻訳）『国民的諸困難の原因および救済。……
　　　ジョン・ラッセル卿への書簡』ロンドン，1821年（匿名）　241

　　あとがき
　　初出一覧
　　索　引

# 凡　例

1.　本書で使用するリカードゥの原書は，*The Works and Correspondence of David Ricardo*, edited by Piero Sraffa with the Collaboration of M.H. Dobb, 10 Vols, Cambridge University Press, 1951-1955 である。それらの邦訳書は，『リカードゥ全集』（全10巻，雄松堂書店発行，1969-1978年）を使用する。引用する場合には，『リカードゥ全集』または『全集』と記してその各分冊のページ数を示し，原書からのページ数は省略する。邦訳書には原書のそれが記されているからである。ただし，『経済学および課税の原理』については，岩波文庫版の羽鳥卓也・吉沢芳樹共訳書（上・下）から，また『マルサス経済学原理評注』については，同文庫版の小林時三郎訳，マルサス著『経済学原理』（上・下）に付け加えられたものからも，そのページ数を示すことにする。

2.　本書で使用する『資本論』と『剰余価値学説史』の原書は，*Karl Marx, Friedrich Engels Werke*, Band 23-25, und Band 26, Diets Verlag, Berlin, 1962-1964, und 1965-1968 である。邦訳書は『マルクス・エンゲルス全集』大月書店発行，第23〜第25巻，1965-1967年，および，同『全集』第26巻，1969-1970年である。これも，同全集の各巻と各分冊のページ数のみを記し，原書のページ数は邦訳書に記されているので省略する。

3.　本書の第3篇と第4篇では，マルサスの諸著書からの引用は，それぞれの原書のページから行っているが，第3篇ではその外に，*The Works of Thomas Robert Malthus*, edited by E.A. Wrigley and David Souden, London, W. Pickering, 1986 からも，*Works* と記して，そのページ数を示した。

# 序　論
## 本書の課題

　資本蓄積とは，言うまでもなく，資本主義社会における個々の資本が一度獲得した剰余価値を，資本の拡大のために追加することである。このことによって個別資本においてはもちろんのこと，社会的総資本において生みだされる国民所得も増加し，国富が増加すると考えたのが，イギリス18世紀の古典派経済学の創始者A. スミスであったが，本書は，マルクスが『経済学批判』において「古典派経済学の完成者」と呼んだ19世紀初頭のイギリスの経済学者D. リカードゥの資本蓄積論に焦点を絞り，それの解明を意図したものである。なぜならば，リカードゥのそれには，素朴なものではあれ，労働者の失業や資本主義社会全体に恐慌・不況等をもたらす経済学的原理の，先駆的理論が含まれていたからである。リカードゥのこれらを分析する場合には，それらが後に発展すべき，マルクスの経済学的原理についても，筆者の見解を示しておいた。

　なお，これらに，通例『資本論』第4巻と考えられている『剰余価値学説史』――筆者はこれを『資本論』第1巻の学説史と理解している――において，マルサスの経済学には，資本蓄積の源泉である正当な剰余価値論が存在しない，と厳しく批判したマルクスに対する，筆者の年来の強い疑問を述べた論稿を加えた。日本ではマルサスは，通常，マルクス経済学の立場から，A. スミスやリカードゥ等によって形成された古典派経済学の「解体者」，と目される場合が多い。しかしマルサスは，本文で知るように，A. スミスの生産的労働の意味をほぼ正当に理解し，またそのような観点から，マルクスがフランスの古典派経済学者と理解していたシスモンディと同様に，生産と消費の不均衡による一般的過剰生産の存在を明らかにしているので，筆者は

マルサスを，イギリスの古典学派を構成する者の一人として取り上げた。

それはともかくとして，本書の目次を見ていただければ分かるように，筆者はリカードゥの資本蓄積論を，1821年に出版された『経済学および課税の原理』(*On the Principles of Political Economy and Taxation*, 1817) の第3版に新たに付け加えられた，第31章「機械について」(On Machinery) の分析を行いつつ，本書の第1篇で明らかにしたいと思う。

言うまでもないが，マルクスが「マニュファクチュア時代の包括的経済学者」と呼んだA.スミスは，資本家が賃銀労働者から彼らの労働力を購入して生産を行う，資本主義的生産関係のもとでの経済学者ではあったが，この時代の資本の生産過程は，機械ではなくて，基本的には個々の部分労働者が道具を使用しつつ，分業に基づく協業によって商品生産を行うマニュファクチュアであった。したがって，A.スミスは，剰余価値から新たに蓄積される資本は，すべて賃銀労働者の労働力を購入するために支出されるべきものであって，機械や原料を購入すべきものは排除し，また一国で生産される商品の価値総額から生産手段の価値を除いて，賃銀 (v)，利潤 (m)，地代 (m) 等の収入からのみ成り立つとする，いわゆる「v+mのドグマ」に陥っていた。

スミスによれば理論的にも，個々の資本で生産される商品の価値は，機械や原料等の生産手段の価値 (c) ＋労働者の労働によって再生産された労働力の価値 (v) ＋労働者の剰余労働によって新たに付け加えられた〔利潤 (m) ＋地代 (m)〕と正当に考えていたが，社会的総資本の観点から見ると，この生産手段も労働の生産物であって，その価値は (c+v+m) であるはずなのに，スミスはこれを誤って (v+m) と考えたために，結局，社会的総収入も (v+m) になる，というのである。このことは，さらにスミスによると，資本家個人が不生産的浪費を避けつつ，獲得した剰余価値の，できるだけ多くのものを資本として蓄積したならば，資本家はより多くの生産的労働者の労働力に対する需要が増加して，彼らの生活が豊かになるとともに，賃銀，利潤，地代等の収入から成り立つ国富が増加するのである。

これに対して，イギリスの主要産業が毛織物工業から綿織物工業に移行しつつあった産業革命の完成期に「機械について」を執筆したリカードゥの資本蓄積論には，スミスの「v+mのドグマ」のような誤った見解も存在した

が，しかしこれらと矛盾なく，蓄積される資本の中に，労働手段に支出される「固定資本」を加え，しかもこれが，労働力に支出されるべき「流動資本」に対して，より大なる比率を占めれば，労働力に対する需要は相対的に，総資本が一定のときには絶対的に減少して労働者階級の失業を生みだす，とリカードゥは述べ，そして産業革命期における彼らの苦しみを経済学的に正当化した。リカードゥの「機械について」が含んでいる論理は，スミスの「v+mのドグマ」を否定する側面をも含んでいたばかりでなく，これは，他の幾人かの経済学者とともに，マルクスの相対的過剰人口の理論の形成に強い影響を与えたこと，これはさらに若干の考察を加えれば，来たるべき機械制大工業における種々の窮乏化現象，すなわち，児童・婦人労働の拡大，労働時間の延長および労働の強化等など，また，マルクスの再生産表式論や資本の有機的構成の高度化による利潤率の低下と恐慌の発生，各国における資本主義的発展の相違による国際価値論の問題や市場の拡大を求めるための激しい競争，等の問題を解明する基礎理論ともなるのである。

　しかし，リカードゥの「機械について」には，次のような問題もある，と筆者は考えている。彼の資本蓄積論の研究者間でも一般に見逃されているのであるが，リカードゥが「機械について」を執筆するに当たって，ジョン・バートンやシスモンディらから影響を受けながらも，個々の資本家がよりすぐれた労働手段を導入するときにはいつでも，その生産量の減少（！）を伴うことを強調しだしたことである。それはなぜなのか，について理論的に追究することも，本書のテーマの一つである。性能のすぐれた機械の導入は，一方では，失業者を生み，労働者の国民所得を減少させると同時に，他方では，生産量を増加させると考えることは，生産はそれ自らの需要を生み出す，そのため一般的過剰生産は存在しないという，リカードゥが抱いていた「セーの法則」的思考を自ら否定することになるので，それを避けるためだった，というのが筆者の考えである。リカードゥの機械論をシスモンディのそれと比較するのは，それを明らかにするためである。

　本書の第2篇では，マルクスが『資本論』の第3巻，第3篇「利潤率の傾向的低下の法則」の中で言及した，資本主義社会に失業者と資本の過剰とを同時にもたらす恐慌の理論的根拠としての「資本の絶対的過剰生産」の論理

が，リカードゥの経済学に果たして存在したかどうかについて，検証したものである。リカードゥは，資本の蓄積に伴う利潤率の低下が利潤の絶対量を減少させる「富源の終末」(the end of resources) の状態に触れつつ，「理論的には」労働力の枯渇による賃銀高騰によって資本や労働力の過剰が生じうるが，現実的にはそのような状態を目撃したことはない，と述べて，これを否定する。当時，1815年や1819年のいわゆる過度的恐慌がすでに存在していたにもかかわらず，である。しかし，リカードゥの主観的意図はともかくとして，客観的にはこのような原理的考察を経済学史的に判断するならば，マルクスの先駆的業績と理解してよいのではなかろうか，というのが筆者の結論である。

　第3篇と第4篇では，資本蓄積の源泉としての剰余価値がいかにして生産されるか，という観点から，『剰余価値学説史』の第19章「T. R. マルサス」におけるマルクスの，マルサス剰余価値論批判に対し，筆者の疑問を提出したものである。その疑問点の第一は，マルクスが，マルサスの剰余価値論を，資本の流通過程から獲得される重商主義者の「譲渡に基づく利潤」と同じものと考えていたこと，そして第二に，マルクスは，マルサスが剰余価値とは不生産的消費者たちからの有効需要による，商品の価値の名目的な引き上げによって獲得される，と考えていたこと等である。本書の第3篇では前者について，そして第4篇では後者について，筆者の疑問を提出し，検討したものである。

# 第1篇

リカードゥの「機械について」とその経済学的意義

# 第1章
# リカードゥの「機械について」と一般的過剰生産

## 序　説

　よく知られているように，リカードゥは，『経済学および課税の原理』(*On the Principles of Political Economy and Taxation*, 1817) の第3版に新たに「機械について」という章を設けて，それまで抱いていた補償説的見解――資本家がよりすぐれた労働手段を導入したために就業労働者の一部分が失業しても，それと同時にこの失業労働者の再雇用を補償するに足る資本の一部分も遊離されるので失業は生じないという――を自ら否定し，よりすぐれた労働手段の導入は相対的過剰人口を生み出すことを論証した。リカードゥはその場合，この問題の理論的基礎に，総資本を一定にしておいてそのなかで「固定資本」の占める割合を増加させ，「流動資本」の割合を減少させて，労働力に対する需要を絶対的に減少させる例証をおいている。そしてそのことによって，「機械の使用はしばしば自分たちの利益にとって有害である，という労働階級の抱いている意見は，偏見や誤謬に基づくものではなくて，経済学の正しい原理に一致するものである」(『リカードゥ全集』雄松堂書店，第1巻450ページ，岩波文庫版，下289ページ) ということを主張するにいたるのである。もっともリカードゥの場合，これとともに，蓄積される資本のうち「固定資本」の割合が大となり「流動資本」の割合が小となって労働力に対する需要は相対的には減少しても，絶対的には増加するので，結局は，「人民の境遇は，増加した純収入がなおも彼らに，増加することを可能にする貯蓄によって，なおいっそう改善されるであろう」(同上，第1巻455ページ，岩波文庫版，下294-295ページ) という，大変楽観的な安易な結論になるのではあるが。

　『リカードゥ全集』の編者である P. スラッファが，「第3版における革新的な変更」と呼んだリカードゥの一連のこのような変化の過程において「機

械について」そのものをさらによく検討してみると，一般に見逃されていることであるが，次のような，一見，奇妙な論理がリカードゥによって採用されていることに気がつく。それは，彼が「機械について」において積極的に自己の失業の理論を展開する場合に，よりすぐれた労働手段の採用は，一般にそれによって生産される生産物の分量を減少させる傾向をもち，しかもさらに1821年6月18日付のリカードゥのマカロック宛の手紙によれば，この傾向は労働手段の耐用年数が長くなればなるほど著しくなる，と彼は指摘するのである。このことはマカロックやマルサスに強い疑問を抱かせ，とくにマカロックは，リカードゥの主著の第3版を手にするやいなや，強い論難の手紙をリカードゥに送ったほどであった。

　筆者は以前に「機械について」において，よりすぐれた労働手段がその生産量を減少させると主張するにいたったその理由を，ほぼ次のように述べたことがある。

　　リカードゥは〔『原理』の第26章「総収入と純収入」において〕，「あらゆる国の土地と労働の全生産物は，三部分に分割される。このうち，一部分は賃銀に，他の一部分は利潤に，そして残りの部分は地代に向けられる」とし，一国で生産された総生産物の価値はすなわち賃銀＋利潤＋地代という総収入に分解するのであって，それゆえに一国で生産された総生産物に対する有効需要も結局は総収入によって制限されると考えていた。したがって，彼は，よりすぐれた労働手段が採用され，就業労働者の一部分が排除されて労働者の収入が減少するときには，資本家の収入がそれを補わないならば社会の総需要は減少する，と考えたのである。しかもその場合，リカードゥが，よりすぐれた労働手段の採用が一国の全生産量を増加させると考えたならば，就業労働者の減少によるところの収入減少によって社会的総収入が減少しているのであるから，生産量増大と収入減少とによって生産と消費の矛盾が増大することになる。いいかえれば，よりすぐれた労働手段の採用によって労働の社会的生産力が増大しても有効需要がそれに伴わず，結局，生産と消費の均衡が破れ，一般的な過剰生産が生ぜざるをえなくなるという，マルサスやシスモンディなどの見解と軌を一にせざるをえなくなる。リカードゥは明ら

かにこのような見解に陥ることを避けようとし，そのために，よりすぐれた労働手段の採用は却って生産量を減少させるという，極めて非現実的な見解を明らかにしたのである。(1)

リカードゥの「機械について」は，いうまでもなくマルクスの相対的過剰人口の理論の先駆的業績の一つとしてその学説史的評価は高いが，しかしリカードゥが陥った以上のような生産と消費の矛盾は，単純再生産にしろ拡大再生産にしろ，改善された労働手段の蓄積を伴う実現の問題がまだ解決されていないために生じたものと言ってよいだろう。(2)

## 1　機械導入と労働階級の失業

リカードゥがそれまでいだいていたところの，機械は生産物の価格を低下させるからすべての階級にとって有利であるという考えや，あるいはまた補償説的見解などから脱皮して，「いま私は，機械を人間労働に代用することは，労働者階級の利益にとってしばしばはなはだ有害である，と確信するにいたっている」(『リカードゥ全集』第1巻446ページ，岩波文庫版，下284ページ)と言って，その理由を彼は次のように述べている。すなわち，「私の誤解は，社会の純所得（net income）が増加するときにはいつでも，その総所得（gross income）もまた増加するであろう，という想定からおこった。しかしながら，私には，いまは，地主および資本家が彼らの収入を引き出す一方の基金は増加するとしても，それにたいして，労働階級が主として依存する他方の基金は減少することがありうる，ということを納得すべき理由がわかっている，それゆえに，もしも私が正しいならば，その国の純収入（net income）を増加させるのと同じ原因が，同時に人口を過剰にし，そして労働者の状態を悪化させることがありうる，ということが当然起こるのである」(同上，第1巻446ページ，岩波文庫版，下284ページ)と。これはいうまでもなく，資本家がより多くの「利潤」をもとめて採用するよりすぐれた労働手段は，結局は投下される資本のうち「固定資本」の比率を増加させ，それとともに労働者に賃銀として支出されて，彼らの収入になる「流動資本」を相対的に減少させるということである。マルクス的にこれを表現すれば，資本の有機的構成

の高度化による可変資本の相対的減少である．リカードゥはこのような「流動資本」の相対的減少が，投下される総資本が一定の大きさの場合に生じたときには絶対的減少になり，就業労働者の一部分を排除するという趣旨のことを，次のように述べている．

　いま借地農業と必需品製造とを兼営する一資本家がいるとする．彼の所有している総資本は2万ポンドであって，そのうち「建物・器具」などの「固定資本」は7000ポンドであり，「労働の維持」に使用される「流動資本」は1万3000ポンドであるとしている．そしてこの「流動資本」によって雇用された労働者と「固定資本」とを合体させて生産過程を遂行するのであるが，この生産過程では「固定資本」の償却費はゼロとされ，したがって生産された生産物の価値総額は，再生産された1万3000ポンドの「流動資本」とそれに加うるに2000ポンドの「利潤」，すなわち1万5000ポンドであって，それだけの価値を含んだ生産物が生産されるのである．ところが次年度に，総資本が同じ状態のままにおいて「固定資本」の割合が増加し，それが前年の7000ポンドから1万4500ポンドに増加して，その結果，「流動資本」は5500ポンドに減少し，前年に雇用されていた労働者の一部分が解雇され，失業するというのである．すなわちリカードゥは，すでに述べたように，総資本の大きさを一定にしておいて「固定資本」の割合を増加させることを想定しているのであって，いうまでもなく，このような場合には，その割合の増加は「流動資本」の大きさを相対的のみならず，絶対的にも減少させ，過剰な人口を生みだすのである．そしてまた，このようなリカードゥの説明にすぐ続いて，今までの説明と同じ意味をもつかのように，彼は次のような考えを述べている．「そうしてみると，この場合に，純生産物（net produce）の価値は減少せず，その商品購買力は大いに増加しうるにもかかわらず，総生産物は1万5000ポンドの価値から7500ポントの価値に下落したであろう，そして人口を維持し，労働を雇用する力は，つねに一国民の総生産物（gross produce）に依存するのであって，その純生産物（net produce）に依存するのではないから，必然的に労働にたいする需要の減少が起こり，人口は過剰となり，そして労働階級は困窮と貧困との境遇に追いやられるであろう」（同上，第1巻448ページ，岩波文庫版，下286ページ）と．リカードゥはさらに続

けて,「私が証明したいと思うことのすべては,機械の発明および使用は総生産物（gross produce）の減少を伴うことがあるであろう,ということである,そしてこれが事実である場合はいつでも,それは労働階級にとって有害であろう,というのは,彼らのうち何人かが解雇され,そして人口がそれを雇用すべき基金に比較して過剰となるだろうからである」（同上,第 1 巻 449 ページ,岩波文庫版,下 287 ページ）と述べている。

　リカードゥの以上のようないくつかの説明を見て気のつくことは,一社会における労働者の雇用——資本家の収入によって雇用されるところの不生産的労働者をも含む——は,その社会の総所得（gross income）に依存するという考えが,いつの間にか,その社会の総生産物（gross produce）の分量に依存するという表現に変わっていることである。すなわち,その社会の純所得または純収入（net income, net revenue）を増加させる同じ原因が,同時に,その社会の総所得（gross income）を減少させ,労働を過剰たらしめる,という表現から,その国の純生産物（net produce）を増加させる同じ原因がその社会の総生産物（gross produce）を減少させ,労働を過剰たらしめる,という表現になるのである。言い換えれば,彼は,総所得,総収入,および純所得,純収入という価値の視点からの範疇と,総生産物または純生産物という使用価値の視点からの範疇とを同等視している,と言ってよいのである。「機械について」にはこれら以外にも,使用価値の視点からの次のような同じ趣旨の文章がある。「一国の純生産物（net produce）の増加は総生産物（gross produce）の減少と両立しうる,そして機械が純生産物を増加させるかぎり,機械を使用しようとする動機は,つねにその使用を保証するのに十分である,もっとも,それは総生産物の分量と価値とを共に減少させるかもしれないし,またしばしば減少させるにちがいない」（同上,第 1 巻 450 ページ,岩波文庫版,下 289 ページ）と。また「もしも,機械使用の結果である改良された労働手段が,一国の純生産物（net produce）を,総生産物（gross produce）を減少させない程度に増加させるならば,（私はつねに商品の分量のことを言っているのであって,その価値のことを言っているのではない）その場合には,すべての階級の境遇は改善されるであろう」（同上,第 1 巻 450 ページ,岩波文庫版,下 289 ページ）と。

このようにリカードゥは，より多くの「利潤」を獲得するために採用する，よりすぐれた労働手段は総資本のうち「固定資本」の占める割合を増加させ，労働者を雇用すべき「流動資本」の占める割合を減少させて過剰労働を生みだすことを論証する反面，あたかもそれと同じ意味をもつかのごとく，よりすぐれた労働手段の採用はかえってその生産量を減少させ，そのことが労働者の雇用を減少させるというのである。そしてある特定の生産部面によりすぐれた労働手段が採用され，その生産量が減少するならば，この生産部面の生産物と交換に購入されるべき他の生産部面での商品にたいして有効需要の減少を呼び起こし，このような過程が進んで行くならば，結局，これらの商品交換はストップしてしまうであろうという現実にはとうていありそうもないことに言及するのである。このことについてリカードゥは，次のように述べている。

　　私が想定した場合は，私が選択できるもっとも単純な場合である，しかし，もしもわれわれが機械がいずれかの製造業者の事業——たとえば，服地製造業者または綿製造業者の事業に，充用されるものと想定しても，その結果はすこしも異ならないであろう。仮に，服地製造業者の事業で起こるとすれば，機械の採用後はより少量の服地が生産されるであろう，というのは，労働者の大群に支払う目的で処分されるその分量の一部分が，彼らの雇主によって必要とされなくなるだろうからである。機械を使用する結果として，彼にとって必要なのは，たんに消費された価値に全資本にたいする利潤を加えたものに等しい価値を，再生産することだけであろう。以前に 1 万 5000 ポンドが果たしたのと同様に有効に，7500 ポンドがこのことを果たしうるであろう，というのは，この場合はいかなる点においても前の例と異なっていないからである。しかしながら，服地に対する需要は以前と同じ大きさであろう，と言われるかもしれない，そしてこう尋ねられるかもしれない，この供給はどこからくるのか？　しかし，この服地は誰によって需要されるのであろうか？　服地を取得する手段として必需品を生産するためその資本を使用した，農業者およびその他の必需品生産者によってであろう，彼らは穀物および必需品を服地とひきかえに服地製造業者に与えた，そして服地製造業

者は，彼の労働者の労働が彼に与えた服地と引き替えにそれらの物〔穀物および必需品〕を彼らに授けたのである。

　この取引はいまは止むであろう。服地製造業者は，雇用すべき労働者が減少し，処分すべき服地が減少しているのであるから，食物および衣服を求めないであろう。たんに目的にたいする手段として必需品を生産したにすぎない農業者およびその他の人々は，彼らの資本をこのように充用することによっては，もはや服地を取得することができないであろう，それゆえに，彼らは，自らその資本を服地の生産に使用するか，あるいは真に要求されている商品が供給されうるように，資本を貸し付けるかするであろう，そしてそれにたいしてなんぴとも支払い手段をもたないもの，すなわち，それにたいして需要がないものは，生産されなくなるであろう。そうしてみると，このことはわれわれを同一の結果に導く，すなわち，労働にたいする需要は減少し，そして労働の維持に必要な諸商品は同じ豊富さをもって生産されなくなるであろう(3)（同上，第1巻449-450ページ，岩波文庫版，下287-289ページ）。

## 2　機械導入による総生産物「減少」の意義

　以上のようなリカードゥの「機械について」に目を通してみて，マカロックはびっくりし，また大変立腹したようである。というのは，リカードゥの見解の影響によってマカロックは，その頃いだいていた，自分のジョン・バートン的見解を改め，1821年3月号の『エディンバラ評論』(Edinburgh Review)の「機械の影響と蓄積」において，「どういう機械の改良もおそらく労働への需要を減少させ，または賃銀率を低減させることはできないだろう」（『リカードゥ全集』第8巻412ページ）ことを表明したばかりであったからである(4)。そして，「トレンズ大佐があなたの蓄積と機械使用の効果にかんする論文を送ってくれました。あのなかには私の現在の見解とうまく一致しない部分もありますが，たいへんよい出来栄えだと思います」（同上，第8巻420ページ）と書いて，マカロックの上述の論文をリカードゥが手にし，目をとおしたことを報じた1821年4月25日付の手紙のなかで，こんどは逆に

第1章　リカードゥの「機械について」と一般的過剰生産　　13

リカードゥのほうがジョン・バートン的見解に変わったことをにおわされ，また実際に『経済学および課税の原理』の第3版を手にしてその「機械について」を見たのであるから，マカロックの驚愕と立腹とは無理のないところであった。マカロックは1821年6月5日付のリカードゥ宛の手紙のなかで，憤懣やるかたなく，「私は……私の素朴な見解において，この版の機械の章はかの著作の価値からの非常に重大なマイナスであると申さねばなりません」(同上，第8巻430ページ) と述べている。そして彼は，リカードゥはわずか1～2カ月以前に主張していた自分の見解を自ら否定してマルサスと握手してしまったと大層嘆くのであるが，それはともかく，前節の終わりで引用したリカードゥの見解を強く批判し，次のように述べている。

　この機械によるとより少ない服地が生産されるだろうと472ページの最後で述べておられる点を私は否定します——そういう想定はまったく問題外です。もし機械の寿命がわずか1年であるとすれば，それはより多くの服地を生産しなければなりません。そしてこのことの十分な理由は，もし機械がそうしないならばそれを建造するいかなる動機もありえないという点です——しかし，機械により大きな耐久性を与えてもそれの生産力が減ることはないでしょう。それは機械によって生産される商品の価格を下げるだけであり，このため機械の建造はこのうえなく有益なものになりましょう——もし機械の耐久性の増大につれてますます生産的でなくなるなら，あなたの推論は有力になるかも知れないことは認めます——しかしここであなたは完全に沈黙なさいます。あなたはこの基本的な立場を確立することを無視なさったのです。また逆のことが一見して明らかな事柄がなぜその反対でなければならないのかということを証明する言葉をただのひとことも提出なさっていません——例えば鉄の犂は総生産物 (gross produce) を減少させません，あるいはもっとわかりやすく言うと，それは木製の犂よりもより少なく仕事をするということはありません。花崗岩で築かれているドックは煉瓦で築かれているものよりもより少なく船を収容するのではありません——また蒸気機関の生産性はそれを構成する物質に不壊性 (indestructibility) をあたえることが全能の力の命令であったかのように少しも損なわれないでしょう——機械

の導入による総生産物の減少に伴う不利益を読者に述べる以前に，そのような減少がかつて実際に起こったかどうか，もしくは起こりうる可能性が少しでもあったかどうかを事実の点から究明なさればよかったでしょう——あなたの議論は確かに仮説的なものです。しかし仮説性は無視され……るでしょう（傍点はマカロック）（同上，第8巻432-433ページ）。

このマカロックの手紙に対してリカードゥは，マカロックへの同年6月18日付の返信において，機械の採用は生産量を減少させるという命題をふたたび強調し，そして同じように機械の採用が労働者階級にとって有害であるとはいっても，マルサスの場合には，機械の採用は生産量を増加させて生産と消費との均衡をくずし，そのことによって生じた一般的過剰生産によるものであるが，リカードゥの場合にはこれに反して，機械の採用は生産量を減少させ，労働者の雇用を減退させるから有害なのであるといって，この点にこそマルサスとの見解の相違が存在することを，次のようにことさらに強調するのである。

私の本の第3版で，機械の問題にかんする意見の変更をみとめた仕方について，弁護をこころみる気持ちはありませんが，この変更は経済学は砂上の楼閣だと主張していた人たちの意見に都合のよい論拠を加えて，彼らを武装させるものだとおっしゃるのには賛成しかねます。私の意見の変更はすべて次の点につきます。私は以前には一国は機械によってその商品の総生産物 (gross produce) を年々増加させることができると考えていました。しかしいまは機械の使用はかえって総生産物を減少をさせる傾向をもつと考えています。……あなたはおっしゃる，「マルサス氏の議論にたいするあなたの勝利にみちたを応酬を読んだ後，あなたがそのように早々に彼と握手を交わし，すべての論点を放棄なさろうとはよもや期待しなかった」，と。マルサス氏は私が彼に一物をも譲ったとは考えていませんし，あの章を読んだ人で私がマルサス氏の学説のほうへこれまでよりも一歩でも歩みよったと考えた者はだれもいません。機械にたいするマルサス氏の異議は，それが一国の総生産物をはなはだしく増加させるため生産された商品が消費できなくなる——すなわちそれらにたいする需要がなくなるという点であることをあなたはたしかにお忘

れになっているに違いありません。私の異論は，反対に，機械の使用はしばしば総生産物の量を減少させることがあり，それで消費したい意向は無限であっても，購買手段の不足のため需要が減少するようになるという点です。二つの学説でこれ以上に相違するものがありえましょうか？　しかもなお，あなたは両者をまったく同一物であるように語られます」（同上，第8巻436-437ページ）。

そしてまた，後述するようにリカードゥは，同じ手紙のなかで資本のうち「固定資本」の占める割合が大きくなり，労働者を雇用すべき基金としての「流動資本」の占める割合が減少すれば過剰人口を生みだすと正しく述べると同時に，例のごとくこれと同じ意味をもつものとして，よりすぐれた労働手段の採用→総生産量減少→雇用量減少という命題をくりかえし強調して，次のように述べている。

もし機械が，それの建造以前よりも商品を安く生産しないならば，それは建造されないだろうという点は私も認めます。しかし，「もしそれが商品をより安く生産するならば，その建造はあらゆる階級の人々にとって利益となるはずだ」ということは認めません。その建造は購買者としての購買者のすべての階級にとっては利益となるに違いありません，しかしわれわれの間の問題は，それが購買者階級の人員を減少させるだろうか否かという点です。私は減少させるだろうと言います。なぜならそれは総生産物の量を減少させるだろうからです」（同上，第8巻437ページ）。

ただ彼は，上に引用した1821年6月5日付のマカロックからリカードゥに宛てた手紙のなかでのマカロックの示唆に従い，この手紙においてはじめて，機械の耐用年数の問題を取り上げ，よりすぐれた労働手段の採用が生産量を減少させるのは，機械がより耐久的になり，その耐用年数が大になるからだと主張するのである，そしてまた，このような考えから，機械の耐用年数が1年のときには生産量が減少せず，また雇用量も減少しないという考えを持つにいたるのである。したがってリカードゥのこの面での考えかたでは，マルクスのいわゆる資本の有機的構成の高度化が相対的過剰人口を生むという，経済学上の重要な法則に発展すべき要因が否定されているのである。いうまでもなく理論的には，機械の耐用年数は相対的過剰人口の創出に直接的

には無関係であるからである。たとえば，彼は次のように述べている。

　　機械の寿命は 1 年もつのか，10 年，または 100 年もつのか，もし私が
　これを言わなかったならば，私の主張は当然そうあるべきほど明瞭には
　ならなかったでしょう。また，もしそれの寿命がわずか 1 年であるとす
　れば労働需要の減少は少しも生じえない，ということはあたかも幾何学
　の命題のように明瞭だという点も承認します。しかしたとえ機械の寿命
　が 10 年間であるとしても，同じ結果が必然的に生ずるだろうという点
　は認めません。もし機械の寿命がわずか 1 年であるとすれば，生産され
　た服地の価値は少なくとも以前と同じ大きさのものでなければなりませ
　ん，しかしそれの寿命が 10 年だとすれば，それよりもはるかに小さい
　価値が，通常の資本の利潤を提供するでしょう（同上，第 8 巻 437-438 ペ
　ージ）。

　こう述べてから彼は，このことを具体的に次のような例をあげ，説明を加えるのである。すなわち，

　　一人の製造業者が 1 万ヤードの服地を，1 ヤードあたり 2 ポンドとして，
　すなわち 2 万ポンドの服地を生産し，そのうち 9000 ヤードを，すなわ
　ち 1 万 8000 ポンドを労働にたいして支払っています。機械の援助を仰
　いで同額の資本を用いると，彼は年々わずかに 3000 ヤードしか生産す
　ることができません。しかしこの 3000 ヤードのうち，彼はその分け前
　の利潤分として 1500 ヤードを手許に残すことができます。そして生産
　手段の節約によって，服地が 1 ヤードあたり 1 ポンド 10 シリングに下
　落すると仮定しましょう。するとかの製造業者は以前にえていた 2000
　ポンドの利潤の代わりに，同額の資本にたいして 2250 ポンドの利潤を
　えないでしょうか？　そこに彼が流動資本を固定資本におき替える十分
　な動機が存在しないでしょうか，そして彼は労働を排除しないでそうす
　ることができるでしょうか？　するとわれわれはここに商品の総量が減
　少したにもかかわらず生産費が減じたため，商品がより安くなる場合を
　見ます。機械により大きな耐久性をあたえてください。すると製造業者
　を償うためには 3000 ヤード以下の生産高で十分でしょう。なぜなら固
　定資本のもとの性能を維持するにはより少ないヤード分を犠牲にすれば

よいはずだからです。もしその機械がいっそう大きい耐久性をもってやはり3000ヤードの服地を生産すると仮定なさるならば，服地の価格は下落するでしょう。というのは生産費がなおいっそう減少することになるからです。同量の労働を雇用することができるのは，機械が1万ヤードの服地を生産する場合だけです。というのは年々同量の食物や服地やその他すべての商品が生産されるのは，この場合にかぎられますから（同上，第8巻438-439ページ）。

　この説明からわかるようにリカードゥは，1万8000ポンドの「流動資本」を支出していた資本家が，それの代わりに同じく1万8000ポンドの機械を購入し，その場合，服地の生産量が前者の1万ヤードから3000ヤードに減少したと述べている。そしてまた，この機械によって生産された3000ヤードの服地のうち半分の1500ヤードがその償却費なのであって，しかも1ヤードの価格が1ポンド10シリングなのであるから，結局1年間の機械の償却費は2250ポンドとなるのである。そして機械の価格は1万8000ポンドであるから，この場合，この機械の耐用年数は8年ということになる。すなわち，この服地の生産部門において新たに機械が採用された結果，それ以前の労働者のみによる生産量1万ヤードから，この3000ヤードに生産量が減少するというのは，この機械の耐用年数が8年の場合における総生産量2万4000ヤードを一定としておき，さらにその生産量を機械のより長い耐用年数で除する場合をリカードゥは想定している，と言ってよいのである。それゆえ，このように考えるならば，機械の耐用年数が大となればなるほど，機械による総生産量は無限に減少する。事実リカードゥは，「機械により大きな耐久性をあたえてください。すると製造業者を償うためには3000ヤード以下の生産高で十分でしょう」と述べているのである。そしてその理由については，「なぜなら固定資本のもとの性能を維持するには，より少ないヤード分を犠牲にすればよいはずだからです」と述べているのである。これでリカードゥが，よりすぐれた労働手段の採用はその生産量を減少させると考えた，その直接的な理由が明らかとなった。それではリカードゥの機械にかんするこのような見解ははたして妥当なものといえるであろうか。

　ここでは，これらのリカードゥの見解に対して二つの疑問が生ずる。その

一つは，このような機械の耐用年数を考慮に入れた上での，機械の採用→その生産量減少，という彼の考えは果たして妥当なものといえるかどうかということ，もう一つは，リカードゥの考えた機械にかんするこのような一連の論証は，彼が指摘するように労働者の雇用量を減少させるかどうかということ，これである。

　前者については，筆者は次のように考える。リカードゥが指摘するように，服地が労働者のみによって生産された場合よりも機械が採用された場合の方が生産量がかえって減少するということが，資本主義の発展史上，一般的な事実としてはたして存在したかどうか，である。このことは，部分労働者が自己の労働力を支出し，分業にもとづく協業によって生産過程が遂行されたマニュファクチュア時代の労働の生産力と，産業革命以後における飛躍的に発展した機械のそれとを比較すれば足りる。この点については，『資本論』における次のようなマルクスの表現を借りれば十分であろう。彼は次のように述べている。

　　すでに見たように機械は手工業にもとづく協業を廃棄し，また手工業的労働の分業にもとづくマニュファクチュアを廃棄する。……アダム・スミスによれば，彼の時代には10人の男が分業によって1日に4万8000本以上の縫針を作り上げた。ところが，たった1台の機械が11時間の1労働日に14万5000本を供給するのである。女1人または少女1人が平均して4台のこの機械を見張っているので，この機械を使えば1人で1日に約60万本，1週間では300万本以上の縫針を生産するわけである（『マルクス・エンゲルス全集』第23巻，第1分冊599-600ページ）。

　また，機械とその生産力についての彼の考えは，これを理論的に検討した場合にも同じように非現実的だといえる。すでに指摘したようにリカードゥの考えは，機械の耐用年数が8年の場合の生産量を一定にしておいて，それをその耐用年数で除するのであるから，耐用年数が長くなれば長くなるほど1年間の生産量は減少する，というものである。これはリカードゥが，機械の耐用年数が大となるならば，1年間当たりの償却費がより少なくなるから，機械による生産量もより少なくてすむ，ということを言いあらわしているにすぎない。

資本主義的生産における労働手段の発展がその耐久性を増大させて年間の償却費を減少させるということは，その機械による生産量を減少させるということと必然的な関連がまったくない。資本主義的生産において労働手段が道具から機械に発展し，また機械そのものがさらに改善されるということが意味することは，もともと労働者による有償の労働に取って代わって，落流や風力といった自然諸力や自然科学の成果などのような無償の役立ちが生産過程に取り入れられる，ということである。もちろん，労働手段そのものは人間の労働の生産物であって一定の価値を含んでおり，生産過程においてその価値が部分的，断片的に新生産物に移転されるのであるから上述の自然諸力や自然科学の成果を生産過程に取り入れたといっても，それらによる無償の役立ちは，文字どおりまったく無償になるというわけにはいかない。しかし，労働手段の改善によってこのような無償の役立ちが，生産過程で作用する範囲が拡大されればされるほど部分的，断片的に移転する労働手段の価値はますます減少し，したがってそれらによる無償の役立ちも，ますます自然力そのものの無償の役立ちに近づくのである。いいかえれば，「価値形成要素としての機械と，生産物形成要素としての機械との間には，大きな差が生ずるのである」（同上，第23巻，第1分冊505ページ）ということになるのである。

　そしてたとえば，このような差も道具と機械とのそれを比較した場合に，耐久性の大なる機械のほうが道具よりもその差がはるかに大であることは言うまでもない。事実マルクスも，この点について次のように述べている。すなわち，

　　もちろん，すでに見たように，本来の労働手段または生産用具はどれでも労働過程にはいつでも全体として入るのであり，価値増殖過程にはいつでもただ一部分ずつ，その毎日の平均損耗に比例して，入るだけである。とはいえ，このような，使用と損耗との間の差は，道具の場合よりも機械の場合の方がずっと大きいのである。なぜならば，機械のほうが耐久力の大きい材料でつくられていて寿命が長いからであり，機械の充用は厳密に科学的な法則に規制されていてその構成部分やその消費手段の支出のいっそうの節約を可能にするからであり，最後に，機械の生産

的作用範囲は道具のそれとは比べものにならないほど大きいからである。この両方から，すなわち機械と道具とから，それらの毎日の平均費用を引き去れば，すなわち，それらが毎日の平均損耗と油や石炭などの補助材料の消費とによって生産物に付け加える価値成分を引き去れば，機械や道具は，人間の労働を加えられることなく存在する自然力とまったく同じに，無償で作用することになる。機械の生産的作用範囲が道具のそれよりも大きいだけに，機械の無償の役立ちの範囲も道具のそれに比べてそれだけ大きい。大工業において初めて人間は，自分の過去のすでに対象化されている労働の生産物を大きな規模で自然力と同じように無償で作用させるようになるのである（同上，第 1 分冊 505-506 ページ）。

このようにして機械が耐久的になり，そしてまたその部分的，断片的に移転される価値部分が減少してくるのは，労働過程においてその機械が一時に作用する範囲が拡大し，したがって，自然力や自然科学の成果を生産過程に取り入れることによる無償の役立ちが増大して，その生産量が著しく増大するからなのであって，リカードゥの考えるように，機械が耐久的になるにしたがってその生産量が減少する，ということとはまったく関係がないのである。また，リカードゥの以上のような，よりすぐれた労働手段の採用→その生産量減少，という見解が，さらに労働者の雇用量を減少させるということについては，どのように考えたらよいであろうか。[6]

いうまでもなく資本主義的生産においては，より大なる剰余価値を獲得するために採用されるよりすぐれた労働手段が，資本の技術的構成を高度化させ，一定時間内に 1 人当たりの労働者が扱うところの労働対象の分量を増加させるが，そのことは労働手段の価値騰貴とともに，結果的に資本の価値構成を高度化させる。そのような一連の過程における資本の価値構成が資本の有機的構成なのであって，このような資本の有機的構成の高度化が，相対的過剰人口創出の理論的基礎であることは言うまでもない。すでに指摘したようにリカードゥは，『原理』の第 31 章「機械について」で，農業と必需品製造とを兼営する一資本家が，総資本 2 万ポンドのもとで資本の有機的構成を高度化させ，労働者を雇用すべき「流動資本」を相対的のみならず絶対的にも減少させて，労働者の過剰人口を生みだす，と述べている。これと同じよ

うな妥当な考えが，1821年6月18日付のリカードゥからマカロック宛の手紙のなかで，次のように述べられている．

　私が言ったのは，製造業者が流動資本を所有しているとき彼はそれによって多数の労働者を雇用できるのであるが，もし同じ価値をもつ固定資本をもってこの流動資本をおき替えることが彼の目的にかなっているならば，それにともなって不可避的に彼の労働者の一部を解雇する必要が生ずるだろう，というのは固定資本はそれが取って代わることになっている労働の全部を使用できないからだ，ということです．正直に言いますと，これらの真理は，幾何学上のなんらかの真理と同様に証明しうるものである，と私には思われます．そして私は長い間それを理解しなかったことに，ただただ驚いているしだいです（同上，第8巻439ページ）．

リカードゥのこのような考えはジョン・バートンやシスモンディから影響を受けつつマルクスに，またリカードゥ以後においても，ジョージ・ラムズィやシェルビュリエ，リチャード・ジョーンズらとともに，結局『資本論』の第1巻第23章「資本主義的蓄積の一般的法則」に結実することはいうまでもない．

しかし，素朴ではあるが理論的に妥当な，このような見解の外に，彼はすでにみたような，よりすぐれた労働手段の採用→その生産量減少→労働者の雇用量減少，という考えをもっていたのである．もともとリカードゥは，「機械について」執筆以前から，労働者の雇用は資本が生産する生産物の分量に比例するという考えをもっていたことは事実である．たとえば本篇第2章でも指摘したいと思っているが，『マルサス評注』の「評注236」のなかで彼は「労働の雇用能力は資本の価値には依存せず，資本が生みだす年々の生産物の量にとくに依存している」（『リカードゥ全集』第2巻440ページ，岩波文庫版，小林訳，マルサス『経済学原理』下232ページ）と述べている．そしてまた，このような考えに基づくならば，よりすぐれた労働手段が採用されて就業労働者の一部分が排除されても，その資本がいままでと同じ生産量か，あるいはより以上の生産量を生産するかぎり，その生産量のうち，自己の生産部面で「流動資本」として労働者に支出される部分はいままでよりも少なくてすむのであるから，これまで賃銀として支出されていた生活資料の他の一部分

は遊離され，その資本以外の他の生産部分に支出されて，いったん排除された労働者を再雇用するということになるのである。すなわち補償説的見解，これである。この点についてリカードゥは，『原理』の第20章「価値と富，それらの特性」において，J.B. セーを批判する言葉のなかで，

> 機械の助けによって，また自然科学の知識によって，自然力に，以前人によってなされた仕事をやらせるやいなや，このような仕事の交換価値は，それにおうじて下落する。仮に10人の人が挽臼を回していたとし，そして風または水の助けによってこれら10人の労働が省かれることが発見されたとするならば，部分的に挽臼によって行われる仕事の生産物である小麦粉の価値は，節約された労働の分量に比例して，ただちに下落するであろう，そしてこの10人の維持に向けられる基金はすこしも損なわれないから，社会はこれらの人々の労働が生産しうる商品だけ，より富むであろう（傍点は引用者）（同上，第1巻329ページ，岩波文庫版，下104ページ），

と述べ，また同じく第31章「機械について」のなかで，自ら「機械について」執筆以前の見解として，資本家が改良された機械を採用しても，「資本家は，以前と同一量の労働を需要し雇用する力をもっている」（同上，第1巻446ページ，岩波文庫版，下283ページ）と述べ，したがって労働者に与える悪影響も一時的なものにすぎないと，次のように指摘している。

> 私がはじめて経済学の諸問題に注意を向けたとき以来ずっと，私は，いずれかの生産部門に，労働を節約するという効果をもつような機械の充用は，全般的利益である，ただ，資本および労働を一つの用途から他の用途へ移動させるにあたって大抵の場合に伴う程度の不都合が付随するにすぎない，という意見であった（同上，第1巻444ページ，岩波文庫版，下282ページ）。

同じような彼の補償説的見解は，『マルサス評注』の「評注236」においても次のように述べられている。すなわち，

> 3人の人間が，1人は靴の生産に，いま1人は靴下の製造に，他の1人は服地の製造に，それぞれ10人を雇い，これらの商品がすべて社会において必要とされかつ消費される，と仮定しよう。いま，それぞれの人

が改良された工程を発見し、それによって彼らがそれぞれ5人の労働で同量のそれぞれの商品を生産しうると仮定すれば、彼らはそれぞれ10人の労働を雇う手段をもっているのであるから、他の5人を引き続いて雇わないであろうか。なるほど服地や靴や靴下の生産にではないかもしれないが、人間にとって有用で望ましい多数の商品の内の若干のものの生産にである（傍点は引用者）（同上、第2巻446ページ、岩波文庫版、マルサス『経済学原理』下235ページ）。

ところでいま、このようなリカードゥの補償説的見解が否定されて、よりすぐれた労働手段が採用され、資本家が支出する資本のうち「固定資本」の占める割合が大となって、「流動資本」の占める割合が小となり、したがって就業労働者の一部分が解雇されても、彼らを再雇用するに足る「流動資本」の一部分が遊離されずに、「固定資本」に転化したらどうなるであろうか。他の条件に変化がなければきわめて当然ながら、その解雇された労働者はもはや再雇用されることなく、彼らの不便（inconvenience）は「一時的なもの」から永続的なものに転化するであろう。事実リカードゥが、「機械について」のなかで自己の見解をこのように変えたことはすでに述べた。

そしてまた、この場合、注意しなければならないことは、このような彼の見解の変化とともに、リカードゥは、すでに述べたようなよりすぐれた労働手段を採用することは生産量を減少させるのだということを、急に強調しはじめたということである。そしてこの点をよく検討してみると、これもすでに指摘したように、彼のこのような強調は、実は、資本家によって投資された一定の資本のうち「固定資本」の占める割合が大となり、したがって「流動資本」の占める割合が小となる関係との関連において述べられており、このような「流動資本」の減少→就業労働者の一部分の解雇→労働者階級の所得の減少、が生ずるならば、これと平行して必ず機械による生産量の減少が生じなければならない、と指摘するのである。たとえばすでに触れたように『原理』の「機械について」のなかでリカードゥは、「固定資本」7000ポンド、「流動資本」1万3000ポンド、合計2万ポンドの資本が、その資本の構成の高度化によって「固定資本」の額が1万4500ポンドに増加し、また「流動資本」が5500ポンドに減少したとき、前の場合における「総生産物（gross produce)」（同上，第 1 巻 448 ページ，岩波文庫版，下 286 ページ）1 万 5000 ポンドから，後の場合における 7500 ポンドへ減少しているのである。そしてまた，これとほぼ同様の趣旨の言葉がリカードゥの次の各引用文の中に見られる。

まず『原理』第 31 章「機械について」において，「もしもわれわれが機械がいずれかの製造業者の事業——例えば，服地製造業者または綿製造業者の事業に，充用されるものと想定しても，その結果は少しも異ならないであろう。仮に，服地製造業者の事業で起こるとすれば，機械の採用後はより少量の服地が生産されるであろう，というのは，労働者の大群に支払う目的で処分されるその分量の一部分が，彼らの雇主によって必要とされなくなるであろうからである」（同上，第 1 巻 449 ページ，岩波文庫版，下 287-288 ページ）と述べられている。

次にリカードゥがマカロックへ送った 1821 年 6 月 30 日付の手紙において，「機械の使用によってその国の年総生産物（gross annual produce）が減少することがあるという点を承認なさると，あなたは議論を断念されるわけです，というのは年総生産物は勤労階級の雇用の減少による以外には，どんな方法によっても減少しえないからです」（同上，第 8 巻 450 ページ）と述べているのである。同じように，リカードゥがマカロックに送った 1821 年 6 月 18 日付の手紙において，「もし機械が，それの建造以前よりも商品を安く生産しないならば，それは建造されないだろうという点は私も認めます。しかし，『もしそれが商品をより安くするならば，その建造はあらゆる階級の人々にとって利益となるはずだ』ということは認めません。その建造は購買者としての購買者のすべての階級にとっては利益となるに違いありません，しかしわれわれのあいだの問題は，それが購買者階級の人員を減少させるだろうか否かという点です。私は減少させるだろうと言います，なぜならそれは総生産物（gross produce）の量を減少させるだろうからです」（同上，第 8 巻 437 ページ）と述べている。リカードゥはさらにマカロック宛の同じ手紙のなかで，次のように指摘している。

私の意見の変更はすべて次の点につきます。私は以前には一国は機械によってその商品の総生産物（gross produce）を年々増加させることができ

ると考えていました，しかしいまは機械の使用はかえって総生産物を減少させる傾向をもつと考えています。……

あなたはおっしゃる，「マルサス氏の議論にたいするあなたの勝利にみちた応酬を読んだあと，あなたがそのように早々に彼と握手を交わし，すべての論点を放棄なさろうとはよもや期待しなかった」，と。マルサス氏は私が彼に一物をも譲ったとは考えていませんし，あの章を読んだ人で私がマルサス氏の学説のほうへこれまでよりも一歩でも歩みよったと考えたものはだれもいません。機械にたいするマルサス氏の異議は，それが一国の総生産物をはなはだしく増加させるため生産された商品が消費できなくなる——すなわちそれらにたいする需要がなくなるという点であることをあなたは確かにお忘れになっているに違いありません。私の異議は，反対に，機械の使用はしばしば総生産物の量を減少させることがあり，それで消費したい意向は無限であっても，購買手段の不足のため需要が減少するようになるという点です。二つの学説でこれ以上に相違するものがありえましょうか？　しかもなおあなたは両者をまったく同一物であるように語られます（同上，第8巻436-437ページ）。

同様の趣旨のことは，1821年7月9日付のマルサス宛のリカードゥの手紙でも次のように述べられている。

マカロックは私の機械にかんする章にたいして決定的にはげしく反対しています——彼は私がそれを認めることによって私の本を台無しにし，また私が告白している意見とそれを告白した仕方との双方によってこの科学にたいして重大な害をくわえたと考えています。この問題についてわれわれの間に2～3通の手紙の往復がありました。——最後の手紙では，機械の使用の効果は年々の総生産物（gross produce）の量および価値を減少させるかもしれないということを彼は承認しているように見えます。この点を譲ることによって，彼は問題を放棄します，というのは総生産物の量が減少しても労働を雇用する同一の手段が存在するだろうと主張することは不可能だからです（同上，第9巻16ページ）。

このようにしてリカードゥは，これまで説明してきたような，よりすぐれた労働手段の採用がその生産量を減少させるという命題を，その労働手段の

採用によって労働者を雇用すべき基金が減少し，労働者の収入が減少するということと結びつけて論じている。そしてこの場合，彼はマルサスを引き合いに出し，マルサスは機械は一国の総生産物を著しく増加させて一般的過剰生産を生みだす傾向を持つと考えているが，自分の見解は，反対に，機械の使用はかえってその生産量を減少させることだと，ことさらにマルサスとの見解の相違を強調するのである。このことがはたして何を意味するかは，あらためて指摘するまでもないであろう。いうまでもなくリカードゥは，よりすぐれた労働手段を採用することは，投下した資本のうち「固定資本」の占める割合を増加させ「流動資本」の占める割合を減少させて過剰人口を生みだすことを証明した。そしてこのことは彼の大きな功績だった。しかし反面において，そのことは次のような矛盾を生みだした。すなわち，よりすぐれた労働手段を採用することはその生産量を増加させるが，しかしながらそれと同時に，投下された資本のうち「固定資本」の割合の増加による「流動資本」の割合の減少によって，労働者階級の収入減少が生じ，マルサス流の生産と消費との矛盾を生みだして，一般的過剰生産を引き起こすということ，これである。そのために彼は，すでに検討してきたような，機械の採用はかえって生産量を減少させるというきわめて説得力の少ない新たな見解を抱き，強引にこの矛盾を回避しようとするのであって，その強引さは，価値と生産価格を混同していたリカードゥが，資本の有機的構成，資本の回転およびそれらの相違のもとにおける労働者の賃銀の騰貴と下落などによって生産価格が変動することを見，そして，価値法則を修正せざるをえなくなったと考えたとき，自らその生産価格の面を否定したその強引さを思い出させる。これはリカードゥが，社会的総資本を，一般的に生活資料のみを生産していたものと想定して，それが，マルクスが指摘しているように，生産手段生産部門と生活資料生産部門とに分かれ，それらの両部門において諸資本が均衡を保ちつつ，「社会的総資本の再生産と流通」が行われることを，リカードゥがまだ知らなかったために陥った必然的な結果だといえるであろう。

## 注

(1) 拙著『古典派資本蓄積論の発展と労働者階級』(法政大学出版局、1974年、79-80ページ、同上、増補版、1982年、79-80ページ）参照。

(2) なお一般的には、リカードゥ自身は普遍的過剰生産は生じえないと考え、資本家の誤算による、ある特定の商品の過剰生産である部分的過剰生産のみが生じうると指摘されている（『マルクス・エンゲルス全集』大月書店版、第26巻、第2分冊、第17章「リカードゥの蓄積論。それの批判（資本の根本形態からの恐慌の説明）」参照。

　リカードゥには一般的過剰生産の論理は存在しない、という観点からの、戦後の日本の研究書としては、羽鳥卓也『古典派資本蓄積論の研究』(1963年）の第4章「リカアドゥにおける資本蓄積と恐慌」、富塚良三『蓄積論研究』(1965年）の第2章「リカードゥ蓄積論の構造——とくに『機械論』の意義について」がある。

　これらとは異なった観点から、リカードゥの見解に多かれ少なかれ一般的過剰生産の論理が存在すると指摘したものに、中野正「1819年の恐慌とリカードゥ」（堀経夫博士還暦記念論文集『古典派経済学の研究』、1956年、中野正『古典恐慌論』1969年に収録）、豊倉三子雄『古典派恐慌論——マルサスとリカードゥとの論争史』(1959年）の第4章「リカードゥの機械論——『原理』第三版を中心として」、拙稿「リカァドゥにおける資本蓄積と労働者階級の生活について（その一）」（新潟大学『法経論集』第9巻、第3・4合併号、1960年)、拙稿「リカァドゥにおける資本蓄積と労働者階級の生活について（その二）」（同『法経論集』第11巻、第2号、1962年）等がある。

(3) 『マルクス・エンゲルス全集』大月書店版、第26巻、『剰余価値学説史』第2分冊、774ページにおいて、マルクスはこの引用文を「リカードゥの……ばかげた事例」と呼んでいる。

(4) なおマカロックがジョン・バートン的見解をもっていたことについては、『リカードゥ全集』第8巻195ページの注5を参照せよ。

(5) なお、この機械の耐用年数が8年であるならば、この機械による8年間の服地の生産量は、3000ヤードと8年との相乗積から、2万4000ヤードということになる。

(6) 羽鳥卓也氏は、リカードゥにおける機械の導入と総生産物の減少について本章の注2で紹介した、新潟大学『法経論集』掲載の拙稿を批判され、筆者が「（リカードゥは）ヨリすぐれた労働手段の採用は却って生産量を減少させる、という……馬鹿々々しい見解に陥った」と述べていることに対し、「少しも『馬鹿々々しい見解』ではなく、むしろ理論的には正当にして周到な見解だった」（前掲『古典派資本蓄積論の研究』115ページ）とリカードゥを弁護し、その理由として「……導入された機械の価値も、もし機械の耐久期間が比較的長いとすれば、そのうちの比較的僅少の価値を生産物に移転させるにすぎないはずある。このような場合には、社会の総生産物の価値総額は、機械導入以前よりも必ず減少する。他方で、機械の導入によって生産物1単位当たりの価値が下落することも、すでに明らかである。そこで、いまわれわれに与えられている事実は、一方で生産物1単位の価値が減少したということであり、同時に他方で総生産物の価値総額も減少したということである。それなら、ここでは総生

産物の物的数量は必ず増加すると言えるだろうか。けっしてそうではない。不変もしくは増加するかもしれないし、あるいは減少するかもしれないのである。㈠もしも機械導入による生産力の増加が、生産物1単位の価値の減少率を、総生産物の価値の減少率と同一、もしくはそれよりも大ならしめるほど著しかったならば、総生産物の数量は以前と同一ないし増大するだろう。㈡だが、反対に、機械導入による生産力の増大がそれほど著しいものでなく、生産物1単位の価値の減少率を総生産物の価値の減少率よりも小ならしめる場合には、機械導入後に総生産物の数量はかえって減少するのである」(傍点は羽鳥氏。同上、114-115 ページ) と述べている。この説明において、生産物1単位の価値と比較されている総生産物の価値という場合の「総生産物」とは、社会的総生産物を意味するのか、あるいは特定の生産部面における総生産物を意味しているのか、必ずしも明らかでない。いま仮に後者の意味にとってこれを検討してみるならば、次のような疑問が生ずる。すなわち、羽鳥氏は、これら二つの場合のうち、「……どちらの想定をとろうと、その想定それ自体のうちに論理的な誤りはない……」(同上、117 ページ) と判断されるが、それならばリカードゥは、なぜ、マカロックやマルサスから批判されながら、㈡に該当するものだけを「機械について」で強調しなければならなかったのであろうか、ということである。また、さらに仮に㈠に該当する場合をリカードゥが「機械について」でとりあげたならば、その場合には「少なくとも『原理』第 3 版以後においては、リカードゥが労働需要の決定要因を流動資本ではなくして、総生産の物的数量の増減に求めていたことは明らかである」(同上、110 ページ) と考えておられる羽鳥氏にとって、よりすぐれた労働手段を採用することは生産物の物的数量を増加させることになるのであるから、労働者の雇用量が増加し、したがって、「機械について」での「機械の発明および使用は……労働階級にとって有害であろう」(『リカードゥ全集』第 1 巻 449 ページ、岩波文庫版、下 287 ページ) というリカードゥの主張は消滅しないであろうか。こうなってしまえば、それこそ「機械について」の「機械について」たるゆえんのものは、リカードゥから消えてなくなってしまうであろう。なお私は、羽鳥氏のあげられる㈡の場合は、これを理論的に考えるとき、資本主義社会における生産力発展の一般的傾向からいって、きわめて稀な場合に属するものと思う (資本主義社会における労働の生産力の発展と生産物1単位当たりの価値減少、およびそれとその価値のうちの不変資本部分との関係については、『資本論』第 1 巻、第 13 章、第 2 節「機械から生産物への価値移転」、および第 3 巻、第 15 章、第 4 節「補遺」参照)。なおマルクスは、リカードゥが、よりすぐれた労働手段の採用が生産量を減少させると述べていることについて、次のように批判している。

　　リカードゥは、彼のばかげた観点から、次のように考えるのである。すなわち、機械の採用は、それが総生産物を (したがってまた総収入を) 減少させる場合にだけ、労働者にとって有害である、と。このような場合は、確かに、大規模な農業で 労働者にかわって穀物を消費する馬が採用されたり、穀物耕作が牧羊に転換されたりする場合に起こりうるが、しかし、〔このような場合を、〕その総生産

物の市場がけっして国内市場に限られていない本来の工業まで〔拡張することは〕，まったくばかげている（『剰余価値学説史』，大月書店版『マルクス・エンゲルス全集』第 26 巻，第 2 分冊 761-762 ページ）。

# 第2章
# リカードゥの機械論と補償説的見解について
―― 特にリカードゥ著『マルサス評注』の「評注149」との関連において ――

## 序　説

　マルクスが『資本論』の第1巻，第23章「資本主義的蓄積の一般的法則」において相対的過剰人口の理論を定式化したことは，よく知られている。彼はこの理論を明らかにするに当たって経済学史的なその形成に触れ，次のように述べている。「可変資本の相対量の累進的減少の法則，またそれが賃銀労働者階級に及ぼす影響は，古典学派の数人のすぐれた経済学者によって把握されていたというよりも予感されていた」（『マルクス・エンゲルス全集』大月書店版，第23巻，第2分冊822ページ）と。そして彼は，ジョン・バートン，リカードゥ，リチャード・ジョーンズ，ジョージ・ラムズィらの名前を挙げている。同様に彼は『賃銀，価格および利潤』(Lohn, Preis und Profit, 1898) においてこれらにシェルビュリエとシスモンディとを加え，「蓄積がすすむのと同時に，資本の構成に累進的な変化が起こるのである。総資本のうち，固定資本すなわち機械や原料やありとあらゆる形態の生産手段からなる部分は，賃銀つまり労働の購買に投じられるもう一つの資本部分に比べて，累進的に増大する。この法則は，バートン，リカードゥ，シスモンディ，リチャード・ジョーンズ教授，ラムズィ教授，シェルビュリエ，その他の人々によって，すでに多かれ少なかれ正確に述べられている」（傍点はマルクス）（同上，第16巻152ページ），と述べている。マルクスが挙げているこれらの経済学者たちについては，彼自身が『剰余価値学説史』において，このような視点からある程度論じているのであるが，戦後彼らの学説を系統的に分析したものに，真実一男『機械と失業――リカァドゥ機械論研究』（理論社，1959年）や拙著『古典派資本蓄積論の発展と労働者階級』（法政大学出版局，1974年，増補版，1982年）等がある。

それはともかくとして，マルクスが『資本論』において「労働者人口は，それ自身が生み出す資本蓄積につれて，ますます大量にそれ自身の相対的過剰化の手段を生み出す」（同上，第23巻，第2分冊821ページ）と述べ，また引き続き「これこそは，資本主義的生産様式に特有な人口法則」である，と指摘したこの問題をリカードゥが初めて意識的に取り上げたのは，これまでも指摘したように，1821年に出版された『経済学および課税の原理』（*On the Principles of Political Economy and Taxation*）の第3版においてであって，彼はそれに第31章「機械について」を新たに付け加えたのである。(1) 彼はそれまでは，資本家がより優れた労働手段を採用し，就業労働者の一部分が排除されて失業しても，それと同時にその労働者たちの再雇用を補償するに足る「流動資本」も遊離されるという，いわゆる補償説的見解を抱いていたのであるが，リカードゥはその章において自分がそれまで抱いていた見解を捨て，そして「機械の使用はしばしば自分たちの利益にとって有害である，という労働階級の抱いている意見は，偏見や誤謬に基づくものではなくて，経済学の正しい原理に一致するものである」（『リカードゥ全集』第1巻450ページ，岩波文庫版，下289ページ）と述べるに至るのである。リカードゥのこのような学説の変更につき，マルクスは『資本論』において，「多くのブルジョワ経済学者，たとえばジェームズ・ミル，マカロック，トレンズ，シーニア，ジョン・スチューアート・ミル，等々の主張するところでは，労働者を駆逐するすべての機械設備は，つねにそれと同時に，また必然的に，それと同数の労働者を働かせるのに十分な資本を遊離させることになる」と述べつつ，これに付した注において，「リカードゥも最初はこれと同じ見解をもっていたが，のちには，彼を特徴づける科学的な不偏不党と真理愛とをもって，これを取り消すことを明言した。『原理』第31章『機械について』を見よ」（『マルクス・エンゲルス全集』第23巻，第1分冊573ページ）と述べ，リカードゥを評価している。リカードゥに対するマルクスのこれらの評価は，一般的には大変妥当なものだと言ってよい。これらの評価を示すリカードゥ自身の文章を引用してみよう。

　まずリカードゥは，「機械について」を執筆する以前にどのような考えをもっていたのかについて，自らの機械観と補償説的見解を次のように述べて

いる。

　私がはじめて経済学の諸問題に注意を向けたとき以来ずっと，私は，いずれかの生産部門に，労働を節約するという効果をもつような機械の充用は，全般的利益である，ただ，資本および労働を一つの用途から他の用途へ移動させるにあたって大抵の場合にともなう程度の不都合が付随するにすぎない，という意見であった。もしも地主が同額の貨幣地代を得るものとすれば，彼らは，それらの地代の支出対象である商品のうちの若干のものの価格の低落によって，利益を受けるであろう，そしてこの価格の低落はかならず機械使用の結果でなければならない，と私には思われた。資本家も結局においてまさに同様の方法で利益を受ける，と私は考えた。……労働者階級も，また，同額の貨幣賃銀でもって，より多くの商品を購買する資力をもつであろうから，機械の使用によって等しく利益を受ける，と私は考えた。しかも，資本家は，以前と同一量の・・労働を需要し雇用する力をもっているから，たとえ新しい商品もしくは・・・・・・・・・・・・・・・少なくとも違った商品の生産にその労働を雇用する必要に迫られるかもしれないにしても，賃銀の低落は少しも起こらないであろう，と私は考えた（傍点は引用者）（『リカードゥ全集』第１巻444-445ページ，岩波文庫版，下282-283ページ）。

それではなにゆえにリカードゥは，資本家がより優れた機械を導入すれば労働者階級に悪影響を及ぼす，と考えたのであろうか。このことについてリカードゥは，次のように述べている。

　いま私は，機械を人間労働に代用することは，労働者階級にとってしばしばはなはだ有害である，と確信するにいたっている。

　　私の誤解は，社会の純所得（net income）が増加するときにはいつでも，その総所得（gross income）もまた増加するであろう，という想定から起こった。しかしながら，私には，いまは，地主および資本家が彼らの収入を引き出す一方の基金は増加するとしても，それにたいして，労働階級が主として依存する他方の基金は減少することがありうる，ということを納得すべき理由がわかっている，それゆえに，もしも私が正しいならば，その国の純収入（net revenue）を増加させうるのと同じ原因が，

同時に人口を過剰にし，そして労働者の状態を悪化させることがありうる，ということが当然起こるのである（同上，第 1 巻 446 ページ，岩波文庫版，下 284 ページ）。

　この引用文で述べられている「社会の純所得（net income）」とは，『原理』の第 26 章「総収入と純収入」（On Gross and Net Revenue）によれば，「国民の純実質所得（net real income），すなわち，その地代および利潤」（同上，第 1 巻 399 ページ，岩波文庫版，下 187 ページ）であって，「社会の総所得（gross income）」とはそれに一国の生産的労働者の賃銀を加えたもの，と言ってよい。これをマルクス流に表現すれば，前者は剰余価値 m，後者は賃銀＋剰余価値，すなわち v+m である。したがって，リカードゥが述べるように，m が大になっても v+m が減少するというのは，m が増加した場合，v がそれ以上に減少する，ということであり，v の絶対的減少を意味する。事実リカードゥは，上の引用文に続いて，個別資本におけるより優れた機械導入と「流動資本」の絶対的減少について明らかにするのである。その要旨は次の通りである。

　いま農業者と必需品製造業者との業務を兼営する 1 人の資本家がおり，彼は 7000 ポンドの「固定資本」と 1 万 3000 ポンドの「流動資本」，合計 2 万ポンドを使用する，とする。その場合，「利潤率」は 10% であり，したがって「利潤」は 2000 ポンドである。

　リカードゥによれば，この資本家の第 1 年目における生産物の価値は 1 万 5000 ポンドである。なぜならば「固定資本」の償却はゼロと想定され，それゆえに 1 万 3000 ポンドの「流動資本」でもって雇用された労働者は，食物および必需品等を生産する過程においてその「流動資本」を再生産し，それに 2000 ポンドの「利潤」を付加するからである。

　それでは，この資本家が第 2 年目において，総資本 2 万ポンドのうち第 1 年目のそれよりも「固定資本」の比率を，リカードゥはどのような方法によって増加させようとしたのであろうか。

　この資本家は第 2 年目においても初年度と同様に，7000 ポンドを「固定資本」として支出し，また 1 万 3000 ポンドを「流動資本」として支出して初年度と同数の労働者を雇用するが，しかし初年度と違うのは，雇用された労働者たちの半数は機械を生産し，残りの半数は初年度と同様に，食物およ

び必需品を生産する，ということである。そうすると，第2年度における生産物は初年度と同様に，支出された7000ポンドの「固定資本」の償却費はゼロと想定されているから，結局，7500ポンドの機械（＝再生産された6500ポンドの価値プラス2000ポンドの「利潤」の2分の1），および7500ポンドの食物と必需品（＝再生産された6500ポンドの「流動資本」プラス2000ポンドの「利潤」の2分の1）となり，したがって，この年度においては，最初に支出された7000ポンドの機械と新たに生産された7500ポンドの機械が存在し，他方7500ポンドの食物と必需品が存在する。

それゆえに，第3年目にこの資本家が同じく2万ポンドを支出して食物と必需品を生産する場合には，「固定資本」として1万4500ポンドを，したがってまた「流動資本」として5500ポンドを支出することになり，「それゆえに，彼の労働雇用のための資力は，1万3000ポンド対5500ポンドの割合でひき下げられるであろう，その結果として，以前に7500ポンドでもって雇用されていたすべての労働は過剰となるであろう」（同上，第1巻447ページ，岩波文庫版，下286ページ）ということになるのである。

ただ，「機械について」でのリカードゥの説明で注意しなければならないのは，すでに述べた「社会の純所得（net income）が増加するときにはいつでも，その総所得（gross income）もまた増加するであろう」というような，価値視点からのリカードゥの表現が何の断りもなく，「一国の純生産物（net produce）の増加は総生産物（gross produce）の減少と両立しうる」（同上，第1巻450ページ，岩波文庫版，下289ページ）とか，あるいは，「私が証明したいと思う事のすべては，機械の発明及び使用は総生産物（gross produce）の減少を伴うことがあるであろう」（同上，第1巻449ページ，岩波文庫版，下287ページ）という使用価値視点の範疇に変えられていることである。

この使用価値視点の範疇は，すでに述べた『原理』の第26章「総収入と純収入について」にはまったく存在しなかったものであって，リカードゥが「機械について」を執筆して以来，急に強調しだしたことである。例えば「機械について」のなかで彼は，ある服地製造業者が機械を採用した場合に，「機械の採用後はより少量の服地が生産されるであろう」（同上，第1巻449ページ，岩波文庫版，下287ページ）と述べるに至るのである。

なおリカードゥは「機械について」の中で，資本家が，労働者を排除する機械を彼らに導入させる誘因は何であるかについて，それは労働者の賃銀騰貴である，と次のように指摘している。

　資本と人口とが増加するごとに，食物は，その生産がより困難になるために，一般に騰貴するであろう。食物の騰貴の結果は賃銀の上昇であろう。そして賃銀が上昇するごとに，それは貯蓄された資本を以前よりも大きな割合で機械の使用に向かわせる傾向をもつであろう。機械と労働とはたえず競争している，そして前者は，しばしば，労働が騰貴するまでは使用されえないのである。

　人間の食物が容易に調達されるアメリカおよび他の多くの国では，食物が高くてその生産に多くの労働を要するイギリスにおけるほどには，機械使用の誘因は大きくない。労働を引き上げるのと同じ原因は，機械の価値をひき上げない，それゆえに，資本が増大するごとに，そのより大きな割合が投下される。労働にたいする需要は資本の増加とともにひきつづいて増加するであろうが，しかしその増加に比例してではない，その比率は必然的に逓減的比率であろう(2)（同上，第1巻453-454ページ，岩波文庫版，下293ページ）。

リカードゥはこれらの外にも，純収入の増加に総収入の増加がたとえ伴った場合でも，労働者に悪影響を及ぼす例として農業における馬の使用の例があること，召使い等の不生産的労働者の雇用や陸海軍人の維持には純収入の支出方法が利害関係をもっていること，機械を使用することによって獲得される純収入の増大は資本蓄積を促進し，総収入を増加させて，結局，雇用労働者数を増大させること，機械が労働者にとって不利益であるという理由で国内で使用されなければ外国に輸出され，そのために機械を運転する国内における労働者の雇用の機会が奪われるばかりでなく，その国から商品を輸入することは，例えば1日の労働の生産物にたいし2日のそれを与えなければならなくなること，等々を指摘している。

　以上筆者は，リカードゥが自ら自己の補償説的見解を否定して『経済学および課税の原理』の第3版に第31章「機械について」を新たに付け加えたことに対するマルクスの評価，ならびに「機械について」の主要な理論的特

徴を明らかにしてみた。<sup>(3)</sup>

　ところで，マルクスの相対的過剰人口の理論の形成に影響を与えたリカードゥの，このような学説の転換は，リカードゥ自身の学説の形成史上，いつごろ行われたのであろうか。『リカードゥ全集』の編者ピエロ・スラッファは，リカードゥが 1820 年の秋に『マルサス経済学原理評注』(*Notes on Malthus's Principles of Political Economy*) を執筆した時期が旧機械論から「機械について」への転換期（transition-stage）である，と述べている。なぜならばリカードゥは，この中の「評注 149」および「評注 153」において，蓄積される資本が機械に実現されるならば，労働者に対する需要がほとんどなくなる，とか，あるいは農業において，人間が実行する仕事を馬が行う場合には，農業労働者に対する需要を減少させる，と述べているからである。

　そしてまた，このようなスラッファの見解の妥当性をめぐって内外の学者により賛否両論が提出されており，筆者もかつて，この点をめぐり，上掲拙書においてスラッファを批判したことがある。しかし今回筆者は，以前と結論は同じではあるが，いくらか異なった視点から再度この問題に取り組んでみたいと思う。

## 1　リカードゥ著『マルサス評注』の「評注 149」に対するスラッファの評価について

　T. R. マルサスの『経済学原理』<sup>(4)</sup>(*Principles of Political Economy considered with a view to their Practical Application*) の初版が 1820 年 4 月初めに出版されると，リカードゥは直ちにこの著書を通読し，さらに同年 7 月の後半，彼はブライトンに滞在している間に，再びマルサスのこの著書に目を通した。そしてスラッファが指摘しているように，7 月 27 日付のジェームズ・ミル宛の手紙の中でリカードゥは，マルサスのこの著書に対し，「注釈に値すると思われる箇所に評注を加えています」と書き送っている。ちょうどこのころ彼は，『経済学および課税の原理』の第 3 版への改訂にも従事していたので，同年の 8 月から 2 カ月ばかりこれを中断し，そして 10 月にもう一度マルサスの『原理』に対する評注のための筆を執った。そして 11 月 16 日付のミル宛の手紙

の中で,「私のマルサス評注は（出来具合はともかく）完成しました」と書き送っている。リカードゥははじめ,この評注を彼の『原理』の第3版に付録として出版したい気持ちをもっていたが,ミルの説得によって断念した。

それはともかくスラッファは,すでに本篇,第1章の序説でも触れたように,リカードゥ『原理』の編者序文において,「第3版におけるもっとも革新的な変更は,『機械について』の新しい章」（『リカードゥ全集』第1巻 lxxvii ページ）であり,さらに「1820年の秋に『マルサス評注』,とくに評注149 を書いた時期が,この主題についてのリカードゥの考え方の転換期を画した」（同上,第1巻 lxxix ページ）と述べている。はたしてそうなのか。

それでは,「評注149」の内容はどのようなものだったであろうか。その全文を引用してみよう。

> 労働に対する有効需要は,資本のうち労働の賃銀が支払われる部分の増大に依存しているにちがいない。もし私が2000 ポンドの収入をもっているとすれば,──その収入を支出するさい私は必ず労働を雇用する。もし私がこの収入を資本に転化するとすれば,私はまず以前と同じ労働を雇用するが,しかし不生産的にではなくて生産的にである。この労働は機械をつくるのにもちいられるかもしれないが,その機械は資本となり,それが生産するものはすべてその資本からひき出される収入である。あるいはこの労働は土地に用いられるかもしれないが,それが生産する穀物は私に追加労働量を雇用させうる資本となるかもしれない。社会は,人間労働の対象かあるいはほとんどもっぱら機械のみによって生産される対象かのどちらかにたいする需要に比例して,前者または後者をなすのである。──一般に,蓄積された資本は,固定資本と流動資本の混合から成るであろう。その際,資本を貯蓄する人にとっては,それが固定資本として用いられるか流動資本として用いられるかは,大したことでないように思われる。もし利潤が 10% であれば,どちらの資本も等しく 2000 ポンドの資本について 200 ポンドの収入を生みだすであろうが,しかし,固定資本として用いられるなら,財貨は 250 ないし 300 ポンドの額までは資本を補塡し,200 ポンドの利潤を与えると言ってよいであろう──もし流動資本として用いられるなら,資本を補塡しそして

200ポンドの利潤を与えるには，生産される財貨は2200ポンドで販売される必要があると言ってよいであろう。国は総所得ではなく純所得によってのみ富裕になるにすぎないのであって，どちらの場合も等しく有力であろう，——資本家にとっては，彼の資本が固定資本から成ろうと流動資本から成ろうと，大したことではないが，しかし労働の賃銀によって生活する者にとっては，それはこの上なく重要である。彼らは総収入の増大に大きな利害関係をもっている。けだし，人口を養う手段が依存しなければならないのは総収入だからである。もし資本が機械として実現されるとすれば，増大せる労働量にたいする需要はほとんどないであろう，——もし資本が労働に対する追加需要をつくりだすとすれば，それはかならず労働者によって消費されるような物として実現されるであろう（同上，第2巻299-302ページ，岩波文庫版，小林時三郎訳，マルサス著『経済学原理』，下35-36ページ）。[6]

この「評注149」を読んでみると，リカードゥはこの時点で，すでに紹介した「機械について」の主要な論点にずいぶんと接近した考えをもっていたことがわかる。例えば，労働者の雇用は社会的総収入の大きさに依存すること，蓄積された資本は「固定資本」と「流動資本」から成り，そして労働者に対する需要は「流動資本」に依存するので，「固定資本」が蓄積されるときには，労働力にたいする需要はほとんどなくなること，「固定資本」が蓄積される場合には，まず「流動資本」の蓄積によって生産的労働者が雇用され，しかる後に彼らによって機械が製造されること，等々がこれである。[7]

しかしスラッファが述べているように，この「評注149」を書いた時期が，はたしてリカードゥにとっての，旧機械論から「機械について」への「転換期」を意味する，ということになると，いささか疑問を感じざるをえない。というのは，第一に，この『マルサス評注』には彼の補償説的見解を代表すると思われる「評注236」が存在するということ，第二に，リカードゥはすでに1817年5月20日付のジョン・バートン宛の手紙において，「評注149」とほぼ等しい方向の考えを示していたということ，等があるからである。第一の点から見てみよう。

この「評注236」は，マルサスの『原理』第7章「富の増進の直接の原因

について」の第5節に付けられたものである．マルサスはこの節において，各々2万ポンドを投資している多数の資本家が，いま機械を導入して「労働」を節約し，その上，2万ポンドではなく1万ポンドの資本で現実の商品に対する需要を満たせるようになった場合に，仕事から投げだされた労働者の雇用が維持されるためには，その際に遊離された1万ポンドの資本が他の用途を見いださねばならないことを論じた後，マルサスはさらに外国貿易の拡張なしに遊離された資本による労働者の雇用はありうるのであろうか，と自ら問うている．すなわち「もし，この原理を試すために，それをさらにおし進めて，わが国の財貨に対する外国市場の拡張がなくて，現在使用されているすべての商品が，機械のお陰で，いま使われている労働の3分の1で獲得されうると仮定すれば，遊休資本の大部分が有利に投下されうるとか，あるいは失業労働者の大部分が一国の生産物のうちの十分な分け前を支配する手段をみつけだすことができるとか，いうことが，一体ありうるのか？」（同上，第2巻449ページ，岩波文庫版，下237ページ）と．

　これに対しリカードゥは，次のように答えている．

　　私はありうると答える．3人の人間が，1人は靴の生産に，いま1人は靴下の製造に，他の1人は服地の製造に，それぞれ10人を雇い，これらの商品がすべて社会において必要とされかつ消費される，と仮定しよう．いま，それぞれの人が改良された工程を発見し，それによって彼らがそれぞれ5人の労働で同量のそれぞれの商品を生産しうると仮定すれば，彼らはそれぞれ10人の労働を雇う手段をもっているのであるから，他の5人をひき続いて雇わないであろうか．なるほど服地や靴や靴下の生産にではないかもしれないが，人間にとって有用で望ましい多数の商品のうちの若干のものの生産にである．……――マルサス氏の誤りは，外国貿易の拡大がなければ，なにごともなされない，と考える点にあるように私には思われる（同上，第2巻445-446ページ，岩波文庫版，下234-235ページ）．

　見られるようにリカードゥは，靴，靴下，服地の3製造部門において「改良された工程」が発見され，採用されることによって，各々10人の雇用労働者が5人に減少しても，それと同時に合計15人の過剰労働者が，遊離さ

れた資本により，他の製造部門で再雇用されることを明確に示している。これらは「評注149」の趣旨をまったく否定する論理である。

　それからもう一つ，「評注149」を書いた時期が旧機械論から「機械について」への「転換期」であるというスラッファの見解に筆者が疑問を感ずるのは，すでに触れたように，リカードゥによる1817年5月20日付のジョン・バートン宛の手紙があり，それには「評注149」と共通するものが，すでに含まれているからである。リカードゥは『原理』の初版を1817年4月19日に出版してまもなく，ジョン・バートンから1通の手紙を受け取り，それに対し返答を送ったのが，これである。次にそれを見てみよう。まずリカードゥは資本の蓄積について，次のように述べている。

　　資本の蓄積が，機械とか建物などといった固定資本のなかに実現されてゆくのに比例して，労働の持続的な雇用は減り，したがって労働者に対する需要が減って，もし蓄積された資本が流動資本として使用されるときよりも人口増大の必要が少なくなるであろう，ということは疑いもなく真実であります（同上，第7巻187ページ）。

　しかし，この手紙の中で，部分的に引用されているジョン・バートンの手紙からの文章によれば，バートンは，蓄積される資本が全部，「固定資本」である場合か，あるいは全部「流動資本」である場合かの両極端の例で事例を説明していたように思われる。例えばリカードゥがバートンに送った手紙の中で，彼はバートンの見解に触れ，次のように述べている。

　　あなたはおっしゃっている，「流動資本への追加は同じような比例で諸商品の供給を増大させる。流動資本を2倍にせよ，すると2倍の量の財貨が生産されるであろう。しかし固定資本に追加された同じ額は，はるかに小さい程度において財貨の供給を増大させる。ある人が服地を生産する労働者を雇うために1000ポンドを支出すると市場における服地の量は1100ポンドの価値だけ増大しているであろう。
　　しかしもし彼がその1000ポンドを同じ目的に使う蒸気機関の建造に支出するならば，市場にある服地の量はわずかに100ポンドの価値だけ増大しているにすぎない，しかもそのいずれの場合にも資本家は同一の利潤，すなわち10%を儲けるである」（傍点はリカードゥ）（同上，第7巻

第2章　リカードゥの機械論と補償説的見解について　　41

187ページ）。

　リカードゥは，蓄積される資本はこのように全部「固定資本」であるとするバートンの意見に対し，いささか皮肉をこめて，「もし流動資本によって雇われる労働者が彼ら自身機械であり，食物や必需品を消費することなしに働かせられるのであれば，あなたの議論は正しいでしょう，が事実は労働者を雇用する雇主はわずかに100ポンドの価値の服地を得るだけであり，残りの1000ポンドの価値は労働者の維持に当てられるでしょう」（傍点はリカードゥ）（同上，第7巻187ページ）と述べ，蓄積される資本は全部「流動資本」である，と極端な逆の例へ論点を引き戻し，説明している。

　それはともかくとしてリカードゥは，蓄積される資本に関し，「その資本のこの部分は急速に摩滅しやすい機械の維持に費やされるでしょう，そしてその国の実質的な純所得の増大は100ポンドの価値の服地だけで，1100ポンドの価値ではないでしょう」（傍点はリカードゥ）（同上，第7巻188ページ）と述べつつ，蓄積される資本は「固定資本」と「流動資本」から成ることについても触れてはいる。がしかし，結局はバートンの考えに則して，「1000ポンドの価値の財貨は1100ポンドに相当する価値を再生産する人々によって実際に消費され，100ポンドだけがこの社会にとっての正味の利得となるでしょう。固定資本の場合には1000ポンドの価値の財貨だけより少なく生産されましょう。が同時に1000ポンドの価値だけより少なく消費されましょう，そして正味の所得は，同様に100ポンドの価値をもつでしょう」（傍点はリカードゥ）（同上，第7巻188ページ）と述べ，資本家が獲得する「正味の所得（＝純収入）」が等しく100ポンドではあっても，蓄積される資本が全部「固定資本」であるか，あるいは全部「流動資本」であるか，で労働者の雇用に大きな違いが生ずることをリカードゥは認めたのである。

　しかし蓄積された資本が全部「固定資本」であるということは，現実的にはありえないとリカードゥは強調し，次のように述べている。「この事例は明らかに議論のために設けられたもので，実際に起こりえないでしょう，というのは人間の労働の使用に完全にとって代わるところの機械の新しい建設というものは存在しないからです。蒸気機関は人間の不断の労働を必要とします——人間はそれを動かすのに必要な火力を得るために石炭を手に入れな

ければならず——人間はそれの年々の修繕に精を出さねばならず，そして富裕な国ではこれらの目的のために雇用される労働者は次第に，その他のあらゆる仕事にしたがう労働者の数と同様に，平均してほぼ一定した量になります。蒸気機関がたとえ100年間もつとしても，彼らに対する平均的な需要は極めてわずかしか変化しないでしょう」(同上，第7巻188ページ)と。

　ただ，すでに触れたように，リカードゥによる，このバートン宛の手紙の約1カ月以前に出版された彼の『原理』（初版）には，補償説的見解を示す次のような文章がすでに存在することをわれわれは改めて注意しておくべきであろう。

　　機械の助けによって，または自然科学の知識によって，以前には人によってなされた仕事を自然力にやらせるやいなや，このような仕事の交換価値は，それに応じて下落する。仮に10人の人が挽臼をまわしていたとし，そして風または水の助けによってこれら10人の労働が省かれることが発見されたとすれば，挽臼によって行われる仕事の生産物である小麦粉の価値は，節約された労働の分量に比例して，ただちに下落するであろう，そしてこの10人の維持に向けられる基金は少しも損なわれないから，社会はこれらの人々の労働が生産しうる商品だけ，より富むであろう（傍点は引用者）（同上，第1巻329ページ，岩波文庫版，下104ページ）。

　そうするとリカードゥは，1817年に『原理』の初版を出した段階でも，1820年に『マルサス評注』の「評注149」を執筆した段階でも，蓄積される資本が「固定資本」である場合には労働者の雇用が減少するという考えと補償説的見解との両方をもっていたのであるから，「1820年の秋に『マルサス評注』，特に「評注149」を書いた時期がこの主題についてのリカードゥの考え方の転換期を画した」（同上，第1巻79ページ）というスラッファの判断は成り立たない，と筆者には思われるのである。要するにリカードゥは，彼の『原理』（第3版）に第31章「機械について」を執筆する以前には，その機械論に段階的な発展はなしえなかった，ということである。

　「固定資本」の蓄積による雇用減少と補償説的見解とは，一見矛盾するように思われるが，『マルサス評注』執筆時までは，リカードゥにおいては，

前者による雇用減少は後者による雇用増加によって補償されるということで統一的に理解されていたのである。このことは，次の2でも述べるように，『原理』（第3版）に「機械について」が付け加えられたことを知った時，リカードゥを激しく論難したところの，当時，補償説的見解を信じて疑わなかったJ.R.マカロックが，『マルサス評注』の原稿——それには当然「評注149」が含まれている——に目を通しても，彼がリカードゥに対して何の疑問も提出しなかったこと，また，それはなぜかを考えるときに，よく理解できるのである。[11]

## 2 J.R.マカロックの補償説的見解と「評注149」について

『マルサス評注』の「評注149」がスラッファが述べているような意味ではたして「機械について」への「転換期」に当たるものであるか否かを判断する場合に重要だと思われることは，当時『エディンバラ評論』（Edinburgh Review）への寄稿者であり，またリカードゥの経済学のよき理解者であり解説者であったJ.R.マカロックが，「評注149」と「機械について」とに対してどのような反応を示したかを知ることであると筆者は思う。結論を先取りして述べるならば，すでに本章の1でも触れたように，リカードゥから『マルサス評注』の全原稿を借用し，そして時折その筆跡と思われる書き込みさえ見られるほど丁寧にこの原稿に目を通したマカロックが「評注149」には直接何の反応も示さなかったのに，[12]リカードゥの主著の第3版に新たに付け加えられた第31章「機械について」を読んだ時，彼はリカードゥに対して激しい抗議の手紙を送ったのである。これはマカロックにとっては「評注149」は旧機械論に属するもので，新たな「機械について」の論旨と明確に一線が画されるもの，とわれわれは判断してもよいことを示している。

リカードゥは，1820年12月13日付のマカロック宛の手紙で，『マルサス評注』の原稿に目を通してもらうためにこれを送る約束をし，また今度はマカロックが1821年1月22日付のリカードゥ宛の手紙で，「私としてはできるだけの注意を払って読ませていただき，教示とともに楽しみにあずかった玉稿をここにお返しします」（『リカードゥ全集』第8巻382ページ）と書き送

っている。

　この当時マカロックが，機械や資本蓄積の諸問題についてどのような考えをもっていたかを知るためには，彼が『マルサス評注』の原稿に目を通したあとに発行されたところの『エディンバラ評論』(1821 年 3 月号) に掲載された彼の論文「機械および蓄積についてのセー，シスモンディ，マルサス諸氏の見解，1821 年」(*The Opinion of Messrs Say, Sismondi, and Malthus, on the Effects of Machinery and, Accumulation*, Stated and Examined, London, 1821) を読めば理解できる。この論文はマカロックが，J.B. セーの影響を受けたリカードゥの学説を基礎にし，生産物は生産物と交換されること，資本の蓄積はそれ自らの需要を生みだすこと，誤算に基づくある特定の商品の部分的過剰生産は存在するが一般的過剰生産は存在しないこと，等々の観点からの説明を行いつつ，機械や熟練労働者の使用は，労働の生産性を増大させて一定の収入で購入しうる人々の富を増加させ，また特に機械によって排除された労働者も，同時に遊離された「流動資本」その他によって再雇用されることを，彼は強調する。まさに彼の補償説的見解，これである。マカロックは以上のような考えに基づき，よりすぐれた機械の採用は労働者階級にとって有害であると考えたシスモンディやマルサスらを，強く批判するのである。

　まず彼のシスモンディ批判を見てみよう。最初にシスモンディが彼の『経済学新原理』(*Nouveaux Principes d'Économie Politique*, 1819) において，いま綿布の価格が 5% 引き下げられる機械が発明されたならば，イングランドの他のすべての紡績工と織布工を失業させるであろうこと，また他方において，綿布のこのわずかな価格低下によって余裕ができた人々の収入により新たに生みだされた他の諸商品に対する需要増加も，この綿布を生産するための新機械導入によって生みだされた失業者のたった 5% さえ，再雇用しないこと，したがって，この新機械の導入によって失業した人々の大部分は，直ちに飢えるか，救貧院行きとなるであろうこと，等を明らかにしている。これらに対してマカロックは，次のように反論している。

　まず彼は，シスモンディはいかにしてその新機械が生産されるかを無視している，と述べつつ (ibid., pp. 113-114)，上述の綿布の 5% の価格の引き下げがどのようにしてもたらされたかについて説明を加える。マカロックは，今

まで2万1000ポンドの「流動資本」で雇用されていた労働者が生産した綿布と同量のものを、今度は2万ポンドの機械および1000ポンドの「流動資本」によって雇用された労働者らが生産した、と仮定する。そうすると、今まで綿布生産のために雇用されていた労働者のうちの21分の20が機械製造のために使用され、しかもこの機械の耐用年数が1年の場合には、1人の失業者も生じないとマカロックは指摘し、その上彼は、「機械がより耐久的になるにしたがって、労働に対する需要は減少する代わりに増大する」(ibid., p.114) とまで述べる。その理由は次の通りである。

マカロックの説明によれば、この機械の耐用年数が1年の場合に利潤率を10%と仮定すると、2万ポンドの機械によって生産された財貨は2万2000ポンドで販売されるが、耐用年数が10年の場合には、「それによって生産された財貨は、2万2000ポンドで販売されるのではなく、3254ポンドで販売されるであろう。すなわち2000ポンドは利潤として、そして1254ポンドは、2万ポンドの最初の資本を更新するための10年間の年金として、蓄積するために」(ibid., p.114)、ということになるのである。

引き続いてマカロックは、この10年耐用の機械を使用する場合には、「それによって生産された諸商品の価格は、それらの以前の価格の約7分の1に低下させられるであろう」（傍点はマカロック）(ibid., p.114) と述べる。そしてこの綿布の価格が7分の1に減少したために生じた、消費者が持つところの残りの7分の6の収入が、各人をして新たに購入させる他の諸商品の生産のために、綿布製造部門における機械化で生じた失業者を再雇用する、と指摘し、次のように述べている。「それゆえ、綿布の消費者たちは、彼らによる他の財貨に対する等しい需要増大によって、それ以後、解雇された労働者たちの7分の6に対し、仕事を与えるであろう」（傍点はマカロック）(ibid., p.114) と。

マカロックの補償説的見解は、これに止まるものではなかった。彼は、すでに述べた10年耐用の機械に対する年金としての1254ポンドを、機械所有者は、おそらくそれの償却期間中、遊休資本にしておかないために、なんらかの方法で労働者の雇用のために使用するに違いない、と考えている。そうすると、機械導入による綿布の価格の低下を通じて、結局は、綿布製造部門

からの失業者が全員再雇用されるばかりでなく,「機械の存在の後半の年々においては, 労働に対する需要は減少するどころか, ちょうど2倍位まで増加したに違いない」(傍点はマカロック) (ibid., p. 115) と述べつつ, 結局彼は, 次のように結論づけるのである。「それゆえ, 機械のどのような改善も, おそらく労働に対する需要, もしくは賃銀率を減少させることはできないように思われる。一用途への機械の導入は, 必ず解雇された労働者たちに対する等しい, あるいはより大なる需要を, 他のどこかの用途において生みだす」(傍点はマカロック) (ibid., p. 115) と。

なおマカロックによるマルサス批判にも簡単に触れておこう。彼はまず, マルサスの『原理』から次の文章を引用している。この文章は, 消費の限られたある商品を生産する2万ポンドの資本の代わりに, この需要を満たし得る1万ポンドの機械が新たに採用された場合に生ずる休息資本について説明した後に続くものである。

> 資本をある用途から引き上げ, それをほかの用途に投下することには, いつもつねに大きな損失が伴うものである。かりに残りの全部が直接に用いられたとしても, それは額においては比較的に小さいのである。それは比較的多くの生産物を生みだすであろうけれども, しかしそれは以前と同じ分量の労働を支配することはないであろう。そしてより多くの召使が使われないかぎり, 多くの人々が解雇されるであろう。そしてこのようにして, 同じ分量の労働に対する総資本の支配力は, 明らかに, 休息資本は減少することなしにその以前の職業から引き上げられ, そして直ちに外の職業にそれに等しい用途を見いだすという偶然に, 依存すると思われる (*Principles*, 1st ed., p. 404, 岩波文庫版, 下231ページ)。

マルサスのこの文章についてマカロックは, よりすぐれた機械がある用途に使用され, そしてそのために無用にされて遊離し, 他の部門に再投資される資本は,「全固定資本」(傍点はマカロック) (ibid., p. 115) である, とマルサスは考えていたが, それは誤りであって,「一製造業者の労働を雇用する力は, 彼の全資本額に依存するのではなく……彼の流動的部分のみの額に依存する」(ibid., p. 116) と指摘し, その例として, 100台の蒸気機関と5万ポンドの「流動資本」をもっている一資本家は, もっぱら5万ポンドの「流動資

本」のみをもっている他の資本家と，雇用する労働者数は同じである，と指摘している。それはともかく，マカロックは，「諸商品を購入すべき力あるいは意志は機械の改善によって減少しない，あるいは減少しえない」（傍点はマカロック）(ibid., p. 116) と述べ，その上，商品価格の減少は労働者の賃銀によって購入されうる必需品と便益品の分量を増加させるから，「機械の改善はいつも，資本家よりも労働者にとって，さらに有利である」(ibid., p. 116) とさえ指摘するのである。

　ところでわれわれは，以上のような『エディンバラ評論』(1821年3月号) に掲載されたマカロックの，シスモンディならびにマルサス批判を読むとき，「固定資本」の蓄積による機械の採用が雇用労働者を減少させるとする「評注149」と，補償説的見解を表明している「評注236」とが，『マルサス評注』に併存していても，マカロックにとっては，決してリカードゥのそれまでの機械論が変更されたとは受け取れなかったと思われる。なぜなら「評注149」でリカードゥが明らかにしていることの多くは，マカロックにとっては，彼が上述の論文で示したことで説明できると思われたからである。

　例えば「評注149」で述べられている，蓄積される資本は「固定資本」と「流動資本」から成り，労働者に対する需要は「流動資本」に依存すること，「固定資本」の蓄積が行われる場合，まず「流動資本」によって生産的労働者が雇用され，そして彼らによって機械等が製造された時に，その耐用年数が1年ならば労働者の雇用は減少しないこと，またそれが1年以上の場合には，その商品の価格は「固定資本」の償却費と思われるものに，「固定資本」に対する一定の利潤率を掛けたものが加えられ，したがって「流動資本」の投下のみによって生産された商品よりも商品は安価となること，そしてさらに，機械によるこのような商品の安価は，消費者の収入に余裕を与えて他の商品に対する有効需要を生みだし，そのことによって，ひとたび機械によって排除された労働者も，他の商品を生産する部面に再雇用されるということ，等々がこれである。

　しかし「評注149」における次の文章，すなわち「国は総所得（gross income）ではなく純所得（net income）によってのみ富裕になるにすぎないのであって，どちらの場合も等しく有力であろう，——資本家にとっては，彼

の資本が固定資本から成ろうと流動資本から成ろうと，大したことではないが，しかし労働の賃銀によって生活する者にとっては，それはこのうえなく重要である。彼らは総収入（gross revenue）の増大に大きな利害関係をもっている，けだし，人口を養う手段が依存しなければならないのは総収入（gross revenue）だからである。もし資本が機械として実現されるとすれば，増大せる労働量に対する需要はほとんどないであろう，──もし資本が労働に対する追加需要をつくりだすとすれば，それは必ず労働者によって消費されるような物として実現されるであろう」（『リカードゥ全集』第 2 巻 301-302 ページ，岩波文庫版，下 36 ページ）というリカードゥの考えを積極的に否定するマカロックの考えは，前掲の彼の論文には見当たらなかった。それにもかかわらずマカロックがこの文章にまったく疑問を提出しなかったのは，すでに『原理』の初版に，リカードゥの次のような文章，すなわち「2 万ポンドの資本をもち，その利潤が年額 2000 ポンドである一個人にとっては，彼の資本が 100 人を雇用しようと，あるいは 1000 人を雇用しようと，……すべての場合に，彼の利潤が 2000 ポンド以下に減少しさえしなければ，それはまったくどうでもよい事柄であろう。国民の実質的な利益もこれと同様ではなかろうか？ その純実質所得，即ち，その地代および利潤が同一であるかぎり，その国民が 1000 万の住民から成っていようと，あるいは 1200 万の住民から成っていようと，それは少しも重要ではない」（同上，第 1 巻 399 ページ，岩波文庫版，下 187 ページ）という考えが示されていたからではなかろうか。

　これらの諸理由によりマカロックにとっては，「評注 149」におけるリカードゥの機械論も旧来のそれと異なったものではなかったと思われる。もちろん，マカロックのこれらの考えを一般的に支持すると思われるリカードゥの考えの根拠として，『マルサス評注』に「評注 236」という彼の補償説的見解があることは，いうまでもない。[13]

## 3　「機械について」と総生産物の減少

　さてリカードゥは，『経済学および課税の原理』の第 3 版を出版する前に彼の親しい友人たちにこの著書を贈呈した。その際彼は，マカロックにも 4

月25日付の手紙で「先週」これを送ったことを知らせた。マカロックはこうして受け取った『原理』によって初めて，同著書に新たに付け加えられた第31章「機械について」に目を通すことができたのである。そこでは，マカロックが『エディンバラ評論』(1821年3月号) において発表したばかりの考えとはまったく相反する見解が示されていた。なぜならばリカードゥは，この「機械について」においてそれまで抱いていた補償説的見解を自ら否定し，その上，機械の使用は総生産物を減少させると述べつつ，次のように指摘していたからである。すなわち，「いま私は，機械を人間労働に代用することは，労働者階級の利益にとってしばしばはなはだ有害である，と確信するにいたっている」(『リカードゥ全集』第1巻446ページ，岩波文庫版，下284ページ) ということ，「また私が証明したいと思うことのすべては，機械の発明および使用は総生産物 (gross produce) の減少を伴うことがあるであろう，ということである，そしてこれが事実である場合はいつでも，それは労働階級にとって有害であろう，というのは彼らのうち何人かが解雇され，そして人口がそれを雇用すべき基金に比較して過剰となるであろうからである」(同上，第1巻449ページ，岩波文庫版，下287ページ) ということ，これである。そしてリカードゥは，「機械の使用はしばしば自分たちの利益にとって有害である，という労働階級の抱いている意見は，偏見や誤謬に基づくものではなくて，経済学の正しい原理に一致するものである」(同上，第1巻450ページ，岩波文庫版，下289ページ) と言明するのである。

これを読んだマカロックは大変強いショックを受けたように思われる。彼は1821年6月5日付のリカードゥ宛の手紙で『原理』(第3版) の贈呈に対する礼状が遅れたことを詫びながら次の二つの観点からリカードゥを痛烈に批判する。第一点は，リカードゥが『原理』(第3版) に「機械について」を付け加えることによって，彼の見解が論敵のマルサスおよびシスモンディと同じになったということ，第二点は，リカードゥが指摘しているような意味での，機械の採用が総生産物を減少させるということはありえないこと，等である。

第一点から見てみるならば，マカロックは手紙のほぼ文頭で次のように述べている。

私は……この版の機械の章はかの著作の価値からの非常に重大なマイナスであると申さねばなりません——マルサス氏の論議に対するあなたの勝利にみちた応酬を読んだ後，あなたがそのように早々に彼と握手を交わし，すべての論点を放棄なさろうとはよもや期待しませんでした——というのはそれがあなたの実際になさったことですから——1〜2カ月前にあなたが争っておられた論点をです(14)（同上，第8巻430ページ）。
　引き続きこの手紙には，「あなたとマルサスおよびシスモンディ諸氏の間に以前存在していた（というのは残念ながら今日ではそれらはほとんどなくなったと考えますので）基本的な相違は経済学とは作り話であり，砂上の楼閣だと多くの人々に信じるように仕向けました」（同上，第8巻431ページ）とか，あるいは「あなたの例解は，『レビュー』の最近号で分析したシスモンディ(15)のそれといかなる点においても異なっていません」（同上，第8巻432ページ），ということ，そして「もしあなたの推論やマルサス氏のそれが十分な根拠をもっているとすれば，ラダイト禁止の諸法は，法令全書の恥です」（同上，第8巻433ページ）等のマカロックの強い非難の表現が見られる。
　第二の点については次の通りである。マカロックはまずリカードゥの「機械について」における新たに蓄積されるところの7500ポンドの機械について，その耐久性が1年ならばもちろんであるが，それ以上であっても彼の補償説的見解からの判断によって被雇用者が減少することはない，と説明している。そしてその後マカロックは，機械が服地の総生産量を減少させると述べている「機械について」のリカードゥの考えを，次のように批判している。

　　この機械によるとより少ない服地が生産されるだろうと472ページの最後で述べておられる点を私は否定します——そういう想定はまったく問(16)
　　題外です。もし機械の寿命がわずか1年であるとすれば，それはより多
　　くの服地を生産しなければなりません。そしてこのことの十分な理由は，もし機械がそうしないならば，それを建造するいかなる動機もありえないという点です——しかし，機械により大きな耐久性を与えても，それの生産力が減ることはないでしょう。それは機械によって生産される商品の価格を下げるだけであり，このため機械の建造はこの上なく有益なものになりましょう——

もし機械の耐久性の増大につれて機械がますます生産的でなくなるなら，あなたの推論は有力になるかも知れないことは認めます——しかしここであなたは完全に沈黙なさいます。あなたは基本的な立場を確立することを無視なさったのです。また逆のことが一見して明らかな事柄が，なぜその反対でなければならないか，ということを証明する言葉をただの一言も提出なさっていません——例えば鉄の犂は総生産物（gross produce）を減少させません，あるいはもっとわかりやすく言うと，それは木製の犂よりもより少なく仕事をするということはありません。花崗岩で築かれているドックは，煉瓦で築かれているものよりも，より少なく船を収容するのではありません——また蒸気機関の生産性は，それを構成する物質に不壊性を与えることが全能の力の命令であったかのように，少しも損なわれないでしょう——機械の導入による総生産物（gross produce）の減少に伴う不利益を読者に述べる以前に，そのような減少がかつて実際に起こったかどうか，もしくは起こりうる可能性が少しでもあったかどうかを，事実の点から究明なされればよかったでしょう（傍点はマカロック）（同上，第8巻432-433ページ）。

　リカードゥの「機械について」へのマカロックのこのような強い批判に対し，彼は6月18日付のマカロック宛の手紙において，返答を与えている。その論点は端的に言えば，機械の採用は総生産物を減少させる，ということであって，その点にこそ自分とマルサスとの見解の見解が存在するとリカードゥは強調するするのである。例えば彼は，「私の本の第3版で，機械の問題にかんする意見の変更を認めた仕方について，弁護を試みる気持ちはありませんが，この変更は経済学は砂上の楼閣だと主張していた人たちの意見に都合のよい論拠を加えて，彼らを武装させるものだとおっしゃるのには賛成しかねます。私の意見の変更はすべて次の点につきます。私は以前には一国は機械によってその商品の総生産物（gross produce）を年々増加させることができると考えていました，しかしいまは機械の使用はかえって総生産物を減少させる傾向をもつと考えています」（同上，第8巻436ページ）と述べ，さらに彼の新機械論がマルサスの見解とどの点で異なるかについて，次のように述べている。

あなたはおっしゃる,「マルサス氏の議論に対するあなたの勝利にみちた応酬を読んだ後,あなたがそのように早々に彼と握手を交わし,すべての論点を放棄なさろうとはよもや期待しませんでした」,と。マルサス氏は私が彼に一物を譲ったとは考えていませんし,あの章を読んだ人で私がマルサス氏の学説のほうへ,これまでよりも一歩でも歩みよったと考えた者は誰もいません。機械に対するマルサス氏の異議は,それが一国の総生産物 (gross produce) をはなはだしく増加させるために生産された商品が消費できなくなる——すなわちそれらに対する需要がなくなるという点であることを,あなたは確かにお忘れになっているに違いありません。私の異議は,反対に,機械の使用はしばしば総生産物の量を減少させることがあり,それで消費したい意向は無限であっても,購買手段の不足のため需要が減少するようになるという点です。二つの学説でこれ以上に相違するものがありえましょうか？(同上,第8巻436-437ページ)。

しかもリカードゥは同じ手紙の中で,機械の採用がその総生産量を減少させる例を提出し,次のように述べている。いま1年間に1万ヤードの服地を生産する製造業者がいるとする。彼はそれを1ヤードにつき2ポンド,したがって合計2万ポンドの服地を生産し販売するのであるが,そのうち9000ヤードすなわち1万8000ポンドが「流動資本」部分であり,それゆえ1000ヤードすなわち2000ポンドが「利潤」である。しかしこの製造業者が1万8000ポントの「流動資本」で労働者を雇う代わりに,全部,機械の購入に充てた場合に,服地の生産量は3000ヤードに減少し,そして半分の1500ヤードが「利潤」になる,とリカードゥは述べ,したがって,あとの1500ヤードがこの機械の償却費になる,と考えられる。ただしこの場合には,1ヤードの服地の価格は1ポンド10シリングに低下するのである。

この例は「機械について」執筆以後,機械の採用がその総生産物を減少させるというリカードゥの新たな考えを,彼自ら解説したものとしてはもっとも具体的なものなのであるが,それはともかく,上の例で注目すべきことは,機械採用後1万ヤードから3000ヤードに服地の生産量が減少した場合,「利潤」も機械の償却費も,ともに2250ポンドになる,ということである。リ

カードゥはこの例で，服地製造業者が機械を採用することによって「利潤」が2000ポンドから2250ポンドになり，機械採用の目的は達成されたと考えたが，問題はむしろ機械の償却費2250ポンドのほうにあると思われる。リカードゥ自身は触れていないが，1万8000ポンドで新たに購入された機械の1年間の償却費が2250ポンドであれば，償却の完了にはちょうど8年かかることになる。つまりこの機械の耐用年数は8年であるが，リカードゥによれば機械の耐用年数がより長くなればその生産量はさらに減少するのであって，「機械により大きな耐久性を与えてください，すると製造業者を償うためには3000ヤード以下の生産高で十分でしょう，なぜなら固定資本のもとの性能を維持するには，より少ないヤード分を犠牲にすればよいはずだからです」（同上，第8巻438-439ページ）と彼は述べるのである。これは機械の耐用年数が長くなればなるほど，限りなくその生産量が減少することを意味していると言ってよい。[17]

## むすび

以上，本章の1，2，3の検討を通して，筆者が得たことをまとめてみよう。

1. リカードゥは，『経済学および課税の原理』の第3版に新たに付け加えた第31章「機械について」において初めて，それまで抱いていた自らの補償説的見解を捨てて，資本家が投下する総資本のうち「固定資本」の占める比率が大となり，「流動資本」の比率が小になるにしたがって，その資本の就業労働者が相対的に，ある場合には絶対的に減少することを証明した。

2. 『マルサス評注』の「評注149」は，それだけ単独に取り上げてみると，一見，理論的には「機械について」を先取りしたかのようにも見受けられるが，しかしここで考えなければならないのは，「評注149」と基本的に同趣旨の考えが，1817年5月20日付のジョン・バートン宛の手紙において，リカードゥによりすでに示されていたことである。しかもバートン宛の手紙がリカードゥから彼に送られた時には，すでにリカードゥは彼の『原理』の初版において補償説的見解を明らかにし，また同様に『マルサス評注』で「評注149」が書かれると同時に，「評注236」において彼の補償説的見解が示さ

れていたのであるから，それらは，リカードゥが自らの補償説的見解を明確に否定した上で発表された『原理』（第3版）の「機械について」と同趣旨のものと理解することはできない，と筆者は思っている。[18]

3. しかもさらに注意すべきことは，リカードゥが『原理』（第3版）に「機械について」を付け加えて以来，機械の導入は一国の純生産物（net produce）を増加させつつも，総生産物（gross produce）を減少させるために，労働者の雇用減少が生ずることを強調しだした，ということである。すでに触れたように，リカードゥのバートン宛の手紙や『マルサス評注』の「評注149」において，彼が機械の導入がその生産物の価値や一国の総収入（gross income, gross revenue）を減少させると述べる時には，それらはすべて価値視点からのものであって，「機械について」および，それ以後における彼の手紙に見られるように使用価値視点からのものではないことに，われわれは注意すべきである。

4. リカードゥはすでに見たように，1821年6月18日付のマカロック宛の手紙で，機械の導入がその総生産物（gross produce）を減少させるという点にこそマルサスと自分との見解の相違が存在することを強調している。元来マルサスの見解は，より優れた機械の導入がその総生産物を増加させて消費者の需要を超過した場合には，それを満たした後，そのことによって遊離された過剰な資本が他の生産諸部面に再投資されるか否かは，マルサスの『経済学原理』（初版）の表現を借りれば，「直ちにそれと等額の用途を他に見出すという偶然に，依存するであろう」（同上，第2巻441ページ，岩波文庫版，下231ページ）から，その資本が生産する商品に対する新たな有効需要が存在しない限り，再投資は困難である，ということである。換言すればマルサスは，シスモンディともども，機械によるその生産物の増加が有効需要を超過する場合には一般的過剰生産（general glut）が生じ得ることを認めていたのに対しJ.B.セーの法則を援用して「資本が増加すると同時に，資本によって果たされるべき仕事が同一割合で増加する」（『全集』第1巻333ページ，岩波文庫版，下111ページ）と考えて一般的過剰生産を否定していたリカードゥにとって「機械について」での彼の見解の変更は，彼のそれまでの考えをぐらつかせることを意味するものであった，ということである。なぜならばリカー

ドゥは，それまで抱いていた自己の補償説的見解を自ら否定し，総資本のうち「固定資本」の占める割合の増大による「流動資本」の割合の減少が，就業労働者を減少させることを積極的に主張する場合，本来ならば，機械の導入による労働の生産力の増大と雇用減少による労働者の消費減退とが同時に生じ，彼の論敵のマルサスやシスモンディ，特にシスモンディの過少消費説的恐慌論と基本的に同じ結論に至るからである。リカードゥが彼の「機械について」において，より優れた機械の採用が総生産物（gross produce）を減少させるという，一見，荒唐無稽な，経済学の常識に挑戦するかのような彼の見解は，生産と消費の矛盾を認めて一般的過剰生産の存在を肯定するマルサスやシスモンディと，それらを否定するリカードゥとの対立の中での機械論の意義づけにおいてこそ，その謎の解明が行われなければならない，と筆者は思っている。[20]

したがって『マルサス評注』の「評注149」における機械論の趣旨も，直接的には，いま述べたような意味での対立の中で書かれたものではないのであるから，「評注149」の中に，のちの「機械について」と部分的に共通したリカードゥの見解が含まれていたとしても，そのことによって彼の見解が旧機械論から脱却して新機械論に移行しつつあったものと判断することはできない，と筆者は考えるのである。

注
(1) この点についてマルクスは，『剰余価値学説史』において，リカードゥの「機械について」に触れ，ジョン・バートンを超える彼の功績を次のように述べている。
　　リカードゥがさらに前進している唯一の点——そしてこの点こそ重要である——は，彼は，ただバートンのように，労働に対する需要が機械の発展に比例して増大しないことを提言しただけでなく，機械そのものが「人口を過剰にし」，したがって過剰人口を生み出すことをも提言した，ということである。……これによって，まったくばかげた人口論は本質的にくつがえされたのであり，また特に，労働者は自分たちの人口増加を資本の蓄積水準よりも低く押さえておくように努力しなければならないという俗流経済学のきまり文句もくつがえされたのである（傍点はマルクス）（同上，第26巻，第2分冊785-786ページ）。
(2) リカードゥはこの引用文に注として，ジョン・バートン『社会の労働階級の状態に影響を及ぼす諸事情についての所見』(John Barton, *Observations on the Circumstances which influence the Condition of the Labouring Classes of Society*, 1817) からの文章を引用し，そ

して,「バートン氏は, 上記の著書のなかで, 固定資本の逓増額が労働階級の状態に及ぼす影響の若干のものについて, 正しい結果を採ったと私は思う。氏の試論は多くの貴重な知識を含んでいる」(同上, 第1巻454ページ, 岩波文庫版, 下294ページ) と評価している。

(3) すでに紹介したマルクスの評価からも分かったように,「機械について」でリカードゥが自己の補償説的見解を否定したこと, このことは経済学史上, 彼の功績である。しかしそれとともにリカードゥは, すでに見たように, 総収入 (gross income, gross revenue) と総生産物 (gross produce) との同等視という考えを初めて「機械について」の中で明らかにし, したがって彼は, 機械の採用は総生産物 (gross produce) を減少させるという考えをもつに至った。この点も, リカードゥの「機械について」における彼の機械論の変更の重要なメルクマールであることを, われわれは忘れるべきではない。

(4) 以下『原理』とのみ記す。

(5) 以下『マルサス経済学原理評注』を『マルサス評注』とのみ記す。

(6) 『マルサス評注』は岩波文庫版の T.R. マルサス著, 小林時三郎訳『経済学原理』上, 下にも収録されているので, 引用に際しては, この版からのページ数も併せて紹介する。

(7) スラッファは「評注149」の外に,「もう一つの評注153は新学説にさらにもっと近づいているように思われる」(同上, 第1巻 lxxix ページ) と述べて, 土地の耕作と施肥に, 人間の代わりに馬を使用する例を挙げている。しかし筆者はこのリカードゥの説明に対するスラッファの評価には疑問をもっている。この点については前掲拙著の63-64ページ参照。

(8) スラッファは,『マルサス評注』におけるリカードゥの機械論の考察に際し, この「評注236」には全く関心を示していない。

(9) スラッファは, リカードゥがバートンに送ったこの手紙のうち, 機械に関する部分に注をつけ,「この点に関する, その後のリカードゥの見解の変化については『原理』の第3版の『機械について』の章を見よ」(同上, 第7巻190ページ) と述べている。

(10) 個別資本において採用される機械が被雇用労働者を排除するという考えは,『原理』(初版) 以来リカードゥに存在した。例えば, 1年間に1人当たり50ポンドの賃銀を支払って100人の労働者を雇用し, そして生産された帽子を8000ポンドで販売する一製造業者が, いま仮に彼らの労働者の賃銀が10%騰貴して5500ポンドを支払わなければならなくなった時に,「彼はもはや躊躇しないで, ただちに機械を購入し, そして賃銀がひき続いて元の5000ポンド以上にある間は, 年々同じことをするであろう」(同上, 第1巻71ページ, 岩波文庫版, 上55ページ) ということ, これである。リカードゥの, このような考えの趣旨は,「この無言の働き手 (機械のこと——引用者) は, それが取って代わる労働よりも……つねに, はるかに少ない労働の所産である」(同上, 第1巻72ページ, 岩波文庫版, 上56-57ページ) という彼の短い文章によく表現されている。機械が労働者を排除するという, このような考えが『原理』の初版以来リカードゥに存在したにもかかわらず, それの第3版に至って「機械について」

が執筆されるまで排除説的な機械論が彼に見られなかったのは，同時に補償説的な考えが彼に存在したからであろう．なおこれらの引用文の論旨について豊倉三子雄氏は早くから，これらが「機械について」への「論理的拡充または発展」(『古典派恐慌論——マルサスとリカードゥとの論争史』弘文堂，1959 年，105 ページ) を果たしたことを強調された．また同趣旨のことを S. ホランダーも述べている．Samuel Hollander, *The Economics of David Ricardo*, University of Toronto Press, 1979, p. 354 参照．

(11)　リカードゥの機械論とその学説史的系譜を戦後もっとも体系的に研究された真実一男氏も，基本的にはスラッファと同じ方向の考え方であった．氏は『機械と失業——リリカァドゥ機械論研究』(理論社，1959 年)，第 2 篇「リカァドゥ機械論の形成過程」，第 3 章「過度期の機械論」において『マルサス評注』の，特に「評注 149」を分析され，「ノート 149 は著しくバートン的であり，後日のリカァドゥの『原理』第 3 版第 31 章の議論にひじょうに近づいているといえよう」(同上，112 ページ) と述べる一方，『マルサス評注』には旧機械論的な評注もあるので，「より正しくは移行の過程にあったといわねばなるまい」(同上，113 ページ) と指摘している．真実氏による「評注 149」の分析や旧機械論に対する数多くの指摘に特に異論があるわけではないが，筆者が氏の見解に疑問を感ずるのは，以前にも指摘したことであるが (新潟大『法経論集』第 9 巻第 3・4 号，1960 年，339 ページ)，氏は，リカードゥからバートンに当てられた 1817 年 5 月 20 日付の手紙の実質的な分析をほとんど行っていないことである (前掲真実氏著書，103 ページ参照)．もしこの手紙の分析が氏によって十分に行われていれば，「評注 149」が『マルサス評注』に存在するがゆえに，そこで述べられている機械論を特に「過度期の機械論」とすることはなかったに違いない．

(12)　ただし『マルサス評注』の原稿をリカードゥに返還することを知らせた 1821 年 1 月 22 日付の手紙においてマカロックはリカードゥに対し，「蓄積にかんする，および機械の改良に関するあなたの評言ほど，完全で満足なものはあり得ないと思います」(『リカードゥ全集』第 8 巻 382 ページ) と述べている．のちに見るであろうように，完全とも思える補償説的見解をもっていたマカロックが『マルサス評注』を読んでこのように述べていることは，彼が「評注 149」をリカードゥの補償説的見解との関連において理解していたことを意味している，と筆者は考えている．

(13)　本文で取り上げたところの『エディンバラ評論』(1821 年 3 月号) に掲載されたマカロックの論文の読後感をリカードゥは，1821 年 4 月 25 日付のマカロック宛の手紙において，簡潔に次のように書き送っている．「トレンズ大佐があなたの蓄積と機械使用の効果にかんする論文を送ってくれました．あのなかには私の現在の見解とうまく一致しない部分もありますが，たいへんよい出来栄えだと思います」(同上，第 8 巻 420 ページ)．リカードゥは実はこの手紙を送った時には，すでに新機械論に移行していたのであるが，彼は，補償説的見解に徹しつつシスモンディとマルサスを批判したマカロックの論文を，「たいへんよい出来栄えだ」と賞めているのである．

　　しかしリカードゥは同じ手紙のなかで，『原理』(第 3 版) を一部贈呈する約束をしながら，「機械の利益にかんする私の考えの変化について，また私の本の新しい版で

はこの問題にかんし一章を設けたい意向である旨」（傍点は引用者）をマカロックに知らせている。すでに注12で知ったように、『マルサス評注』の原稿に目を通して「蓄積にかんする、および機械の改良にかんするあなたの評言ほど完全で満足なものはありえないと思います」とリカードゥに書き送っているマカロックに今度はリカードゥが改めて「機械の利益にかんする私の考えの変化」を知らせたことは、『マルサス評注』も含めて、それ以前の彼の機械論が旧機械論に属するものであることを、リカードゥ自身が表明しているものと筆者は思う。

(14) この引用文の最後で述べられている、「1〜2カ月前にあなたが争っておられた論点……」というのは、スラッファによれば、『マルサス評注』におけるリカードゥの主張のことであり、筆者もそう思う。マカロックのこの文章を見てもわかるように、彼は『マルサス評注』は、リカードゥの機械論も含めて、それ以前の見解と何の変更もなかった、と考えていたように思われる。

(15) 言うまでもなく、本章の2で示したところの、『エディンバラ評論』（1821年3月号）に掲載された彼の論文のことである。

(16) マカロックが否定している点とは、スラッファによれば、同上、第1巻448-450ページ、岩波文庫版、下287-289ページで述べられたことであり、筆者もそう思う。簡単にその内容を紹介すれば、いま、ある服地製造業者の事業に機械が導入された場合、より少量の服地が生産されるために、それまでこの服地と交換されていた農産物やその他の必需品に対する需要が減少して、それらを求めなくなるので、結局「この取引はいまは止」み、そしてそれらを生産していた「労働に対する需要は減少」する、ということである。本篇第1章の1を参照せよ。

(17) 機械導入が総生産物を減少させる、というリカードゥの誤った経済学的な理解については、本篇第1章の2における筆者の批判を参照せよ。

(18) 羽鳥卓也氏は以前に、「リカードゥ機械論の転換期について」（関東学院大学『経済系』第155号、1988年4月）において、スラッファと真実一男氏とをおもに批判する形で、リカードゥ機械論の転換期は彼が『マルサス評注』の「評注149」を執筆した時期だという考えを発表された。なぜなら「評注149」と『原理』（第3版）の「機械について」とは分析方法や論述内容が同じであると氏は判断されるからである。『マルサス評注』にはリカードゥの補償説的見解を示す「評注236」も存在するので、羽鳥氏は「評注149」は「評注236」よりも後に書かれたと推測する。そして氏はこのことを具体的にリカードゥが『マルサス評注』を執筆している間に彼の友人たちに送った手紙の内容から推測して、「評注236」は1820年7月末から8月上旬にかけて、また「評注149」は同年10月中旬から11月中旬にかけて執筆された、と指摘する。

したがって羽鳥氏によれば、リカードゥは1820年の夏までは旧機械論を維持していたが、10月中旬から11月中旬までの間に新機械論に変わったのである。そしてそういう意味でリカードゥの機械論における「見解変更」の画期は1820年の秋だったと羽鳥氏は述べている。

氏の結論は、『マルサス評注』の「評注149」と「評注236」のリカードゥによる

原稿にまで直接に目を通された結果のものであって、これは、『マルサス評注』の執筆以後に「評注149」の原稿が、1821年2月のある時期にリカードゥによって書かれ、追加されたとするセント・クレアの考え (Oswald St. Clair, *A Key to Ricardo*, London, 1957, p. 236) に対する正当な批判にはなりえても、「評注149」を執筆した時期がリカードゥにおける新機械論への転換期だとする羽鳥氏の見解には、筆者は承服しがたいのである。

なぜならば、たとえ一時的にとはいえ、リカードゥはこの『マルサス評注』を、結局はジェームズ・ミルの説得で断念はしたが、彼の『原理』(第3版) の付録として出版するつもりだったと、1821年1月14日付のトラワ宛の手紙で述べているからである。論理の一貫性を尊重するリカードゥが、仮に「評注149」と「評注236」とが論理的に矛盾するものだと考えたならば、彼が果たしてこれを出版する気持ちになったかどうか、はなはだ疑問である、と筆者は考えている。このことは、後に『原理』(第3版) に第31章「機械について」を加えた時、彼がその章を、自分のそれまでの補償説的見解に対する強い自己批判の吐露から始めていることからも理解できるであろう。

また、すでに触れたように、補償説的見解をもつマカロックが『マルサス評注』の全原稿に目を通した時、彼が「評注149」と「評注236」とが相容れないものとは理解しなかったことについても、われわれは注目すべきである、と筆者は思う。

(19) すでに前でも触れたように、旧機械論から新機械論へのリカードゥの見解の最初の変更を示す、1821年3月12日付のマルサスからシスモンディに送られた次の手紙も、マルサス・シスモンディ対リカードゥという、このような関係を暗示している、と筆者は考える。

　　彼 (リカードゥのこと——引用者) が社会の労働階級に及ぼす問題に関して考えを変更し、また出版しようとしている彼の著作の新しい版では、私の信ずるところによれば、それは純生産物 (neat produce) を増加させるかもしれないとは言え、しかし機械は、たんに一時的にだけではなく永続的にも労働者に損害を与えるかもしれない、とまで述べるであろうということをお聞きになって、あなたは幾分満足なさいましょう。このことは私と丁度同じところを、あるいはことによると私よりも少しばかり先を進んでおりますが、しかし彼がその問題について抱いている見解は多少異なっております (同上、第8巻423-424ページ)。

なお、ついでに、リカードゥの機械論がいつ変更したか、その時期について考えてみよう。その確実な証拠として唯一つ残っているのは、いま紹介したところのマルサスがシスモンディに送った手紙だけである。しかし、リカードゥがマカロックに送った1821年1月25日付の手紙の中で彼が、「いま現に第3版を刷るために印刷屋の手に渡っている」(同上、第8巻387ページ) 原稿に触れ、『原理』第21章「蓄積の利潤と利子とに及ぼす影響」や第1章「価値論」における若干の変更などについて述べているが、機械論の変更について彼は何も明らかにしていないこと、またリカードゥからトラワに送った同年3月2日付の手紙で、彼はトラワに、マルサスに5週間ばか

り渡ったままになっている『マルサス評注』の原稿を，来週ロンドンで彼に会った時に返してもらうと書いていること，等から推測して，筆者は次のように考える。すなわちリカードゥは，同年1月25日以後に機械論の変更を行い，そしてそれを3月2日の1週間以後にマルサスに会った時にリカードゥが彼に話して聞かせたこと，そしてさらにマルサスがリカードゥから耳にしたことを，シスモンディに手紙で知らせたこと，そしてそれがすでに紹介した同年3月12日付のシスモンディに送られたマルサスの手紙であること，等がこれである。このように考えるならば，筆者にとってはサミュエル・ホランダーの見解がもっとも真実に近いように思えるのである。Samuel Hollander, *The Economics of David Ricardo*, pp. 366-367 参照。

(20) この点については，拙稿「リカァドゥにおける資本蓄積と労働者階級の生活について（その1）」（新潟大学『法経論集』第9巻第3・4号，1960年3月），富塚良三著『蓄積論研究』（未来社，1965年）第2章「リカードゥ蓄積論の構造——とくに『機械論』の意義について」，第4節「機械と失業」，拙稿「リカードゥの『機械論』と一般的過剰生産」（中野正・大島清編『経済学の方法』日本評論社，1968年），拙著『古典派資本蓄積論の発展と労働者階級』（法政大学出版局，1974年，増補版，1982年）の第2編「デェヴィッド・リカードゥの資本蓄積論と相対的過剰人口」，第3章第2節「リカードゥの『機械について』と相対的過剰人口の理論」，野原秀次「リカードゥ新機械論の一側面——恐慌論との関連において」（同志社大学『経済論叢』第31巻第1・2号，1982年），出雲雅志「リカードゥの機械論について——失業と過剰生産をめぐって」（東京大学『経済学研究』第28号，1985年）等を参照せよ。

(21) 「評注149」は，マルサスが自分の『経済学原理』の第4章「労働の賃銀について」における第3節において，「労働に対する需要は，固定資本ではなく流動資本にのみ比例しうる」と述べたジョン・バートンの「すぐれたパンフレット」を評価したパラグラフに対して付けられたものである。

# 第3章
# リカードゥとシスモンディの機械論について
―― それらの類似性と相違点 ――

## 序　説

　本章では，シスモンディの『経済学新原理』(J. -C. -L. Simonde de Sismondi, *Nouveaux principes d'économie politique, ou de la richesse dans ses rapports avec la population*, 1819) における彼の機械論を分析し，それと比較しながら，リカードゥの機械論の理論的特徴を明らかにしてみたい。

　すでに本篇の第1章や第2章の序説等でしばしば触れたように，リカードゥは『経済学および課税の原理』の第3版を1821年に出版し，それに第31章「機械について」を新たに付け加えて，彼がそれまで抱いていた補償説的見解――個別資本におけるより優れた機械の導入は就業労働者の一部を排除するが，しかしこれらの失業者の再雇用を補償するに足る資本をも同時に遊離させるという――を捨てて，機械の使用は労働者階級の利益にとって有害だとする彼らの見解は「経済学の正しい原理に一致する」(『リカードゥ全集』第1巻450ページ，岩波文庫版，下289ページ) と考えた。その理論的骨子は，彼自ら述べているように，「私の誤解は，社会の純所得 (net income) が増加するときにはいつでも，その総所得 (gross income) もまた増加するであろう，という想定から起こった」のであったが，地主の地代や資本家の利潤等の「純所得」が増加しても，それに労働者の収入を加えた「総所得」は減少しうること，すなわち「その国の純収入 (net revenue) を増加させうるのと同じ原因が，同時に人口を過剰にし，そして労働者の状態を悪化させることがありうる」(同上，第1巻446ページ，岩波文庫版，下284ページ) のである。その意味は，社会の「純所得」が仮に30億ポンドから40億ポンドに増加しても，社会の「総所得」が80億ポンドから70億ポンドに減少したような場合には，労働者の収入は50億ポンドから30億ポンドに減少するからである。

それはすでに前章で知ったように，個別資本としては，農業者と必需品製造業者を兼営し，2万ポンド，すなわち「固定資本」7000ポンド，「流動資本」1万3000ポンドを投下する資本家が，同じ2万ポンドのうち前者の比率を1万4500ポンドに高めれば，後者は5500ポンドに減少し，「彼の労働雇用のための資力は，1万3000ポンド対5500ポンドの割合で引き下げられるであろう」（同上，第1巻447ページ，岩波文庫版，下286ページ）ということを意味するのである。

　リカードゥの「機械について」では，本篇の第1章等でもすでに触れたことであるが，もう一つの特徴として，彼が「私が証明したいことのすべては，機械の発明及び使用は総生産物（gross produce）の減少を伴うことがあるであろう」（同上，第1巻450ページ，岩波文庫版，下287ページ）と述べ，また，1821年6月18日付のマカロック宛の手紙でも彼は，「私の意見の変更はすべて次の点につきます。私は以前には，一国は機械によってその商品の総生産物（gross produce）を年々増加させることができると考えていました。しかしいまは機械の使用はかえって総生産物を減少させる傾向をもつと考えています」（同上，第8巻436ページ）と指摘していることである。しかもリカードゥは，機械の使用は総生産物の分量を減少させるという自分の新しい考えは，それが総生産物の分量を増加させて一般的過剰生産を惹起すると述べているマルサスの見解と比較して「二つの学説でこれ以上に相違するものがありえましょうか？」（同上，第8巻437ページ）と述べている。これは，本篇の第1章や第2章でも指摘したように，より優れた機械の使用は就業労働者の一部を解雇し，労働者の収入を減少させると同時に，機械による商品の生産量が増加して，生産と消費の不均衡が生ずるからである。また，このように考えるならば，生産はそれ自らの需要を生み出すから，一国内で使用され得ない資本は存在しないという，セーに依拠したリカードゥの考えは崩壊するからでもある。

　しかし，リカードゥの「機械について」に内包されている労働者の収入減少と商品生産の増加との矛盾は，理論的にこれを検討するならば，その価値論，剰余価値論，国民所得論，労働者の窮乏化論，機械論その他の観点から，マルサスよりもシスモンディの学説のほうが，リカードゥの機械論との比較

では，より直接的であると考えてよい。したがって本章では，シスモンディの機械論をその資本蓄積の観点から把握し，リカードゥの機械論と比較してみよう。<sup>(2)</sup>

## 1　シスモンディによるリカードゥ批判の視角

　シスモンディの『経済学新原理』はリカードゥの『経済学および課税の原理』の2年後，すなわち1819年に出版されている。シスモンディはこの『新原理』の序文において，自分の経済学上の立場に触れ，そして本書を執筆するに当たっては，「アダム・スミスの諸原理が絶えず私を導くのに役立っている」と指摘しつつ，しかし「それにもかかわらず，これらの諸原理からこそ，……極めて異なった諸結論が導きだされる……」(*Nouveaux principes*, t. I, p. vi, 菅間訳書，上31ページ)ことを明らかにしている。そしてまた，それはそのような意味で，十数年前に出版され，かつ，彼自ら独創的なものを示すことができなかったと告白している『商業的富について』(*De la richesse commerciale*, 1803)とは異なっているのである。

　さらに彼は，上述のように彼を導いたスミスの諸原理とは「極めて異なった諸結論」を『新原理』で明らかにするに至ったその理由について，1815年のいわゆる過渡的恐慌がその契機であったことに触れ，次のように述べている。「ヨーロッパが最近の数年にわたって経験した商業恐慌，さらに私がイタリアや，スイスや，フランスで目撃し，また，あらゆる公式の報告がイギリスや，ドイツや，ベルギーにおいて，少なくともそれと同様であったことを示している，製造業労働者たちの苛酷な窮乏，これらは私の心を強く動かした」(ibid., t. I, pp. iv -v, 同上，上29-30ページ)と。

　シスモンディはその場合，同じ序文において，彼が『新原理』で明らかにしようとしていることについては，「私がいま公衆の批判を仰ごうとしている本書は，いくつかの点で，私がEdinburgh Encyclopediaに掲載した経済学(Political Economy)という項目の発展と見なされる」(ibid., t. I, p. i, 同上，上27ページ)と書いている。英語で書かれているこの"Political Economy"は次の七つの章から構成され，それがそのまま『新原理』の七つの篇へと発展し

ている。
　　第1章「科学の対象および起源」
　　第2章「富の形成ならびに増進」
　　第3章「土地の富について」
　　第4章「商業的富について」
　　第5章「貨幣について」
　　第6章「租税について」
　　第7章「人口について」(6)

　この"Political Economy"には，1年後に『新原理』で明らかにされるシスモンディの基本的命題は存在するものの，その理論的根拠や例証に乏しく(7)，したがってシスモンディが述べているように，『新原理』は「私が，Edinburgh Encyclopediaに掲載した経済学（Political Economy）という項目の発展」なのである。

　それはともかくとして，彼が『新原理』の序文で述べている，スミスの諸原理と「極めて異なった諸結論」とは何かについて，彼自ら序文の最後において，「所得の形成，所得が消費を，したがって所得が生産を制限しなければならない方法，土地の富に適合した発展，無制限の競争の諸結果，機械の発展の諸結果，最後にマルサス氏が忘却したと思われる人口の自然的限界」（ibid., t. I, p. viii，同上，上32ページ）等であることを示している。(8)

　シスモンディはまた，『新原理』の第1篇「経済学の対象と起源」，第7章「アダム・スミスの体系，本書の以下の区分」において，イギリスにおけるスミスの「新しい弟子たち」が，「われわれに，絶対的に観察の足場を失わせる抽象の中に飛び込んだ」（ibid., t. I, p. 58，同上，上82ページ）状態にあって，「彼らの手中にある科学は，思弁的であって，すべての実際から背馳しているように思われるほどである」（ibid., t. I, p. 58，同上，上82ページ）と述べている。

　そして彼は，さらに，「イギリスの経済学者たちによって追究された，この新しい傾向の著しい例」（ibid., t. I, p. 58，同上，上82ページ）として，リカードゥの『原理』をシスモンディは取り上げ，次のように述べている。「この『経済学および課税の原理』は，イギリスに驚くべき反響を呼び起こした。科学界において堂々たる権威を有する一新聞は，これをもって経済学をして(9)

アダム・スミス以来の最大の進歩をなさしめたものと称している。しかしわれわれは……われわれがそれとは異なった方面に進んでいるように感ずるのである」(ibid., t. I, p. 58, 同上，上 82 ページ) と。

シスモンディがこのように感じているリカードゥの『原理』を，彼は『新原理』において具体的に，資本蓄積論，平均利潤論，差額地代論，相対価値論，そして貨幣論等の面から批判を加えるのである。これらの中で筆者が特に重要であると思うのは，セーの法則を援用しているところのリカードゥの資本蓄積論に対するシスモンディの批判である。

シスモンディは，彼の『新原理』の第 4 篇「商業的富について」，第 4 章「いかにして商業的富は所得の増加に相伴うか」において，リカードゥの『原理』の第 21 章「蓄積が資本の利潤と利子とに及ぼす影響」における，セーを評価したリカードゥの次の文章を批判するのである。

> セー氏は——とリカードゥ氏は述べている——生産物の需要はただ単に生産によってのみ制限されるものであるから，それがいかに多額に存しようとも，一国内において使用されえない資本というものはまったく存在しない，ということを，この上なく十分に証明した。誰でも，生産された物を消費しよう，あるいは販売しようとする意図をもたないで生産する者はいないし，また，誰でも，直接に自分に取って役にたちうるか，あるいは，将来の生産に貢献しうる，何か他の生産物を購入する目的を持たないで，販売する者はまったくいない。それ故に生産者は，彼自身の生産物の消費者となるか，あるいは，他の誰かの生産物の購入者及び消費者になるのである (ibid., t. I, p. 341, 同上，上 284-285 ページ)。

これに対しシスモンディは，次のように批判を加えている。

> このような原理をもってしては，商業史上，もっともよく示されたすべての事実を理解することも，あるいは説明することも，完全に不可能になる。その事実とは，市場の停滞 (l'engorgement dans marchés) である。この原理をもってしては，……製造が増加すると同時に，なぜ資本の利潤及び賃銀率がしばしば下落するのか，を説明することは不可能である。年々の所得と年々の生産との混同は，科学をまったく厚いヴェールで覆うてしまうのである (ibid., t. I, pp. 341-342, 同上，上 285 ページ)。

シスモンディの，リカードゥに対するこのような批判は，「生産と消費の間の不均衡 (la disproportion entre la production et la consommation)」 (ibid., t. I, p. 300, 同上，上 255 ページ)，あるいは「消費手段の生産手段に対する不均衡 (la disproportion des moyens de consommation avec ceux de production)」 (ibid., t. I, p. 340, 同上，上 284 ページ) として，『新原理』に一貫している論理である。

そしてまた，結論を先取りして述べるならば『新原理』の場合，資本主義社会では，このような「生産と消費の間の不均衡」をもたらす原因は二つ存在して，その一つは，今年度の生産物は昨年度の所得によって購入されるという，彼独自の考えである。単純再生産の場合はともかくとしても，資本の蓄積によって生産が拡大された場合には，今年度の生産物は昨年度のそれよりも大となるので，必ず売れ残りが生ずる，というのが，それである。第二は，より多くの剰余価値を獲得しようとして導入されるより優れた機械は，資本家が投下する資本のうち「固定資本」の占める割合を大にし，そして労働者の所得となるところの，彼らを雇用するための「流動資本」の割合を減少させるということ，これである。より優れた機械によるその生産量の増大は，労働者の雇用減少による「国民所得」の減少と矛盾するからである。(11)

筆者は以下においてシスモンディの機械論を検討するが，そのための理論的基礎として，まず彼の価値論，剰余価値論，資本関係論と労働者階級の窮乏化論，そして国民所得論等を明らかにしておきたいと思う。

## 2 シスモンディの価値論，剰余価値論そして資本関係論と労働者階級の窮乏化論

まずここでは，シスモンディの価値論から見てみよう。ただその前に，生産的労働，固定資本および流動資本等に対する彼の考えを簡単に紹介しておこう。

すでに触れたようにシスモンディは，「われわれはアダム・スミスとともに，労働は富の唯一の源泉であるということ，……を主張する」と述べている。そして彼は富の生産について「社会には富の三つの永続的源泉が存在する」 (*Nouveaux principes*, t. I, p. 86, 菅間訳，上 102 ページ) と指摘し，その第一に土

地，第二に労働，第三に「労働世代の生命」すなわち「労働力 (la puissance de travailler)」(ibid., t. I, p. 87, 同上，上 103 ページ) を挙げている。また彼が，富を生産するのは労働であると言う場合，それは物質的な生産物のみを意味するのであって，それらはもっぱら社会的分業と職場内分業によって生産されることを明らかにしている (ibid., t. I, pp. 72-76, 同上，上 93-95 ページ)。したがって，軍人や警察官，医者，音楽家，役者およびダンサー等と考えられる人たちは有用な労働を支出してはいるが，しかし彼らの労働は，節約や蓄積が可能ではないから不生産的であると述べている (ibid., t. I, pp. 70-71, 同上，上 92 ページ)。

ところでシスモンディは，資本主義社会では「労働者は，資本すなわち過去の労働の成果を蓄積した人々の誰かが，一方では原材料を，他方では労働者の生活資料を提供することによって，この資本を有利に使用する限りにおいて，労働するにすぎない」(ibid., t. II, p. 19, 同上，下 22-23 ページ) と述べ，一方に，生産手段や生活資料を所有する人がおり，他方に，自分の生活資料を得るために労働力を販売しなければならない労働者がいて，前者が後者から労働力を購入できる時，資本関係が維持されることを明確に認識していた。

しかも彼は，このような場合に資本家が支出するものは「固定資本 (capital fixe)」と「流動資本 (capital circulant)」であると指摘し，それぞれを次のように説明している。「固定資本」とは，労働を生産的にする家屋，工場，道具，開墾された土地，灌漑用水路，織機，および，あらゆる種類の機械装置等がこれであり，「流動資本」とは，種子，原料，および賃銀等を含むのである。この両者を区別するものは何かについてシスモンディは，前者は「その保持者の各々によって，徐々に消耗されながら労働をより有利にする……」ということであり，また後者は「それが完成させる生産物の中に再生産されるために，急速に消耗される……」(ibid., t. I, pp. 93-94, 同上，上 107-108 ページ) ということである，と述べている。<sup>(12)</sup>

これらのことを知った上で，さてシスモンディが商品の価値に対し，どのような考えをもっていたのか，ということである。その点を見てみよう。

彼は『新原理』の第 2 篇「富の形成と増進」，第 1 章「孤立人にとっての

富の形成」において，無人島における孤立人が労働を支出して物質的な生産物を生産した時，それが富であることを明らかにした後，第2章「交換を通じての，社会における富の形成」において，次のように述べている。すなわち，孤立人同士が各々，自分が消費する以上の剰余生産物を生産し，お互いにそれらを交換する時，そこに社会における富の形成が見られるということ，これである。その場合シスモンディは，それらがお互いに交換される「尺度」はいかにして決定されるかについて，それはそれらの生産物がもつ「効用」ではなく，それらの「生産に要した労苦と時間」である，と述べ，次のように明らかにしている。

　　われわれの孤立人のように，同じように労働し，そして彼らが消費しようとする富を生産するところの，2人の人間の間の交換は，最初は過剰から生じた。あなたには無用で，私には有用なそれを，私に与えてください——と当事者の一人は言った，——そうすれば私は，その代わりに，私には無用で，あなたには有用な，これを上げましょう。しかしながら現在の効用が，交換されるそれらの物の唯一の尺度ではなかった。各人は，各々の側から，彼が与えた物の生産に要した労苦と時間とを評価したのである。これは売り手の価格の基礎である。そして彼は，それと，彼が必要とした物を彼自身が手に入れようとして，彼が要した労苦と時間とを比較した。買い手の価格を決める計算が，すなわちこれである（傍点はシスモンディ）(ibid., t. I, p. 69, 同上, 上 90-91 ページ)。

なおシスモンディは，第5篇「貨幣について」の第5章「貨幣鋳造について」で労働による貨幣の価値の形成に触れ，「鋳造された貴金属は，実際には地金のままの同量の金，または銀よりも，もっと多くの価値をもっている。それらは生産者にとっては，地金が要費したすべてのもの，プラス，それを貨幣に変形する労働，に値する」(ibid., t. II, p. 49, 同上, 下 45 ページ) と述べている。そして彼は，さらに，第7篇「人口について」の第7章「機械の発明によって過剰にされた人口について」において，このような貨幣によって表現された，資本主義的商品の価格がいかにして形成されるのか，に触れ，次のように明らかにしている。

　　すべての商品の価格は，それに要する労働に応じて決まるのではなく

て，この年労働と，高価な材料でもって工場を建て，機械を組立てるための，そしてまた，しばしば疎遠な本源的労働と，最後に流動資本とから構成される比率において，決まるのである（ibid., t. II, p. 323, 同上，下241-242）。

見られるようにシスモンディは，この文章において，商品の価格を決定するものとして，労働者の労働のほかに機械や建物等の「固定資本」や「流動資本」（＝原料）等も存在することを指摘している。

ただ彼によれば，これらの「固定資本」と「流動資本」等が，それぞれ新商品の価格形成に及ぼす方法は異なっているように思われる。なぜならば，この文章に続くシスモンディの説明によれば，原料としての「流動資本」の価値は資本の生産過程において一時に全部が償却されているようであり，またその大いさに対する一定量の「利潤」が新商品の価格形成に加わるのであって，「固定資本」の場合とは異なるからである。彼は「固定資本」の償却費は少額であり，そしてその「固定資本」の大いさに対する一定量の「利子」と「利潤」が，新商品の価格を構成すると述べている。[13]

続いてシスモンディの剰余価値論を見てみよう。剰余価値は，言うまでもなく，資本の生産過程において労働者が自分の労働力の価値を形成し，さらにそれを超える剰余労働の支出によって生み出されるのであるから，まずシスモンディの賃銀論から見てみよう。

われわれが彼の賃銀論を検討する場合注意すべきことは，彼が，イギリスにおけるマニュファクチャー時代，および，それ以後における労働力の商品化が進む中での，資本家と労働者階級との対立関係において，労働者の賃銀を考察していた，ということである。彼は，賃銀とは何か等について，次のように述べている。

> 賃銀とは，富者がそれと交換に貧者の労働を獲得する価格であった。分業がその差別的状態を生じさせたのである。新たな世代が生ずるたびに，多くの人々は自分の労働のほかに何らの所得を持たずに生まれてきたのである。したがって彼らは彼らに，行うように提供されたどのような種類の労働をも，引き受けざるをえなかった。しかし製造工場において，非常に簡単な作業だけをもっと行うように余儀なくされてた者は，彼を

雇用することを欲した人に従属することとなった。彼はもはや完成品を生産することなく，完成品の一部分のみを生産したにすぎず，そのために彼は，原料，道具，および彼が仕上げるのに寄与したところの商品の交換を引き受けてくれた商人を必要としたのとまったく同様に，他の労働者の協力を必要としたのである。彼が，彼の労働と生活資料との交換について工場長と交渉した時，彼の条件は常に不利であった。なぜならば彼は，工場長が労働を必要とした以上に，はるかに生活資料を必要としており，そして自分自身でそれを獲得することが不可能になっていたからである（ibid., t. I, p. 91, 同上，上 106 ページ）。

それゆえにまた，シスモンディは，このような資本家と労働者との社会関係のもとでは，「彼は，ほとんど常に彼の要求を，それ以下では彼の提供する労働を継続することができないような，必要の最少額に限ったのであり，他方では，工場長だけが，分業がもたらした生産力のすべての増加から利益を得たのである」（ibid., t. I, pp. 91-92, 同上，上 106 ページ）という結果になる，と述べている。

シスモンディは，これら以外でも賃銀について述べている。例えば彼は，賃銀労働者を「自分たちの腕以外に他の収入を持たず，また労働することを要求している人々」（ibid., t. I, p. 92, 同上，上 106 ページ）と呼び，さらに彼らの賃銀の大いさについても，「彼の生計を維持し，そして彼の労働を再開するのに要する体力を保つに必要な部分だけ」（ibid., t. I, p. 104, 同上，上 105 ページ）とか，あるいは「労働力（la puissance de travailler）と交換に与えられるところの，労働力に等しい……生活資料」（ibid., t. I, p. 105, 同上，上 115 ページ）である，と述べている。

したがってシスモンディによれば，労働者の賃銀は，上述のような資本家と労働者との対立的な社会関係により，必然的に，肉体を維持するぎりぎりの限界まで切り下げられるのであって，労働者たちは「彼らの賃銀を，多くても，必要な最少額まで切り下げることを余儀なくされねばならなかった」（ibid., t. I, p. 92, 同上，上 106 ページ）のであり，また「多くの国々において，労働者階級は，生きるために彼らにとって厳密に必要なところまで，賃銀が切り下げられていることが真実なのである」（ibid., t. II, p. 161, 同上，下

第3章　リカードゥとシスモンディの機械論について　71

126-127 ページ)。

　それでは，このような彼の賃銀論を念頭におきながら，シスモンディは，剰余価値の生産についてどのように考えていたのか，を見てみよう。

　彼は，剰余価値——シスモンディは次の引用文においてこれを「利潤」と呼んでいる——は，労働者に，そこから賃銀が支払われるところの「流動資本」の価値以上の価値を，彼らの労働が付け加えることによって生みだされる，と述べている。彼は，『新原理』の第2篇「富の形成と増進」，第4章「収入はいかにして資本から生ずるか」において，富の第一の源泉は土地であることを指摘した後，第二の源泉として労働を挙げ，次のように述べている。

　　富の第二の源泉は労働である。労働が賢明に行われる場合には，それは，それを遂行させる者のために，彼がそれに要費する以上のものを生産する。彼が労働に要費するものは，正当にも，流動資本と呼ばれているものである。労働が彼のために生産するものは，その同じ資本に利潤を加えたものを含むのである (ibid., t. I, pp. 86-87, 同上，上 102 ページ)。

そしてまた，富の源泉に関する，これと同種のシスモンディの考えが，同じく第2篇第5章「市民の種々な階級の間での，国民所得の分配」において，述べられている。そこで彼は，労働者の労働が，そこから彼らに賃銀が支払われる資本とそれを超える「剰余価値」とを生産する，と次のように指摘している。

　　土地と対立して，人は，富の他の二つの源泉を結び付けることができるであろう。労働能力 (la faculté du travail)[14] を与える生命と，労働に賃銀を支払う資本とである。これら二つの力が結合される時，それらは共同して一つの膨張力を持ち，そして労働者が今年度に行うであろう労働は，彼がそれで維持される昨年度の労働よりも，もっと多くの価値を持つだろう。産業が，富の恒常的な増加を獲得させ，あるいは，勤労階級の収入を形成するのは，この剰余価値 (mieux value)[15] のゆえである (ibid., t. I, pp. 102-103, 同上，上 114 ページ)。

　さらにシスモンディは，同じく第2篇第8章「商業はいかにして生産を促進し，また生産資本を更新したか」において，労働者の労働が剰余価値を生産することにつき，次のように述べている。「雇い主が労働者を就業させ，

そして彼に，彼の生活資料と一致している賃銀を，彼の労働と交換に与えた時，両者はともに利益を得たのであって，労働者は，労働の成果が生産される以前にそれの前貸を受けたからであり，雇い主は，この労働者の労働が彼の賃銀以上の価値を持っていたからである」(ibid., t. I, p. 135, 同上，上 135 ページ）と。同じく，第 5 篇「貨幣について」の第 3 章「貨幣と資本との本質的な区別」において，シスモンディは，「労働者が資本家を必要とするのと同様に，資本家も労働者を必要とする。なぜならば……資本家が期待し，それによって彼が生活を営まなければならない収入は，彼が行わせる労働から生まれるからである」(ibid., t. II, p. 20, 同上，下 24 ページ）と述べ，資本家の収入は彼が雇用した労働者の労働から生まれることを指摘している。引き続きシスモンディは，さらにラシャ製造業者に例を取りながら，彼が投下する資本とそれが生みだす収入に触れ，次のような説明を行っている。

　シスモンディは，ラシャ製造業者が投下する 10 万リーブル〔＝フラン〕のうち，剰余価値は 5 万フランの「固定資本」から生まれずに，他の 5 万フランの「流動資本」から支出される賃銀により雇用された労働者がこの「流動資本」を再生産した上に，さらに 1 万リーブルの「収入」（＝剰余価値）を生みだす，と指摘している。ただしその場合，この「流動資本」の 5 万フランは 1 年を 50 週間とし，毎週 1000 リーブルずつ支出されて 1200 リーブルが回収され，そしてこの差額 200 リーブルの 1 年間の合計が 1 万リーブルになるのである。これらの点についてシスモンディは次のように述べている。

　　われわれは，ラシャ製造業者の元本として 10 万リーブルを想定したが，しかしわれわれは，継続的販売によって更新されるこの元本が，1 週間の生産物にすぎないものの，いかにして貨幣の形において，彼の手元に存在するのか，またこの生産物が，いかにして彼の資本の 100 分の 1 でしかありえないのか，を非常によく理解できるのである。実際にわれわれは，5 万フランが建物や道具や固定資本に使用され，そしてその総利潤が 100 に対する 10，すなわち 1 万フランの収入でなければならないということ，他方では，1 週間の労働の生産物が直ちに商人の手に渡り，商人は現金で，それを支払うであろうということ，を仮定しよう。そのためには，彼の流動資本の 50 分の 1，すなわち 1000 リーブルが毎

週，賃銀や前貸として彼に使用されるということ，またそれと同じ額が，100に対する20の利得を伴いながら，彼が商人に1反のラシャを引き渡すのに応じて，毎週，その商人により彼の手元に償還されるということ，等で充分である。この1200リーブルのうち，自分の収入となった200リーブルを，毎週，彼が受け取り，また，彼が使用している人々の収入となるところの残りの1000リーブルを，彼が支払うであろう。そして，彼の財産を形成している10万リーブルを，他日，貨幣に代えられているのを見ることなしに，全体の流通が行われることとなるであろう (ibid., t. II, pp. 22-23, 同上，下 25-26 ページ)。[16]

そしてシスモンディの場合，さらに注目すべきことは，以上のような剰余価値の生産をもたらす資本家と労働者階級との社会関係が，資本への労働者階級の従属を生み，また労働者の賃銀低下，分業による労働者の人間性剥奪，児童労働の採用と彼らの労働時間の延長，機械導入による失業者の増大等々の，労働者階級の窮乏化を生みだす，と述べていることである。例えばシスモンディは，第2篇「富の形成と増進」の第4章「所得はいかにして資本から生ずるか」において，分業による生産力の増大によって，工場主だけがその利益を獲得することを明らかにした後，資本への労働者の従属による賃銀の低下について，次のように述べている。

> 労働者の従属，および，国富を創造する人々の窮乏の状態は，人口の増加とともに，増加することを停止しなかった。自分の腕以外に他の収入を持たず，そして労働することを要求する人々の数は，常にますます増加するので，彼らは，彼らに提供されたどのような労働でも承諾し，彼らに課せられた条件に服し，そしていつも，彼らの賃銀を必要な，より少ない額に切り下げるよう，さらにいっそう熱心にならねばならなかった。この不公平な分配は，事業の企業家の利得の一部分を生みだした。……多くの事業が，それらを経営する人々に，通常の収入を保証するのに対して，それらは，それらの仕事を行う人々を極度の貧困の状態に陥れるのである (ibid., t. I, p. 92, 同上，上 106-107 ページ)。

シスモンディは，これと同様の趣旨のことを，第4篇「商業的富について」の第5章「賃銀論」においても，次のように明らかにしている。

彼ら（日雇い労働者のこと——引用者）は，富を生じさせ，そして彼ら自身は，ほとんど富とは関係がない。彼らは彼らの生活手段のために，彼らの雇用者たちと闘争するよう余儀なくされており，彼らは彼らの雇用者たちと力において対等ではない。工場主と労働者とは，一方が他方に対して，お互いに必要であることは真実であるが，しかしこの必要は，労働者には毎日，迫るものであり，工場主には猶予期間を与えている。前者は生活のために労働しなければならないのであり，後者は待つことができ，そして労働をさせないでもなお生活ができるのである。ぞっとするような窮迫の年が低下させた賃銀を，彼らの工場主が再び少しでも増額させることを決心しないので，工業都市の労働者が皆いっしょに彼らの仕事を放棄するのを見る時，最終的には工場主の強情さを根負けさせることを期待して，彼らがいっさいの窮乏を甘んじて忍ぶのを見る時，そして数年の作業中断もなお，工場主には貧窮の重圧をまだ感じさせないのに対して，毎日毎日が不幸な家族の小資本を破壊するのと同時に，裸と寒さと飢えがすでに脅かしていることを考えてみる時，誰が深い悲しみによって心を痛めないであろうか？（ibid., t. I, pp. 348-349，同上，上 289-290 ページ）。

またシスモンディは，資本関係が維持されている状態のもとでは，分業が労働疎外を生みだすことを明らかにしている。いうまでもなく分業は，人間の労働を単純労働に分割し，部分労働に固定化しつつ，労働の内容から労働者を疎外するからである。シスモンディの場合にはこれに加えて，このような分業の進展による部分労働の単純化は，児童労働を生みだすことについても明らかにしている。これらに関するシスモンディの文章を引用してみよう。彼は第 4 篇「商業的富について」の第 7 章「分業と機械について」において，次のように述べている。

　　分業の進展は，……労働生産力の増加の最大の原因である。それぞれの人は，彼が一人だけで生産するところの物を，より多く生産する。そして結局，彼の全労働がもっとも単純な作業になってしまう時には，目にもとまらぬ程の，そして人間の手が，いかにしてこれ程巧妙かつ敏速になりうるのかをかろうじて理解する程の，容易さと敏速さでもって，そ

れを作るようになるのである。

　……しかしこの分業によって，人間は，知能，体力，健康，陽気さ，および彼が富を生産するための能力において獲得したすべてのものを失ったのである。精神が発達するのは，彼の作業の多様性によるのである（ibid., t. I, p. 366, 同上，上302ページ）。

分業は，児童が大変低い年齢のうちからそれができるほど簡単な作業に，価値を与えた。そして児童は，彼らの能力が少しも発達せず，生活の喜びを少しも知らないうちに，実際，車輪を回転させ，コックを回し，糸巻から糸を繰ることを強制される。多くの，飾り紐，ピン，麻糸，絹や木綿の織物等は，このような高度な分業の所産である。しかし，もしこれが，幾千人もの多数の人々の精神上の犠牲によるものならば，何という憎むべき代価で，それらは購入されたのであろうか！（ibid., t. I, pp. 366-367, 同上，上302-303ページ）。

なおシスモンディは，児童が自分の労働を支出していくらかの賃銀を得ることは，父親のそれも含めて家族全体の収入の増加を意味するものではないこと，またイギリスの当時の児童労働は，かなりの長時間が強制されていたこと，等についても，次のように述べている。

　児童が彼らの生活費の一部分を稼いで以来，父の賃銀は減少させられるようになった。貧困階級の活動の結果として生じるものは，彼らに対する収入の増加ではなくて，ただ単に，いつも同一額と交換されるところの，労働の増加であり，あるいは，国民の労働の総価格が相変わらず同じであるのに，1日分の労働の価格における減少が，これである。それゆえに貧者の児童が，彼らの生活の唯一の幸福と，彼らの体力ならびに精神力が明朗かつ自由に発達する年齢の楽しみとを奪われた，ということは，国民にとって利益ではないのである（ibid., t. I, p. 353, 同上，上293ページ）。

　人はいつも，細毛や埃で充満している空気の真只中で，12時間ないし14時間，児童たちが労働をし，そして，20歳に達する以前に肺を犯されて次々に死亡するところの，このような紡績工場に，彼らを6歳あるいは8歳の時から入れたことは，富あるいは産業にとって，利益となる

ことではない。人は，これほどの人命の犠牲に値しうる金額を計算することを恥じるであろう。しかも，この日常的な罪悪は，報酬を受けることなく，犯されているのである（ibid., t. I, pp. 353-354, 同上，上 293-24 ページ）。

そして最後にシスモンディは，資本家がより多くの剰余価値を取得するために，より優れた機械を採用することは，失業や過剰生産を生みだすことを明らかにし，その理由を経済学的に解明しようとするのである。彼の機械論は，どのようなものだったのであろうか。

## 3 シスモンディの国民所得論

シスモンディの機械論を検討する前に，ここで簡単に彼の国民所得論を見ておこうと思う。両者は密接に関連しているからである。

まず彼は，『経済学新原理』の第 4 篇「商業的富について」の，第 4 章「いかにして商業的富は所得の増加に相伴うのか」において，国民所得とは労働者の賃銀と資本家の利潤から構成されることを認めて，次のように述べている。「われわれはそれを，すでに幾度となく繰り返してきたように，国民所得（revenue national）は，一部は富者から，すなわちすべての固定資本と流動資本から生ずる利潤から，そして一部は貧者から，すなわち流動資本と交換された彼らの労働の価格から，構成されている」（*Nouveaux principes*, t. I, p. 329, 菅間訳，上 276 ページ）と。

さらにシスモンディは，第 6 篇「租税について」の第 2 章「いかにして租税は所得を捕捉しなければならないか」において，国民所得は賃銀，利潤，利子，地代から構成される，と次のように述べている。「国民所得は，土地所有者，資本家，何らかの勤労によって資本を有利に使用するすべての人々，および日雇い労働者，の四つの階級の人々が同時に営む行為によって，生まれる。それは地代，利子，利潤，および賃銀という異なった名称のもとに，彼らの間に分配される」（ibid., t. II, pp. 162-163, 同上，下 128 ページ）と。

しかも彼は同章において，「労働が公共的富の源泉であり，労働が所得を生みだす」（ibid., t. II, p. 160, 同上，下 126 ページ）と述べているのであるから，

結局，彼においては，より多くの労働者の雇用こそが，「新たな所得」と「新たな消費」を生みだす，と述べ，第4篇第4章「いかにして商業的富は所得の増加に相伴うのか」において次のように明らかにしている。

> 新たな所得はまた，流動資本が需要に応じて行わせるところの，すべての新しい労働から生ずる。十分に支払われるこの労働は，以前には存在しなかった労働者たちを生じさせ，あるいは仕事がなかった労働者たちを雇用する。適当な使い道を見いだすか，あるいはその消費が保証されている生産物を生産させる新たな流動資本はすべて，だれ一人損なうことなく，……社会に新しい二つの所得を獲得させる。その一つは富者に対してであって，この資本がその流通において経験するであろう増額によるものであり，もう一つは貧者に対してであって，それが価値を与えるであろう労働によるものである。これらの所得の両方とも，新たな消費と交換されるのであって，販売者の販路をそれだけ増加させるであろう（ibid., t. I, p. 330, 同上, 上 276 ページ）。

ただシスモンディは，国民所得について以上のように考える場合「年所得と年生産とは相互に均衡し，そして等しい量のように思われる」と述べ，マルクスのいわゆる「v+m のドグマ」に類した考えと，それに「固定資本」や原料等の価値の償却部分を付け加えた考えとの，両方を持っていたことは注目に値する。

例えば彼は，前者につき，第2篇「富の形成と増進」の第5章「市民の種々な階級間での国民所得の分配」において，次のように述べている。

> 年生産，すなわち国民によって年内におこなわれたすべての労働の成果は，二つの部分から成り立っている。その一つは，われわれがいま述べたばかりのもので，富から生ずる利潤であり，もう一つは，労働力と交換に与えられ，労働力に相当すると考えられるもので，これは労働する人々の生活資料である。このようにして，年所得と年生産とは相互に均衡し，そして等しい量のように思われる（ibid., t. I, p. 105, 同上, 上 115 ページ）。

また後者について彼は，第6篇「租税について」の第2章「いかにして租税は所得を捕捉しなければならないか」において，次のように述べている。

租税の基礎においては，年総生産物を所得と混同してはいけない。なぜならば前者は，後者のほかに，すべての流動資本を含み，またこの生産物の一部分は，すべての固定資本，すべての蓄積された労働，および，すべての生産的労働者の生活を維持し，あるいは更新するために，残されなければならないからである(18)（ibid., t. II, p. 167, 同上，下 131-132 ページ）。

　以上のように，所得ならびに国民所得について明らかにしているシスモンディは，生産はそれ自らの需要を生み出すと述べて，セーの法則を自分の経済学に援用していたリカードゥらとはまったく逆に，所得が消費（＝需要）を，したがって生産を規定するという見解を持っていた。例えば彼は，第2篇「富の形成と増進」の第6章「消費による生産と所得による消費の相互規定」において，「国民所得は国民支出を規定しなければならない。われわれは所得の二重性を，富者においては物質的な利潤であり，貧者にあっては労働力であることを見た」（ibid., t. I, pp. 112-113, 同上，上 120 ページ）と述べつつ，「国民所得は国民支出を規定しなければならず，国民支出は，消費元本において生産の総計を吸収しなければならない」（ibid., t. I, p. 112, 同上，上 120 ページ）と指摘している。

　同じ趣旨のことについてシスモンディが，「社会の全支出は社会の所得によって規定される」（ibid., t. I, p. 114, 同上，上 121 ページ）と述べ，また「国民の支出は，消費元本において，国民の生産の全体を吸収しなければならない(19)」（ibid., t. I, p. 114, 同上，上 122 ページ）とも述べている。したがってシスモンディは，さらに同章の最後において「消費の増大だけが生産の増大を決定できるのであり，また……消費は，消費者の所得によって規定されうるにすぎないことを，人は常に見ている」（ibid., t. I, p. 127, 同上，上 130 ページ）と述べるのである。

　ただここで注意しなければならないのは，以上のように彼が，国民所得が国民の生産を規定すると述べる場合，彼の意味する国民所得とは，前年のそれである，ということである。この点について彼は次のように述べている。

　今年の生産に支払われなければならないのは昨年の所得である（ibid., t. I, p. 120, 同上，上 125 ページ）。

　人は，需要のある労働を増加させることによってのみ，富を増加させる。

第3章　リカードゥとシスモンディの機械論について　79

なお，その需要ある労働とは，それの価格において支払われるであろうものであり，そして前以て決定されているこの価格は，先行する所得である。人は結局，その年の全生産を前年の全生産と交換するにすぎないのである (ibid., t. I, p. 120, 同上，上126ページ)。[20]

したがってシスモンディの以上のような論理から，次のような結果が生まれることは当然である。すなわち彼は同章において，「もし新たな生産と先行せる生産との間に一大不均衡が存在するならば，資本は損傷を被り，窮乏が生じて，国民は進歩するどころか，退歩するであろう」(ibid., t. I, p. 121, 同上，上126ページ) と指摘しているのである。

## 4　シスモンディの機械論

シスモンディの機械論は，『経済学新原理』の第4篇「商業的富について」において，
　　第3章「販売者はいかにしてその販路を拡張するのか」
　　第4章「いかにして商業的富は所得の増加に相伴うのか」
　　第7章「分業と機械について」
　　第8章「一層安価に生産しようとする競争の結果について」
また第7篇「人口について」においては，
　　第7章「機械の発明により過剰にされる人口について」
等で論じられている。

彼の機械論の特徴は何かについて考える時，筆者は大体において次の三つの観点にしぼって検討することができる，と思う。

第一は，彼の見解の中には補償説的観点からの分析はまったく存在せず，素朴ではあるが，より優れた機械の導入によって，資本家が投下する総資本のうち「固定資本」が大きな割合を占め，労働者を雇用する基金としての「流動資本」が相対的に減少するならば，労働力に対する需要は，ある場合には相対的に，ある場合には絶対的に減少するという，いわゆる排除説的見解であったこと，第二としては，農業生産部面における機械や役畜の使用による農業労働者の排除という観点からの問題，そして第三に，機械が外国に普及

したときにおける国際的な諸資本間の競争と，それが各国の労働者の状態に及ぼす影響の問題，等がこれである。以下，これらの順序に従ってシスモンディの機械論を検討してみよう。

　彼は『新原理』の第4篇「商業的富について」の第3章において，セーやリカードゥの見解を予想させるところの，「生産を無限に増加させることによって，人は同様に販路を無限に増加させるということを考える学説」(*Nouveaux principes*, t. I, p. 316, 菅間訳，上266ページ) を批判しつつ，富の増進は市場における所得の増加に依存すると述べ，そして，その商品への需要が一定の時，ある製造業者がより安価に商品を生産する方法を発見した場合には，彼は，他の同業者の販路を奪うことによってのみ，彼の販路を拡張させうることに触れている。そしてその場合，それらの同業者たちがほどなく同じ機械を導入し，またそれらの機械が普及することに言及しつつ，次のように述べている。

　　他の製造業者たちは，もしもそれが可能ならば，彼の生産方法を模倣するであろう。その場合には，両方とも，彼らの労働者たちを解雇し，そして，新しい機械が労働の生産力を増加させただけ，それに応じて，彼らはそのことを確実に行わねばならないであろう。もしも消費が不変であって，同一の仕事が10分の1の働き手で行われるならば，労働者階級のこの部分の所得の10分の9が彼らから削減され，そして彼らの消費は，全体としてそれだけ減少させられるであろう (ibid., t. I, p. 320, 同上, 上268-269ページ)。

　そしてこの場合，さらにシスモンディは，このような新しい機械の導入は製造業者の「流動資本の一部を機械に転化」することによって行われることを，第4篇「商業的富について」の第7章「分業と機械について」で指摘し，次のように述べている。

　　もしも製造業者が，需要の増加もなく，また資本の増大もないのに，ただ単に彼の流動資本の一部を機械に転化して，彼が，盲目の代理者にさせる仕事に比例する数の労働者を解雇し，そして彼の販路を拡張することなく，彼が販売する物をより安価に手に入れることによって，彼の利潤を増加させるに過ぎないならば，彼が個人的にいかなる利益をそこ

から得ようとも，社会の損失は確実である（ibid., t. I, p. 371, 同上，上 306 ページ）。

なおシスモンディは，このような機械の導入による労働者の排除は，国民所得の減少をもたらすことについて，第 4 篇第 3 章「販売者はいかにしてその販路を拡張するのか」，および第 7 篇「人口について」の第 7 章「機械の発明により過剰にされる人口について」で，次のように述べている。

　新たな方法の発明は，国民的な一大損失である所得の一大減少を，したがって消費の一大減少を引き起こした。そしてそれは，当然のことでなければならなかった。というのは，労働そのものが所得の重要な一部分をなすので，ひとは国民をより貧しくすることなしに，労働需要を減少させることはできなかったからである（ibid., t. I. p. 321, 同上，上 270 ページ）。

　機械の改良と人間労働の節約は，直接的に国民的消費者数の減少に貢献する。なぜならば，破滅させられる労働者はすべて消費者であるからである（ibid., t. II, p. 326, 同上，下 244 ページ）。

これらの説明では，その総額がほぼ一定の状態にある個別資本において「固定資本」の占める割合が増加する例が想定されている，と考えてよいであろう。そのような場合には，就業労働者の一部分が解雇されることを，シスモンディは明らかにしているのである。

これと平行して彼は，総資本の額が拡大された場合も論じている。そのような時には，資本の蓄積とともに「固定資本」の占める割合が増加し，労働者に賃銀として支払われる「流動資本」の割合が減少するために，労働力に対する需要は総資本の増大に比例せず，相対的に減少する比率で増加することを，彼は明らかにしている。

例えば彼は，第 4 篇「商業的富について」の第 8 章「一層安価に生産しようとする競争の結果について」において，商品の価格を低下させようとする諸資本間の競争が，個々の資本をして，より優れた機械の採用を促進させる，と述べつつ，織物工場を取り上げ，次のような例を提出している。

この織物工場は服地を生産している。そして，

　(1) 1 年間の生産量……1 万オーヌ（＝ 1 万 1884 メートル――筆者）

(2) 1年間の労働者の賃金総額……3万フラン，
  ただし就業労働者の数は100人であり，また1人当たりの賃銀は300フランである。
(3) 投下された「流動資本」[22]……10万フラン，
  ただし，これは15%の利得，すなわち1万5000フラン——このうち6%，6000フランは資本家に支払われ，9%，9000フランが工場主の所得である——を生みだす。

ところが10年後に，この織物工場の所有者をして，「資本の増加と利子の廉価とが，彼にその事業を拡張させた」(ibid., t. I, p. 375, 同上, 上309ページ) ので，この織物工場の生産量や資本額等は次のように増加した，とシスモンディは述べている。

(1) 1年間の生産量……4万オーヌ，
(2) 1年間の賃銀総額……4万フラン，
  ただし労働者の総数は200人であり，1人当たりの労働者の賃銀は200フランである。
(3) 投下された「流動資本」[23]……20万フラン，
  ただし，これは12%の所得，すなわち2万4000フラン——このうち4%の8000フランが資本家に支払われ，8%の1万6000フランが工場主の所得となる——を生みだす。
(4) 投下された新しい機械……20万フラン，
  ただし，これは「流動資本」と同じ所得を生みだし，12%，すなわち2万4000フラン——このうち，4%の8000フランが資本家に支払われ，8%の1万6000フランが工場主の所得となる——を生みだす。

以上の説明からシスモンディは，この10年間に，当該織物工場の服地の生産量は4倍になったが，労働者の賃銀と資本家ならびに工場主の所得の合計は，4万5000フランから8万8000フランへわずか1.96倍増加するにすぎない，とし，「生産は4倍になろうというのに，消費は2倍にさえならない」(ibid., t. I, p. 377, 同上, 上310ページ) と述べ，また次のようにも指摘するのである。「生産が4倍になり，そして消費が2倍となるにすぎない時には，どこかにその生産が2倍にすぎないのに，消費が4倍である産業が存在する

必要がある。さもなければ，商業における過剰荷重，販売における困難，そして終局的な損失が生ずるであろう」(ibid., t. I, p. 377, 同上, 上310ページ) と。

シスモンディのこれらの説明では，資本の蓄積に伴って所得の増加率が労働の生産力の増加率に及ばないこと，および，そのことが過剰生産をもたらすこと，等が強調されている。

しかしこのことは，同時に，拡大された資本のうち，労働者に賃銀として支払われる資本部分に対して，機械および原料等に支出される資本部分がより以上増加したことによってもたらされたことも意味している。上述の例でこれを示せば，はじめの場合には1年間の賃銀総額3万フランに対する「流動資本」(＝原料)10万フランの割合は3.33倍であるが，10年後には，1年間の賃銀総額4万フランに対する機械や「流動資本」(＝原料)等の合計は40万フランとなり，前者に対する割合は，ちょうど10倍である。

またこのことは，当然ながら，総資本のうち労働者に賃銀として支払われる資本部分の相対的減少を示すのであって，上例でこれを明らかにするならば，前者においては1年間の賃銀総額である3万フランは，「流動資本」(＝原料)である10万フランを含む総資本13万フランに対して23%を占めるが，後者においては，1年間の賃銀総額4万フランは，新しい機械20万フランと「流動資本」(＝原料)20万フランとを含む総資本44万フランに対して約9.1%を占めるにすぎず，したがって労働力に対する需要は相対的減少を示すのである。換言すれば，資本の総額はこの10年間に，13万フランから44万フランへと約3.39倍増加しているが，労働者に賃銀として支払われる資本部分は約1.33倍増加したにすぎず，したがって労働力に対する需要は総資本の増加率に比例せずに，減少する比率において増加するのである。(25)

それはとにかくシスモンディは，上述の例証を明らかにした後，「われわれが説明してきたところの事実は，普遍的なものである」(ibid., t. I, p. 378, 同上, 上310ページ) のであって，「消費は決して生産と同じ歩調で進むことはなく，またその一般的結果は，決してより一層の繁栄とはならないであろう」(ibid., t. I, p. 378, 同上, 上311ページ) と述べ，そして「この計算は，経済学において最もよく主張されている公理の一つを，根底から覆している」(ibid., t. I, p. 378, 同上, 上311ページ) と指摘している。なおその公理とは，「各

人が自分の利益を，無知で不注意な政府がそれを理解することを知っている以上に，知っており，そして各人の利益が全体の利益を形成したがゆえに，最も自由な競争が産業の，最も有利な進展を決定する」(ibid., t. I, pp. 378-379, 同上，上 311 ページ) ところのものである。これは言うまでもなく，アダム・スミスに対する批判を意味している。

　シスモンディはまた，資本主義的な農業経営のもとでは生産手段の改善は，農業労働者の排除をもたらすことも明らかにしている。例えば彼は，第3篇「土地の富について」の第8章「定額小作経営について」において，「最も富裕な諸国民の間では，定額小作経営が，ほとんど完全に，古来の農奴制に由来するあらゆる契約に取って代わった」(ibid., t. I, p. 217, 同上，上 194 ページ) と述べつつ，地主から耕地を借りて資本を投下し，そして利潤を得る目的で経営を行う農業資本家に触れている。

　そしてまた，引き続きシスモンディは，同章において，日雇労働者を使用する大農組織と小農組織とを比較しつつ，前者の，後者に対す優越性を述べる中で，生産手段の改善による日雇労働者の排除の問題に触れ，次のように明らかにしている。

　　大規模経営は，同一の時間に同一の人数において，より多くの作業を行わせることを可能にする。それはとりわけ，大資本の充用によって，かつては多数の労働力の使用によって得られていた利益を獲得させる傾向をもっている。それは，人間の労働を短縮し，かつ容易にする高価な道具の使用を導入する。それは，風，滝，蒸気の膨張が人力に取って代わらせるところの諸々の機械を発明する。それは，かつては日雇労働者によって行われていた仕事を，動物によって行わせる。それは，日雇労働者たちを一つの職業か他の職業へと追い回し，そして遂には彼らの存在を無用のものにする (ibid., t. I, pp. 230-231, 同上，上 204 ページ)。

　またシスモンディは，第7篇「人口について」の第7章「機械の発明により過剰にされる人口について」で，「経済学の，もっとも厳密な範囲に属する人口減少の原因」について明らかにしている。その場合，農業における動物の使用が農業労働者を排除すること，等について，彼は次のように述べている。

技術の発展，産業の発展，および，その結果としての富と繁栄との同様の発展は，より少数の労働者の使用によって，労働の全成果を生産するための経済的な諸方法を発見させる。農業のほとんどすべての細部において，諸々の動物が人間に取って代わり，また，製造業のほとんどすべての諸操作において，機械が人間に取って代わるのである（ibid., t. II, pp. 315-316, 同上，下 236 ページ）。

さらに，シスモンディの機械論には，これらの外にも，国内の諸産業における機械の導入とその発展が，労働者の排除による所得減少，すなわち国内市場の狭隘化による過剰な生産物の国外への販売促進によって，海外の市場をめぐる各国の諸資本間の競争が激化する，という彼の指摘が含まれている。その場合シスモンディは，仮にある国が労働者の貧困化を心配して機械の採用を手控えたとしても，他国が必ずそれと同じ機械を使用してその国により安価に諸商品を供給し，そのために競争力の弱いその国の資本は敗北，消滅して，失業者が生みだされることを指摘している。例えば彼は，第4篇「商業的富について」の第3章「販売者はいかにして販路を拡張するのか」において，次のように述べている。

　新たな方法の発明は，国民的な一大損失である所得の一大減少を，したがって消費の一大減少を，引き起こした。そしてそれは当然のことでなければならなかった。というのは，労働そのものが所得の重要な一部分をなすので，人は国民をより貧しくすることなしに，労働需要を減少させることができなかったからである。それゆえに，経済的な方法の発見から期待される利益は，ほとんど常に外国貿易に関係するのである。政治は，社会的義務の遵守を同国人の範囲内に限ることを常としているので，外国の生産者間の競争はより公然と現れる。彼らは，それぞれ他よりも安価に販売することによって，彼らが競争しあっていた市場から，お互いに他を排除することに努めた。そしてある国で，大きな節約をもたらす新しい製造方法が発見される時には，この国は，たちまち外国の消費者の数をほとんど限りなく，増加するのを見る（ibid., t. I, pp. 321-322, 同上，上 270 ページ）。

そして，このようなことも彼によれば，「諸国家間の交通が容易となり，

すべての科学がすべての技術に応用されている時代においては，諸々の発明はすばやく見抜かれて模倣され，そして一国民は，彼らが秘密にしておくことによってのみ得られる製造方法の有利な地位を，長い間保つことがない。したがって，価格低下によって一時的に拡大された市場は間もなく閉ざされ，そして，もしも消費全体が増加しなければ，生産ももはや増加しない」（ibid., t. I, pp. 323-324, 同上，上 271-272 ページ）という状態になるのである。

ただシスモンディは，第 7 篇「人口について」の第 7 章「機械の発明により過剰にされる人口について」の最後において，労働者に害を与える機械の発明とその導入とを，他国との関係上，一国内で妨げることは難しいことについても，次のように明らかにしている。

　なんらの新しい労働需要によって喚起されるのでもなく，生産された商品を新しい消費者の手に届けることもまったく存在しないが，しかしながら，国内，あるいは外国の生産者の一定数をただ単に排除し，また無用にするであろう発明を阻止することが，社会にとっていかに望ましかろうとも，それを直接的に妨げる手段はまったく存在しない。たとえわれわれが，われわれの工場において新しい機械の採用を阻止したとしても，われわれの隣国の人々はわれわれほど慎重ではなく，彼らは，彼らの蒸気機関，彼らの紡績機械，および彼らのすべての新しい発明でもって，わが国の労働者たちと戦うであろう。これが，自分を守るよう余儀なくされているところの，命をかけた戦いなのである。少なくともそれは開始すべきでない（傍点はシスモンディ）（ibid., t. II, pp. 331-332, 同上，下 247-248 ページ）。

この問題を道徳的見地から検討しなくても，金銭上の計算が変わるということに注目すれば，十分であろう。発明の探求に着手するであろう，自分の存在を他に知らせている，外国の学者に対し，一つの発明が知られずにいるということが可能であるためには科学はあまりにも発達しすぎている。われわれの同国人たちが，発明者の特権によって妨げられてそれらを採用できないでいるうちに，外国人たちはわれわれの発明を模倣するであろう。このようにして，われわれが他国の人々に対して与えるであろう害悪は，われわれが，われわれ自身に対して生みだす害悪を

決して償わないであろう。これは害悪に対する無関心な好みによって過ちを犯すことであるだろう (ibid., t. II, p. 333, 同上, 下 248-249 ページ)。

## むすび

　以上, シスモンディの機械論を彼の価値論, 剰余価値論および国民所得論などとの関連において, 見てきた。これらを見て感ずることは, すでに触れたように, 彼はリカードゥの経済学について「リカードゥ氏は, 彼が彼の全体系をそれの上に築いているところの抽象から抜け出していない」(*Nouveaux principes*, t. II, p. 215, 菅間訳書, 下 165 ページ) とか, あるいは「この危険な均衡理論」(ibid. t. II, p. 217, 同上, 下 167 ページ) などと批判的に発言してはいるが, 彼は彼の労働価値論を基礎とした剰余価値論ならびに国民所得論などは, 大筋においてリカードゥのそれらとほぼ重なり合っていたということであり, この点は等しくシスモンディが一般的過剰生産の存在を認めていたとはいっても, 労働価値論やこれに基づく剰余価値論を比較的あいまいに述べているマルサスの場合とは大いに異なるのである。

　それはとにかく, 『経済学および課税の原理』(第 3 版) 以後のリカードゥの機械論を, 『経済学新原理』(初版) におけるシスモンディの機械論と比較してみると, 次のような点で両者の類似性が認められる, と考えてよい。

　第一は, 何よりもリカードゥが, 自分の補償説的見解を放棄してシスモンディと同様に, 資本家が投下する資本のうち, よりすぐれた機械の導入による「固定資本」の比率の増加と, そのことによる「流動資本」の比率の減少によって, いわゆる排除説的見解に変わったことである。

　第二は, リカードゥの機械論の論証方法がシスモンディのそれに大変似ている, ということである。例えばリカードゥは『原理』(第 3 版) の第 31 章「機械について」で, すでに本章の序説でも述べたように, 農業者と必需品製造業者とを兼営する一資本家が, 2 万ポンドの資本を投下し, そのうち「固定資本」に 7000 ポンド, 残りの 1 万 3000 ポンドを労働者を雇用するための「流動資本」として支出したが, 同じ資本家がよりすぐれた機械の導入により, 総資本 2 万ポンドの額を変化させないで, そのうち「固定資本」に

1万4500ポンドを支出しなければならず，したがって「流動資本」は5500ポンドに減少し，「その結果として，以前に7500でもって雇用されていたすべての労働は過剰となるであろう」(『リカードゥ全集』第1巻447ページ，岩波文庫版，下286ページ）と指摘している。

またリカードゥは，これもすでに本章の序説で触れたことであるが，資本の蓄積に際してそのより大なる割合が機械に投下される場合には，労働力に対する需要は資本の増加には比例せず，「その比率は必然的に逓減的比率であろう」（同上，第1巻454ページ，岩波文庫版，下293ページ）と述べている。

資本家が投下した資本の額が一定の場合であれ，それが蓄積される場合であれ，リカードゥのこれらの見解は，すでに見たシスモンディの，新しい機械の採用による労働者の「所得」の10分の9の削減の例や，また最初に賃銀と「流動資本」（＝原料）との合計，13万フランを投下していた服地製造業者が，10年後に「固定資本」と「流動資本」および賃銀などに44万フランを支出する拡大された資本の例に類するものと言ってよいだろう。ただリカードゥの場合，資本の増加に伴う機械採用の誘因は，収穫逓減による食料価格の騰貴に基づく賃銀の上昇という，彼独自の考えに求められているのではあるが。

第三はリカードゥが，『原理』（第3版）に新たに付け加えた「機械について」の中で農場における「馬の労働が人間の労働に代用される場合」（同上，第1巻452ページ，岩波文庫版，下292ページ），および，機械が一国内で使用されずに「それが海外に運び去られるであろう」（同上，下455ページ，岩波文庫版，下295ページ）場合に言及していることである。

これらの問題についてもシスモンディは，すでに見たように彼の『新原理』において彼自らの考えを明らかにしており，したがってリカードゥとシスモンディとの類似性がこれらの点においても見られると考えてよい。ただリカードゥは，機械の導入は失業を生み出して国内に弊害をもたらすとはいえ，ある国が機械を使用した方が，機械を使用しない場合よりも外国貿易上の観点から言って，相対的に有利であることを指摘しているが[29]，シスモンディの場合にはこれと異なっている。

シスモンディはすでに見たように，ある国が国内で機械を導入した時に生

み出される弊害は，その国が外国市場をより多く確保することによって得られる利益によっては償われえないことを指摘し，世界市場における各国の「命をかけた戦い」は「開始すべきではない」ことを明らかにしている。そのために彼は，「機械の発明に対して提供されるすべての報酬は，その時以来，危険となった」のであり，「このような特権の禁止こそ，まさに科学の力と呼ばれるものから貧しい労働者たちを直接に守るために，政府が成し得る唯一のことであろう」（傍点はシスモンディ）（*Nouveaux principes*, t. II, p. 332, 菅間訳書，下248ページ）と述べて，生産力の発展を促す科学の進歩を彼は望ましいものとはみず，また世界市場をめぐる各国の諸資本間の競争が消滅することを望んだのである。

そして第四に，リカードゥは，彼の『原理』（第3版）の「機械について」において，シスモンディの国民所得論と類似した見解を明らかにしている。すでに見たようにシスモンディは，国民所得は労働者の賃銀と資本家の利潤，ならびに地主の地代などから構成されていると述べているが，彼はこれらのうち，特に労働者の賃銀から成り立つ所得の部分は個々の資本における新しい機械の導入による就業労働者の削減によって減少し，そのことによる国民所得の減少が労働者の失業や一般的過剰生産の原因である，と明確に考えていた。リカードゥは，この点も，本章の序説で触れたように，自己の機械論の変更を明らかにした「機械について」のなかで国民所得につき次のように述べ，シスモンディへの接近を示している。

　私の誤解は，社会の純所得が増加する時にはいつでも，その総所得もまた増加するであろう，という想定から起こった。しかしながら，私には，いまは，地主および資本家が彼らの収入を引き出す一方の基金は増加するにしても，それにたいして，労働階級が主として依存する他方の基金は減少することがありうる，ということを納得すべき理由がわかっている，それゆえに，もしも私が正しいならば，その国の純収入を増加させうるのと同じ原因が，同時に人口を過剰にし，そして労働者の状態を悪化させることがありうる，ということが当然起こるのである（同上，第1巻446ページ，岩波文庫版，下284ページ）。

ただリカードゥの場合には，シスモンディとは異なって，後で知るような

理由によって，社会の総収入の減少は一般的過剰生産を引き起こす，とは考えられていない。

　さらに，第五として，次の点が考慮されるべきであろう。それは，リカードゥの「機械について」以後の見解は，シスモンディが痛烈に批判したところの，リカードゥがそれまで抱いていたセーの法則を否定したと言えるであろうか，という問題である。この点については，すでに本章の序説でも簡単に触れた。シスモンディは，『新原理』の第4篇「商業的富について」の第4章「いかにして商業的富は所得の増加に相伴うのか」において，他の多くの国々の場合と同様に，大工業国イギリスの商品がアメリカでも溢れていることを指摘し，これは「消費手段の生産手段に対する不均衡」から生じたことである等，俗人の目にも明白なことであるのに，なにゆえに学者たちはこれを見ようとしないのか，と疑問を提出しつつ，リカードゥとセーに次のような批判を加えている。重要な文章なので再度取り上げてみたい。

　　彼らが陥っている誤りは，完全にこの誤った原理に，すなわち，彼らの目には年々の生産は所得と同一のものであるということに，由来している。リカードゥ氏は，セー氏に従って，それを繰り返し，かつ確認している。「セー氏は——とリカードゥ氏は述べている——生産物の需要はただ単に生産によってのみ制限されるものであるから，それがいかに多額に存しようとも，一国内において使用されえない資本というものはまったく存在しない，ということを，この上なく十分に証明した。誰でも，生産された物を消費しよう，あるいは，販売しようとする意図を持たないで生産する者はいないし，また，誰でも，直接に自分にとって役にたちうるか，あるいは，将来の生産に貢献しうる，何か他の生産物を購入する目的を持たないで，販売する者はまったくいない。それゆえに，生産者は，彼自身の生産物の消費者となるか，あるいは，他の誰かの生産物の購入者および消費者になるのである。」

　　このような原理をもってしては，商業史上，もっともよく示されたすべての事実を理解することも，あるいは説明することも，完全に不可能になる。その事実とは，市場の停滞（l'engorgement des marchés）である（*Nouveaux principes*, t. I, p. 341, 菅間訳，上 284-285 ページ）。

この文章でシスモンディが述べている「市場の停滞」とは，彼のいわゆる「生産と消費の間の不均衡」(ibid., t. I, p. 300, 同上，上 254 ページ) から生ずる一般的過剰生産のことであるが，シスモンディは，セーやリカードゥとはまったく逆に「消費の増加だけが生産の増加を決定できる」(ibid., t. I, p. 127, 同上，上 130 ページ) と考えていたのであるから，以上のようなセーやリカードゥに対する批判が生まれたものと考えてよい。

　それではリカードゥは，『原理』(第 3 版) に第 31 章「機械について」を付け加えて以来，自分の学説のなかのセーの法則的要因を自ら否定した，と考えてよいであろうか。これに対して筆者は否と言いたい。なぜならばリカードゥは，すでに見たように，自分の補償説的見解を捨てて，よりすぐれた機械の導入によって社会の純収入は増加しても社会の総収入は減少しうることを明らかにしたので，仮にその機械によって労働の生産力が同時に増加するとリカードゥが考えたならば，彼の見解は，シスモンディのそれと同じ結論になるからである。リカードゥはそうはせず，逆に考えて，「私が証明したいと思うことのすべては，機械の発明および使用は総生産物（gross produce）の減少を伴うことがあるだろう，ということである」(傍点は引用者)(『全集』第 1 巻 449 ページ，岩波文庫版，下 287 ページ) と述べつつ，機械についての彼の考えを変更したのである。

　リカードゥが，上述したように，『原理』の第 3 版に第 31 章「機械について」を執筆して以来，彼が，よりすぐれた機械の採用が「社会の総生産物（gross produce）を減少させるとか，あるいは，農業者と必需品製造業者とを兼営する一人の資本家が，よりすぐれた機械を導入することによって，その生産物が 1 万 5000 ポンドから 7500 ポンドに減少した例を示していることについても，筆者は本章の序説ですでに述べた。

　さらに，このことも第 1 章の 2 や本章の序説でも触れたことであるが，この「機械について」を読んでこれを痛烈に批判したマカロックに対し，リカードゥがそれへの反論として送った 1821 年 6 月 18 日付の手紙において，リカードゥが，マルサス氏の機械に対する考えは，それが需要を越えて消費されないほどの商品を生産するが，自分の考えは逆に，機械はしばしば総生産物（gross produce）の分量を減少させるということであって，「二つの学説で

これ以上に相違するものがありえましょうか？」（同上，第8巻437ページ）と強調していることである。そして同時に，彼はその理論的根拠を「固定資本」の耐用年数の延長と，そのことによる1年間の「固定資本」の償却費の減少に求めているのである。

ところで，機械導入がそれの生産量を減少させるという，リカードゥのこのような見解が行きつく結論は，彼が「機械について」の中で自ら明らかにしているように，ある服地製造業者がよりすぐれた機械を採用したためにその生産量が減少し，そのためにこの服地と交換されていた穀物やその他の必需品に対する需要が減少し，結局「この取引はいまは止むであろう」（同上，第1巻449ページ，岩波文庫版，下288ページ）ということになるのである。

リカードゥのこれらの見解は，「資本が増加すると同時に，資本によって果たされるべき仕事が同一割合で増加する」（同上，第1巻333ページ，岩波文庫版，下111ページ）とか，「需要は生産によってのみ規定される」（同上，第1巻334ページ，岩波文庫版，下334ページ）といった，セーの法則を自ら否定する要因を含んではいる。

しかし同時にリカードゥは，すでに見たように，ある服地製造業者がよりすぐれた機械を導入し，その結果，生産される服地が減少した場合，それと交換される穀物やその他の必需品も減少する，と述べている。これは「生産物はつねに生産物によって……購入される」（同上，第1巻336ページ，岩波文庫版，下112ページ）という，セーの法則を援用したリカードゥの考えに辛うじて合致した見解だと言ってよいだろう。

結局，リカードゥの「機械について」は，それ自体セーの法則を否定するシスモンディ的な理論的要素を含んではいたが，よりすぐれた機械の導入はその生産量を減少させるとする，きわめて意図的かつ不自然な考えを採用することによって，リカードゥはシスモンディやマルサスと同じような，一般的過剰生産の論理に陥ることを自ら回避したものと言ってよいだろう。

注
(1) マルサスがリカードゥに送った1821年7月16日付の手紙で，リカードゥの「機械について」に対し，「あなたの命題の理論にはまったく賛成ですが，しかし実際には機械によって総生産物（gross produce）がいくらかの期間にわたって減少させられる

場合というのは非常に稀だと思います」(『リカードゥ全集』第 9 巻 20 ページ) という批判に対し，リカードゥは同年 7 月 21 日付の手紙で，いささか自説の論点を曖昧にし，かつ動揺しつつ，次のように返答している。「私は生産力の増大につれて総生産物 (gross produce) が減少するだろうと言ったことはありません——機械はより大きい量の総生産物の獲得を可能にすると言ったことはありません，機械に対する私の唯一の不満はそれが時として総生産物を実際に減少させるということです」(同上，第 9 巻 25 ページ) と。

(2) リカードゥとシスモンディの経済学の比較が，ローザ・ルクセンブルグの『資本蓄積論』(1913 年) や G. ソティロフの「リカードゥとシスモンディ」(チューリッヒ，1945 年) 等で行われている。ともに，セーの法則に基づくリカードゥよりも過少消費説的恐慌論の主張者シスモンディに好意的である。

(3) 菅間正朔訳『経済学新原理』上・下，日本評論社，1949-1950 年。ただし訳文は必ずしもこの訳書に従ってはいない。日本にはこの外に，吉田静一訳が，『神奈川大学商経論叢』の第 11 巻 3・4 号，第 12 巻 1 号，2 号，3 号，4 号等に掲載されている。ただしこれは『新原理』全 7 篇のうち，第 1 篇から第 4 篇までの範囲である。

(4) シスモンディの『商業的富について』は，大島雄一「シスモンディ経済学研究序説——『商業的富について』(名古屋大学『経済科学』第 6 巻第 3 号)，および岡田純一「第 4 節『商業的富』から『経済学新原理』への理論的転回」(『フランス経済学史研究』御茶の水書房，1982 年) 等を参照。両氏ともに，この著書がスミスとは異なった独自なものをすでに持っていたことを指摘している。

(5) シスモンディは 1827 年に出版された『新原理』の第 2 版の序文において，たぶん 1819 年と 1825 年の恐慌について述べているのであろう。この初版以来 7 年の間にイギリスの「製造業者たちを二度も繰り返して恐るべき窮境に陥れた」(ibid., t. I, p. iv, 2$^e$ éd., 同上，上 359 ページ) ことを指摘し，「諸事実は私のために戦って勝利を得たように見える」(ibid., t. I, p. ii, 2$^e$ éd., 同上，上 358 ページ) と誇らしげに告白している。

(6) Political Economy, by J. C. L. Simonde de Sismondi, The Article "Polical Economy" taken from Brewster's Edinburgh Encyclopedia, A.M. Kelley's reprint, 1966.

(7) この "Political Economy" では，シスモンディは生産と消費との不均衡が「商業的災難 (commercial calamity)」(ibid., p. 60) を生みだすことを感じ取ってはいたが，例えば，国民所得が価値論との関連でまだ十分に明らかにされてはいず，また個々の資本における機械採用が就業労働者の雇用を減少させると彼は指摘してはいるものの，その理論的根拠が明らかにされていない。したがって，機械導入による各国の過少消費と過剰生産との矛盾が，世界市場獲得のための各国資本の競争を生みだすという，その理論的根拠もまだ十分に明確にされてはいない。なお "Political Economy" は，1818 年に執筆された。吉田静一訳『異端の経済学』(新評論社，1974 年)，162 ページ参照。

(8) シスモンディが『新原理』の序文で述べている，上述したような「アダム・スミスの諸原理が絶えず私を導くのに役立っている」けれども，しかし彼とは「極めて異なった諸結論が導きだされる」ことについては，彼は第 1 篇「経済学の対象と起源」の

第7章「アダム・スミスの体系，本書の以下の区分」において，次のように述べている。すなわち「われわれはアダム・スミスとともに，労働は富の唯一の源泉であるということ，節約は富の蓄積の唯一の手段であること，を主張する」(ibid., t. I, p. 53, 同上，上78ページ）けれども，しかし富者が新たな生産によって貧者から富を奪うことのないように，「われわれは，ほとんど絶えることなく，富の増進を監督するために，アダム・スミスが拒否した政府の干渉を要請する」(ibid., t. I, p. 54, 同上，上79ページ）と主張し，また富の増進からわずかの利益さえ得られない貧者に対する「保護的な権力の必要を，われわれが感じた」(ibid., t. I, p. 55, 同上，上79ページ）と。

(9) Edinburgh Review, No. 59, June 1818.

(10) リカードゥの『原理』（初版）には，第5章が二つ，すなわち第5章「賃銀について」と第5章「利潤について」とがあり，また第8章が二つ，すなわち第8章「原料に対する租税」と第8章「地代に対する租税」とがあるので，この「蓄積の利潤と利子とに及ぼす影響」も第21章ではなく，第19章になっている。しかしシスモンディが目を通したリカードゥの『原理』（初版）のフランス語訳，*Des principes de l'économie politique, et de l'impôt*, par M. David Ricardo ; Traduit de l'anglais par F.S. Constanecio, D.M. etc. では，各章が通し番号順に並べられているため，「蓄積の利潤と利子とに及ぼす影響」は第21章とされている。

(11) これら以外にも，資本の集中によって大資本が小資本を駆逐し，消滅させて，国内市場を縮小させるとか，あるいは，諸資本間の競争が需要以上に生産を増加させること，等をシスモンディは指摘している。

「生産と消費の間の不均衡」については，特に岡本博之「シスモンディの再生産＝恐慌の理論（『経済学雑誌』第2巻第5号，1938年），谷口吉彦「シスモンヂの所得不足説」（『恐慌理論の研究』有斐閣，1940年），永田清「シスモンディの思想過程」（『仏蘭西経済学説論集』日本評論社，1959年），吉原泰助「古典派蓄積＝恐慌論争の一断面――シスモンディによる『消費と生産との均衡』＝矛盾把握」（福島大学『商学論集』第44巻・第2号，1975年），藤田勝次郎「シスモンディの競争把握について――恐慌論との関連において」（北九州大学『商学部紀要』第15号，1965年），中宮光隆「シスモンディの恐慌論」（早坂忠編『古典派経済学研究 (III)』雄松堂出版，1986年）等を参照せよ。

(12) 「固定資本」と「流動資本」の区別についてのシスモンディの説明は，リカードゥの『原理』第1章「価値について」の第4節におけるそれと大変よく似ている。ただ唯一の違いはシスモンディの「流動資本」には種子，原料が含まれていることである。種子や原料がさらにシスモンディのように「流動資本」にではなく「固定資本」に入れられて，事実上，価値増殖過程上からの資本の区別を行ったのは，スコットランド生まれのイギリス人，ジョージ・ラムズィである。この点については，G. Ramsay, *An Essay on the Distribution of Wealth*, 1836, pp. 22-23 参照。

(13) 「固定資本」や「流動資本」の価値が新商品に移転されるこのような方法は，素朴なものではあれ，ほぼ妥当であることを彼は示している。なお中野正氏は，氏の労作

「シスモンディ」において，スミスからリカードゥへの労働価値論の発展と比較しつつシスモンディの価値論を検討され，「シスモンディの経済学の基本想定は，賃銀と利潤および地代を，それぞれ独立の源泉（労働者，資本，おもび土地）に帰すいわゆる生産費説にほかならない」（『経済学説全集』第4巻，末永茂喜編『古典学派の批判』河出書房，1955年，143ページ）と指摘している。

シスモンディの学説に生産費説的要因が一部ではあれ存在したことは否定できないが，しかし以下，本文で見るように素朴なものではあっても，彼の労働価値論が基礎となって，彼の剰余価値論，ならびに，資本関係論に基づく労働者階級の窮乏化論が展開できたものと筆者は思う。シスモンディの価値論が単に生産費説的なものだけだったならば，産業革命時におけるイギリス経済への彼の鋭い現実認識は無理だったのではなかろうか。

(14) シスモンディは『新原理』において，すでに見たように「労働力」(la puissance de travailler) とか，この引用文にも見られるように，「労働能力」(la faculté du travail) という語を使用している。イギリスでは当時，かなり遅れてではあるが，リカードゥ派社会主義者の一人であるJ.F.ブレイが「労働能力」（a capability of labour）という語を使用している（J.F. Bray, *Labour's Wrongs and Labour's Remedy*, 1839, p. 50）。

(15) 日本ではこの語は「超過価値」と訳されているようであるが，筆者は剰余価値と訳しておく。

なお，当時，イギリスで「剰余価値」(surplus value) という語を使用しているのは，これもリカードゥ派社会主義者の一人であるW.トンプソンであるが，これはマルクスの特別剰余価値のような意味をもっており（W. Thompson, *An Inquiry into the Principles of the Distribution of Wealth*, 1824, p. 14, p. 169），彼の場合「利潤」が剰余価値であった。

この外にイギリスには，「利子」（＝剰余価値）を生産する労働を「剰余労働」(surplus labour)，あるいは「剰余搾取」(surplus exaction) と呼んでいる人に，Charles Wentworth Dilke がいる（*The Source and Remedy of the National Difficulties*, etc, 1821, p. 3, pp. 3-4, p. 11, 拙訳「国民的諸困難の原因および救済」（新潟大学『経済論集』第6号）67, 72ページ。これは匿名の文献であったが，杉原四郎氏がこの文献の著者を発見された。

(16) マルクスは1863年1月に執筆した「(b)『資本論』第3部または第3篇のプラン」において，「シスモンディやマルサスをも『剰余価値に関する諸学説』のうちに入れるべきかどうかの問題」（『マルクス・エンゲルス全集』第26巻，第1分冊527ページ）と書いているが，実際にはシスモンディは除かれ，そしてマルクスは，労働価値論やそれに基づく剰余価値論を否定したと考えたマルサスを取り入れている。しかしシスモンディによる以上のような剰余価値論を見てもわかるように，マルクスは彼をこそ取り入れるべきであった，と筆者は思う。

(17) 資本家が労働者から労働力を購入して剰余価値を獲得する関係，すなわち資本関係が，労働者階級の窮乏を生み出すというシスモンディの以上のような見解は，19世紀前半におけるイギリスのリカードゥ派社会主義者たちの一連の考えと理論的に共通

するものを持っていたと筆者は思っている。事実マルクスも『剰余価値学説史』において，リカードゥ派社会主義者の一人である P. レイヴンストーンを分析しつつ，資本主義的生産における「労働者の貧窮と非労働者の富とを同時に富の唯一の源泉として言い表す」ところの絶対的矛盾について，「シ・ス・モ・ン・デ・ィ・は，この矛盾を感じ取ることによって，経済学における一時期を画している」（傍点はマルクス）（『マルクス・エンゲルス全集』第 26 巻，第 3 分冊 340 ページ）と評価している。

(18) この引用文中の「流動資本」は，所得とは別に考えられているから，原料や種子を意味するものと思われる。そうするとシスモンディは，年総生産物の中に，明確に「固定資本」と「流動資本」（＝原料等）などのような生産手段の価値を含ませているから，この引用文の趣旨は，「v+m のドグマ」の否定を意味するものと筆者は考える。

シスモンディのこのような考えから判断するならば，国民所得によって消費されない不変資本部分が年総生産物の中に必ず残り，その部分が実現不能となって，一般的過剰生産を惹起させるのではなかろうか。

当時，イギリスでは，シスモンディよりも少し遅れて，ジョージ・ラムズィがリカードゥの「v+m のドグマ」の側面のみを見て，「不幸にして彼は，いつも，総生産物は賃銀と利潤とに分割されるものと考えているように思われる。というのは，固定資本を更新するために必要な部分を忘れているからである」(*An Essay on the Distribution of Wealth*, 1836, p. 174) と述べ，そして「一国の富全体，あるいは単なるその国の年々の総生産物は……固定資本と収入とに分割される」(ibid., p. 471) とか，「収入が 1 年間の総生産物と異なるのは，ただ固定資本を維持するに役立つところの，あらゆるそれらの対象物の控除分だけである」(ibid., p. 471) と指摘している。そしてマルクスも『剰余価値学説史』において，「ラムズィの功績は……全生産物の価値が，いろいろな名目の収入に分解するという，A. スミス以来流布している間違った説を彼が反駁」（『マルクス・エンゲルス全集』第 26 巻，第 3 分冊 442 ページ）したことだと評価している。

したがってシスモンディは，理論的にはラムズィと同趣旨のことを明らかにしていると言ってよい。

もっともラムズィの場合には，年総生産物に「固定資本」を含ませるこのような論理を，彼の主著 *An Essay* において首尾一貫的に考えているが，シスモンディの場合には，このような論理が彼の他の「v+m のドグマ」を肯定する論理と混在し，とくに国民所得論や恐慌論等との関係において，彼の「v+m のドグマ」を否定する論理が，それらにどのような影響を及ぼしているのか，必ずしも明確ではない。しかし上述したように，年総生産物の中に「固定資本」や「流動資本」（＝原料等）等の価値が含まれているというシスモンディの考えから言えば，賃銀と利潤から成る国民所得と，それよりも大となる年総生産物との間に実現不能の問題が生じ，したがって筆者は，彼の恐慌発生の論理に，新しい見方を付け加えなければならない，と思っている。

(19) マルクスは『資本論』第 2 巻第 3 篇「社会的総資本の再生産と流通」，第 19 章第 3 節「アダム・スミス以後の人々」において「v+m のドグマ」に陥っているシスモンデ

ィを批判し，「シスモンディは特に資本と収入との関係を取り扱い，また実際にこの関係の特殊な理解を彼の『新原理』の特徴としているのであるが，しかし，科学的な言葉はひとつも言っていないし，問題の解明には少しも寄与していないのである」（傍点はマルクス）（『マルクス・エンゲルス全集』第 24 巻 481 ページ）と指摘している。

またレーニンも，彼の『経済学的ロマン主義の特徴づけによせて（シスモンディとわが祖国のシスモンディ主義者たち）』の第 1 章「ロマン主義の経済理論」，第 4 節「国民所得にかんするアダム・スミスおよびシスモンディの学説の誤りはどこにあるのか？」において，スミスの「v+m のドグマ」を受け継いだシスモンディに触れ，次のように述べている。「シスモンディは，国民所得とそれの二つの部分（労働者の部分と資本家の部分）への区分とにかんする学説を，アダム・スミスからそっくり受け継いだ。シスモンディは，スミスの命題になに一つ付け加えなかったばかりでなく，かえって一歩後退すらした……」（『レーニン全集』第 2 巻，大月書店，132 ページ）と。

さらにローザ・ルクセンブルグも彼女の『資本蓄積論』の第 2 篇「問題の歴史的叙述」，第 10 章「シスモンディの再生産論」において，「彼の再生産論は，彼がアダム・スミスからうけついだ根本的誤謬――すなわち，年々の総生産物は，社会の不変資本の更新のためには価値の一部分も余さずに，残らず個人的に消費されるという，また，蓄積は資本化される剰余価値の追加的可変資本への転形においてのみ行われるという，表象――に悩んでいる」（*Die Akkumulation des Kapitals*, S. 159，長谷部訳書，中 200 ページ）と述べている。なお日本でも，本章注 11 における諸論文，および越村信三郎氏の「シスモンディの再生産学説」（堀経夫博士還暦記念論文集『古典派経済学の研究』山本書店，1956 年）等で各々シスモンディの「v+m のドグマ」が指摘され，批判されている。筆者はこれらのシスモンディに対する批判はそれ自体，誤りであるとは思わないが，筆者が注 18 で検討したところの，社会的総生産物の中に「固定資本」や「流動資本」（＝原料等）の価値を含めたシスモンディの考えが考慮されていないことを，疑問としている。

(20) ここで述べられている「昨年の所得」とか「先行する所得」とは，昨年度の労働者の賃銀と資本家の「利潤」から構成されている所得を意味するのではなく，「利潤」だけであって，今年度の労働者の賃銀は今年度の生産物を消費することを示す，シスモンディの次のような見解も存在するのである。

> 国民所得は，一つは過去の，他は現在の，あるいは，人がそれを望むならば，一つは現在の，他は未来の，二つの額から構成されていることに注意するのも，また必要である。その一つである富からの利潤は，現に，消費しようと欲する人々の手中に存在し，そしてそれは，前年に行われた労働の成果である。他は，労働する意志と能力とであって，それらは，労働する機会が生まれ，そしてそれと同時にこの能力が消費対象と交換される場合にのみ，真実の富となるのである（傍点は引用者）（ibid., t. I, p. 106，同上，上 116 ページ）。

なお，これらの点については，吉田静一『フランス古典経済学研究』（有斐閣，1982 年）の第 4 章「再生産と恐慌」，3「均衡破壊の条件」，1「生産と消費のタイム

・ラグ」参照。
(21) この「流動資本」は賃銀を意味する。なお、ここで述べられている「彼の流動資本の一部を機械に転化する」ということは、素朴ながら、マルクスのいわゆる資本の有機的構成の高度化を意味するのであって、そこには補償説的見解が生まれる余地がない。なお、この引用文を野原秀次氏も注目している。同氏の「シスモンディ機械論の考察——古典派恐慌論争の一側面」(『大阪商業大学論集』第84号、1989年6月、162ページ)参照。
(22) 賃銀は別に支出されているので、この「流動資本」は原料を意味する。
(23) これも注22と同様に原料を意味する。
(24) ただし、1人当たりの労働者の賃銀が年間300フランから200フランに引き下げられているので、雇用労働者の絶対数は100人から200人に増加しているが、もしもこの賃銀引き下げがなかったならば、雇用労働者の数は133人に増加したにすぎない。
(25) 資本家が支出する資本のうち、「固定資本」と「流動資本」(=原料等)の比率が大となり、労働者を雇用するために支出される資本の比率が減少すること、このことの中に、労働者の失業と一般的過剰生産の理論的根拠を求めたシスモンディの指摘は、当時、ナポレオン戦争終結後の不況に悩まされ、その原因を産業革命および戦時中の機械の使用による、膨大な生産力の発展と消費の減少に求めていたロバート・オーエンの考えを理論化したものと言ってよい。これは、過少消費説的恐慌論であると後世の人から批判されはするが、しかし経済学の発展史上、特筆すべきシスモンディの業績と言ってよいのではなかろうか。この点は、同じようにオーエンから影響を受けたリカードゥ派社会主義者たちの学説と比較しても理解できるであろう。

なおオーエンは、1817年3月に「わが経済学徒すべてを悩まし、わが国のもっとも老練な政治家を困惑させたあの窮乏の原因およびその救済策を考慮するために」(*Life of Robert Owen, Written by Himself*, I, 1857, pp. 121-122, 五島茂訳『オウエン自叙伝』岩波文庫、221ページ)つくられた、貧民労働者救済委員会に彼が提出した「貧民労働者救済委員会への報告」において、次のように述べている。

さて、現在の困窮の直接原因は、人間労働の価値が下落したことであります。そして、この下落はヨーロッパ、アメリカの産業に、機械がひろく導入されたために起こったことですが、しかし、なんといっても、その主要な機縁は英国産業へのその導入でありました。なぜなら、そこではアークライトとワットの発明により、変革のテンポがこの上もなく早くなったからです (*A New View of Society and Other Writtings*, Everyman's Library, 1949, p. 156, 渡辺義晴訳『社会変革と教育』明治図書出版、1963年、73ページ)。

戦争が終わった時、わが国は、ちょうど人口が実際上15倍ないし20倍になった時と同じ効果をもつ生産力の所有者になったのであります。これは主として、過去25年間につくりだされたものであります。……しかしながら、いまでは事情が変ってきました。労働生産物にたいする戦争需要はやみましたし、そういう市場はなくなったのです。世界の人びとの所得は、こんなに大きな生産力が生産す

るものを買う力がありません。それは当然，需要の減少を伴ったのであります。そこで供給のほうを引き締めることが必要になったわけですが，そのさい，人びとはすぐに，機械力のほうが人間労働よりはるかに安いことに気がついたのであります。その結果，機械は今までどおり使いましたが，人間労働は機械により取って代わられました」(ibid., pp. 157-158, 同上 74-75 ページ)。

またオーエンは，1817 年 8 月 21 日に行われた「シティ・オブ・ロンドン・タヴァーン第 2 回公開集会の演説」で同様に次のように述べている。

「戦争がすみ平和が始まった時には，わが国には，約 600 万の労働者と増大した機械力，すなわち現在，毎日稼働しており，1 億 5000 万人の協力した人間労働力に匹敵する仕事をやってのける機械力とが残されたのであります。この機械は飯も食わなければ着物も着ません。他の工業製品をほんの少し必要とするだけであります。そこでわが国および他国の需要を満たしていく仕方に変化がおこりました。これは人目を引かないものですが，しかも誰にでもわかるこの変化のもたらした結果は，毎年の生産物量をどえらく増大させ，消費力の方は同じ割合で増大させていないということであります。生産量が消費量をはるかに上廻り，そのため生産物をうんと減らす必要がおこったわけであります。そうなると，すぐに個人的利益の見地からそろばん勘定をして，機械力のほうが肉体労働よりも安上がりだということが発見されたのです。そこで人間は仕事から追い出され，しぜん労働の価値は急速に下落し，それとともに，たいていのあらゆる他の商品も下落し，そこからたちまちのうちに広く悲惨な状態が現れたのです」(ibid., pp. 210-211, 同上，92-93 ページ)。

シスモンディは，1818 年，大陸旅行中のオーエンがスイスのコペーを訪問した時，彼に会っている (*Life of Robert Owen, Written by Himself*, p. 173, 前掲『オウエン自叙伝』304 ページ)。なお，オーエンとシスモンディとの関係については，岡本博之「恐慌論史上におけるオウエン，シスモンディ及びトランズ」(『経済学雑誌』第 10 巻第 4 号，1942 年)，および吉田静一『異端の経済学者』171-172 ページ，参照。

(26) このようにシスモンディは，各国において労働者を排除する機械の発明を阻止する手段がないので「それらの国々の発明家に人が与える特権ほど危険なものは，恐らくないであろう。このような特権の禁止こそ，まさに科学の力と呼ばれるものから貧しい労働者たちを直接に守るために，政府が成し得る唯一のことであろう」(傍点はシスモンディ) (ibid., t. II, p. 332, 同上，下 248 ページ) と述べている。なぜならば機械の発明家に与えられる特権が彼らに市場を独占させるからであって，シスモンディによれば，「国民的消費者が発明から得るところは余りにも少なく，発明家がそれから多大に利得し，他の生産者たちがそのことによって損失を被り，そして彼らの労働者は貧窮のために倒れるのである」(ibid., t. II, p. 332, 同上，下 248 ページ)。

(27) 各国において個々の資本にこのような機械が導入された場合，シスモンディは生産された商品の価格減少が，どれだけ失業労働者の再雇用をもたらすかの問題について，考えていた。それは，この機械によって生産された商品が以前よりも安価になるため

に，それを購入する消費者の収入に余裕が生じ，その余裕が他の新たな商品に対する需要増加を生みだして，その商品を生産する資本が増加し，機械導入によってひとたび生みだされた失業労働者を再雇用するであろうか，どうか，の問題である。

シスモンディはそれに対して，ごく少数だけが再雇用されるが大部分の失業者は雇用されない，と否定的な考えを明らかにしている。シスモンディによれば，商品の価格は，労働者の1年間の労働ばかりでなく工場や機械建造のための労働，および「流動資本」（＝原料）等から構成されているために，今まで100人の労働者が生産していた商品を1人の労働者が1台の機械を使用して生産するようになっても，その商品の価格は100分の1には減少せず，せいぜい10分の1以下である（ibid., t. II, p. 322, 同上，下240ページ）。

その例証として，彼は次のような事実を挙げている。

I (1) 今10万人の女工が1人当たり100足の靴下を針で編み，したがって総生産量1000万足の靴下を生産したとする。

(2) その場合，1足の靴下の価格を5フランとすれば，1000万足のそれらの価格総額は5000万フランとなる。

(3) 5000万フランの価格総額のうち，1000万フランは原料のそれである。

(4) したがって，残り4000万フランが10万人の女工に分配されるので，1人当たり400フランとなる

II (1) ところが，1000人の労働者が織機でこれと同じ靴下を1000万足，生産したとする。

(2) ただし靴下1足の価格が4フラン50サンチームに低下したので，1000万足の価格総額は4500万フランとなる。

(3) したがってこの靴下の価格低下により，それの消費者は500万フランを節約できたことになる。

(4) この500万フランを他の商品の購入のために靴下の消費者たちが支出するならば，その新たな商品を生産するための資本が増加して1万2500人の失業労働者を再雇用できる——1人当たりの労働者の賃銀が400フランで計算——。ただしその場合，機械導入による9万9000人の失業者のうち，わずかに8分の1のみ再雇用されるだけであって，他の8分の7は再雇用されない，等々（ibid., t. II, pp. 323-326, 同上，下241-243ページ）。

なおJ.R. マカロックは，『エディンバラ評論』（Edinburgh Review, March 1821）に掲載した「機械および［資本］蓄積が及ぼす諸影響についてのセー，シスモンディ，マルサス諸氏の見解」（*The Opinion of Messrs Say, Sismondi, and Malthus, on the Effects of Machinery and Accumulation*, Stated and Examined, London, 1821）においてシスモンディのこのような考えを批判し，新たに導入される機械の生産や，新機械による商品の価格の大幅な低下——7分の1に低下——がもたらす消費者の収入の大幅な節約は，他商品への大幅な需要増加となって，失業者の再雇用を増加させるという論理で，結局，失業者の2倍の労働者の雇用増大となると述べている。この点については，本書の第

第3章 リカードゥとシスモンディの機械論について　　**101**

1篇第2章「リカードゥにおける機械論と補償説的見解について——特にリカードゥ著『マルサス評注』の『評注149』との関連において」の2を参照せよ。

(28) リカードゥがこのような見解の変更を行ったことについては、ジョン・バートンの影響があったことは明瞭である。彼自身が「機械について」の中でジョン・バートン『社会の労働階級の状態に影響を与える諸事情についての所見』(*Observations on the Circumstances which Influence the Condition of the Labouring Classes of Soiety*, 1817, 真実一男訳、法政大学出版局、1990年)に触れつつ、バートン氏は、上記の著書の中で固定資本の逓増額が労働階級の状態におよぼす影響の若干のものについて、正しい見解を採ったと私は思う」(『リカードゥ全集』第1巻454ページ、岩波文庫版、下294ページ)と評価しているからである。またローザ・ルクセンブルグは『資本蓄積論』において、リカードゥに対するシスモンディの論戦が、彼の「機械の作用にかんする方向転換」(*Akkumulation*, S, 174, 長谷部訳書、中219ページ)をもたらしたと述べているが、その証明はない。

リカードゥ自身は『原理』の序言において、経済学という「この学問は、テュルゴォ、ステュアト、スミス、セー、シスモンディ、および他の人々の著作によって、大いに進歩させられた」(『全集』第1巻5ページ、岩波文庫版、上11ページ)と述べ、また「シモンド氏は、彼のすぐれた著作、『商業的富について』のなかで……」(同上、第1巻437ページ、岩波文庫版、下231ページ)という指摘を行っているように、シスモンディの『商業的富について』を評価している。

またリカードゥは、1819年4月7日付のマカロック宛の手紙において、「昨日」上院を訪れたシスモンディに会ったことを伝えた際、彼はシスモンディの『新原理』について、「私はその本を読んでみたい好奇心を覚えます」(同上、第8巻24ページ)と書き送っている。しかし、1819年9月6日付のミル宛の手紙では「シスモンディの著作を読んでいます——非常に取るに足りない (poor performance) 仕事だと思います。私に対する攻撃にあたっては、彼は公平ではなくて私を誤り伝えている場合が再三ではありません。——彼はセーと同様にあの地代の学説を拒否しようと企てます、なぜなら地代を払わない土地はないからだと言います」(同上、第8巻64ページ)と書き送っている。

なお、トレンズはオーエン批判の論文「国民的諸困難を救済するためのオーエン氏の計画」(*Mr. Owen's Plan for Relieving the National Distresses*, Edinburgh Review, no. 64, 1819) において、機械を使用することが需要以上に供給を増加させ、また、労働者を失業させるというオーエンを批判しつつ、シスモンディの『新原理』も同様の誤りを犯していること (ibid., p.470)、ならびに、シスモンディが、過去の欧米市場におけるイギリスの財貨の過剰生産、および、労働者の貧困が、生産と消費の不均衡から生まれたと考えることは誤りであること (ibid., p. 474) などを指摘しているが、これがリカードゥの目に触れ、そしてシスモンディについてのある程度の印象を彼に与えたと筆者は考える。

またソティロフは、前掲論文のなかでリカードゥはむしろ、1820年に出版された

マルサスの『経済学原理』からジョン・バートンのパンフレットを指示され，さらに「流動資本の固定資本への代替」(ibid., S. 45) を示唆されたと述べている。さらに，ソティロフによれば，マルサスの『原理』は，第7篇「人口について」の第7章「機械の発明により過剰にされる人口について」を含むシスモンディの『新原理』が出版されるや，その執筆のテンポが早くなったのであって，これらのことから考えても，リカードゥの「機械について」は，マルサスの『原理』からシスモンディ的なものを学びとったリカードゥの手になるものなのである。これは興味深い一つの見方ではあるが，もっと資料的裏付けがほしい。

(29) 各国間の機械導入についてのリカードゥの指摘は，『原理』の第7章「外国貿易について」における彼の比較生産費説的な考えを修正する要因を含んでいる，と筆者は思う。

# 第4章
# リカードゥの「機械について」に対する
# J. バートンとシスモンディの影響について

## 序　説

　本章では，1821年に出版されたリカードゥの『経済学および課税の原理』（第3版）に新たに付け加えられた第31章「機械について」の形成に，直接影響を与えたと思われるジョン・バートン（John Barton）およびシモンド・ド・シスモンディ（Simonde de Sismondi）の見解を検討してみよう。

　すでに本篇第2章の序説でも触れたように，マルクスは『資本論』第1巻第23章「資本主義的蓄積の一般的法則」において，彼のいわゆる相対的過剰人口の理論の形成に貢献した者として，ジョン・バートン，リカードゥ，リチャード・ジョーンズ，ジョージ・ラムズィらを挙げているが，『賃銀，価格および利潤』では，これらにシスモンディとA.É.シェルビュリエとを加えている。彼らのうちジョーンズやラムズィ，そしてシェルビュリエらはリカードゥの死後に活躍し，そして多かれ少なかれ彼の「機械について」から影響を受けた人たちであって，その点では，彼の「機械について」そのものの成立に影響を与えたバートンやシスモンディらの理論的立場とは異なるのである。

　すでに第2章の序説でも述べたように，上述の『資本論』第1巻第23章において，「可変資本の相対量の累進的減少の法則，またそれが，賃銀労働者階級に及ぼす影響は，古典学派の数人のすぐれた経済学者によって把握されていたというよりもむしろ予感されていた。この点では最大の功績はジョン・バートンのものである」（『マルクス・エンゲルス全集』第23巻，第2分冊822ページ）と指摘し，さらに彼は『剰余価値学説史』においてリカードゥが「機械について」の中で，バートンから，蓄積される資本のうち機械等の「固定資本」の割合が大となり，したがって労働力の購入に支払われる「流

動資本」の割合が減少するために,労働力に対する需要が相対的に減少することを指摘した文章を引用していることを見,「それによって,彼がここではバートンに追随していることがわかる」(同上,第26巻,第2分冊783ページ)と述べている。

しかし資本の蓄積に伴い,「固定資本」の占める割合が大となり「流動資本」の割合が小となって,「労働」に対する需要が減少するという点では,バートンとリカードゥの見解が似ていても,リカードゥの「機械について」にはバートンを越える次のような功績がある,とマルクスは『剰余価値学説史』の中で指摘している。

> リカードゥがさらに前進している唯一の点——そしてこの点こそ重要である——は,彼は,ただバートンのように,労働に対する需要が機械の発展に比例して増大しないことを提言しただけでなく,機械そのものが「人口を過剰にし」,したがって過剰人口を生みだすことをも提言した,ということである。……これによって,まったくばかげた人口論は本質的にくつがえされたのであり,また特に,労働者は自分たちの人口増加を資本の蓄積水準よりも低く押えておくように努力しなければならないという俗流経済学者のきまり文句もくつがえされたのである(傍点はマルクス)(同上,第26巻,第2分冊785-786ページ)。

筆者の考えは,バートンを超えるリカードゥの功績とマルクスが指摘している点こそ,シスモンディの影響が大であったものと思っている。

それはともかく,前章の「むすび」でも簡単に触れたように,リカードゥ自身がバートンの『社会の労働階級の状態に影響を与える諸事情についての所見』(*Observations on the Circumstances which influence the Condition of the Labouring Classes of Society*, by John Barton, London, Arch, 1817) から「固定資本」と「流動資本」の蓄積にかんする若干の文章を引用し,それに対して「バートン氏は,上記の著書のなかで,固定資本の逓増額が労働階級の状態におよぼす影響の若干のものについて,正しい見解を採ったと私は思う。氏の試論は多くの貴重な知識を含んでいる」(『リカードゥ全集』第1巻454ページ,岩波文庫版,下294ページ)と述べている。また,このバートンと同時期の,すなわちリカードゥが『経済学および課税の原理』(第3版)に第31章「機械について」

を新たに付け加えた1821年以前に,シスモンディが,資本の蓄積に伴って,「固定資本」の占める割合が大となり,したがって「流動資本」の占める割合が小となって労働力に対する需要が減少し,失業労働者が生みだされること,そしてこのことは,労働者階級の収入を減少させつつ,増加した労働の生産力とあいまって一般的過剰生産を引き起こすこと,などを主張した。

すでに前章でも触れたように,彼は1819年に『経済学新原理』(*Nouveaux principes d'économie politique, ou de la richesses dans ses rapports avec la population*; par J.-C.-L. Simonde de Sismondi) を出版し,ロバート・オーエンの影響を受けながら,セーの法則に基づく非現実的なリカードゥの「均衡理論」では,1815年の恐慌も解明できるはずがない,と痛烈に批判するのである。

シスモンディの機械論がリカードゥの「機械について」の形成に影響を与えたと指摘しているのは,すでに前章でも若干触れたように,ローザ・ルクセンブルグやソティロフらであって,特にソティロフは,シスモンディの『経済学新原理』の第3版への,彼自身の序文 (Préface à la trosiéme édition) において,「シスモンディの考えに非常に近い考えをもった,彼の同時代の著者は,後世の人がほとんど忘れてしまっているジョン・バートンである。シスモンディとバートンとは,まったく独立した方法において仕事をすることによって,類似の結論に到達したということが,既定の事実のように考えられるのである」(ibid., p. 14) と述べ,またソティロフは,『エコノミック・ジャーナル』(Economic Journal, No. 245, March, 1952) における,"John Barton (1789-1852)"で,「バートンとシスモンディは失業の原因——労働に対する需要減少——を申し分なく説明した最初の著者たちであったことは疑いないことである」(ibid., p. 100) と指摘している。さらにソティロフは,すでに1945年に「シスモンディは彼の著書を,バートンの理論をまったく知らずに執筆したことを,人は認めなければならない」(『リカードゥとシスモンディ』*Ricardo und Sismondi*, 1945, Europa Verlag, Zürich/New York, S. 19) と述べつつ,シスモンディの機械論がリカードゥの「機械について」に及ぼした影響については,シスモンディから影響を受けて書き上げられたマルサスの『経済学原理』(1820年) を読んで,その中から彼がシスモンディ的なものを学び取った,ということであって,その方法は「間接的なもの (Umweg)」(ibid., S. 47) で

あった，とソティロフは指摘している。ソティロフがこのように第2次大戦後早々と，たとえ「間接的なもの」とはいえ，バートンばかりではなく，シスモンディもリカードゥの「機械について」の形成に影響を与えたことを指摘したことは，正当に評価されなければならない。

しかし，筆者が検討したところでは，ソティロフが指摘するようにリカードゥが「機械について」を執筆する場合，マルサスの『経済学原理』からシスモンディ的なものを間接的に受け取ったということは，ありえないことである。なぜならばリカードゥは，マルサスのこの『経済学原理』が1820年に出版される前，すなわち1819年9月6日付のミル宛の手紙の中で，「私はシスモンディの著作を読んでおります」(『リカードゥ全集』第8巻64ページ)と書き送っているからである。そればかりではなく，すでに前章の「むすび」等でも触れたように，リカードゥの「機械について」にはバートンの影響からばかりでなく，シスモンディ的な理論的要素も含まれていたからである。

以下において筆者は，バートンならびにシスモンディの機械論が，リカードゥの「機械について」に及ぼした影響について，明らかにしてみたいと思う。

## 1  J. バートンの影響について

バートンは，彼の上掲著書において，アダム・スミスの『国富論』(*An Inquiry into the Nature and Causes of the Wealth of Nations*, 1776) の第1篇第8章「労働の賃銀について」や「救貧法委員会報告」(Report from the select commitee of poor laws) 等からいくつかの文章を引用し，それらに批判を加えている。[3]

バートンによれば，これらで明らかにされているそれぞれの見解は，要約すれば「すべての国々における労働に対する需要は，国富によってはかられるということ——通常の賃銀率は，この〔国〕富の増加がより急速であるか，より急速でないかに依存するということ——，また賃銀率が人口の増進を規制するということは，経済学者の間で受け入れられている意見である」(*Observations*, p. 9, 真実訳『社会の労働者階級の状態』11ページ) ということである。

国富の持続的増加による労働力に対する需要が，その供給よりも大である場合には労働者たちの賃銀を騰貴させること，労働者たちの賃銀の騰貴はま

た，彼らの生活を向上させて，彼らにより多くの子供を養育させること，そのことはまた労働者たちの数を増加させて，彼らの賃金を低下させること，そしてさらに，このような彼らの賃金の低下は結婚や彼らの子供をたちの出生を減少させること，等を明らかにしている上掲の『国富論』や「救貧法委員会報告」からの引用文に対し，バートンは，「この推理は，経験の証拠によって確認されていないように，私には思われた」(ibid., p. 11, 同上，15 ページ) と述べつつ，次の点を指摘している。

　その一つは，バートンが，「われわれの〔国の〕歴史のある時期においては，人口の増進がけっして富の蓄積と照応しないことを指示するように思われる諸事実がある」(ibid., p. 11, 同上，15 ページ) と指摘しつつ，これらの時期のうちの一つは，ヘンリー8世の治世（1509-1547年）であり，また，第二はチャールズ1世の治世（1625-1649年）からジョージ2世の治世（1727-1760年）の後半期に至るまでである。バートンは，これらの時期における人口の増加については異なった時期における消費された食物の数量や，耕作されている土地の面積から，あるいは，人口法に基づく教区戸籍簿からの報告書で示されている，イングランドやウェールズにおける死亡者数や出生者数から，さらに，イングランドやウェールズにおいて，グレゴリー・キングにより計算された家屋数から，判断しているが，結局，それらから，「人口の増進が富の増加によってはかられるというという学説は，事実において真実でないように見受けられるとともに，他方それは，健全な推理とも一致していないように私には思われる」(ibid., p. 16, 同上，24 ページ) と指摘し，次のように述べるのである。

　　(A) 資本のあらゆる増加が，必ずしも追加的数量の労働を動かすとは思われない。一例を想定してみよう。——一製造業者が1000ポンドの資本を所有し，それを20人の織工の扶養に使用して，彼らの各々に1年につき1人当たり50ポンドを支払う。彼の資本が，突然2000ポンドに増加される。しかしながら彼は2倍の資金をもって2倍の数の労働者を雇うことなく，機械の建設に1500ポンドを支出する。そしてまたその〔機械の〕助けによって，以前に20人がなしたと同量の仕事を，〔こんどは〕5人の人間でなしとげうるようにされる。そうすると，その製造

業者が彼の資本を増加した結果として，15人の人間が解雇されることにならないであろうか。

しかし，機械の建造および修繕が，若干の人手を雇用しないであろうか。——疑いもなく〔するであろう〕。——この場合には1500ポンドの金額が支出されたので，1人当たり50ポンドで1年間30人の人間を雇用したと想像されるかもしれない。もしも15年間存続すると計算されるならば（そして機械がそれよりも早く摩滅することはめったにないけれども），その場合には30人の労働者がつねに15人の製造業者にこれらの機械を供給するであろう。——それゆえに，各々の製造業者は，絶えず2人を雇用するといわれえよう。また，必要な修繕に1人の人間がつねに雇用されるものと想像してみよう。そうすると，以前には20人の織工がいたのに，〔こんどは〕5人の織工と3人の機械製作工とがいることになる。しかしその製造業者の収入の増加は，彼をして家庭の召使いをより多く扶養せしめうるであろう。——そうすると幾人になるかみてみよう。——彼の年々の収入は，彼の資本の10％に等しいと想定されるとすれば，以前には100ポンドであったが，——いまや200ポンドである。その場合，彼の召使いは彼の労働者と同じ率を支払われると想定すれば，彼はちょうど2人だけ余計に雇うことができる。そうすると，2000ポンドの資本と1年につき200ポンドの収入をもって，

    織工   5人
    機械製作工 3人
    家庭の召使 2人
    ―――――――――
      合計 10人

が雇用されることになる。半分の資本と半分の収入とをもって，ちょうど2倍の数の人手が動かされていたのである（*Observations*, pp. 16-17, 同上，24-26ページ）。

引き続き彼は，次のように述べている。

 (B) だとすれば，労働に対する需要は，流動資本の増加に依存して，固定資本の増加には依存しないのである。もしもこれらの二種の資本間の割合が，すべての時代において，またすべての国において，同一であ

るということが真実であるとすれば，まさにその場合には，雇用される労働者の数がその国家の富に比例するということになる。しかし〔実際には〕このような命題は，ありそうにない。工芸が開発され，また文明が拡張されるにしたがって，固定資本は流動資本にたいしてますます大きな割合をしめる。イギリスのモスリンの一片の生産に使用される固定資本の額は，インドのモスリンの同様な一片の生産に使用されるよりも，少なくとも百倍，おそらくは千倍も大である。——また使用される流動資本の割合は，百倍もしくは千倍も小である。ある事情のもとでは，勤勉な人々の年々の貯蓄分の全部が固定資本に追加されるであろうし，そしてその場合それら〔貯蓄分〕が労働需要の増加になんらの効果をも有しないであろうと考えるのは，容易である（ibid., pp. 17-18, 同上，26ページ）。

バートンは引き続き，さらに次のように明らかにしている。

(C) その場合，なぜ富の所与の増加がつねに等しい労働需要をつくりださないかを問うてみよう。

製造業者や農業者をして，ある場合には彼らの固定資本を，他の場合には彼らの流動資本を増大させるように決定せしめる動機は，何であるのか——〔換言すれば〕ある場合にはより少数の人手をもって等しい生産物を生産するつもりで彼の貯蓄分を機械の建造もしくは土壌の永久的改良に投資させ，他の場合にはより多くの生産物を市場にもたらす目的で追加的労働者を雇わせるように決定せしめるところの動機は，何であるのか。資本の充当を前者にするのかあるいは後者にするのかを決定すると私に見受けられるものは，ある特定時における労働の賃銀がその労働の全生産物に対して占める割合なのである。なぜならば，もしいつでも財貨の価格が同一のままなのに賃銀率が下落したとするならば，あるいは〔逆に〕もし賃銀が同一のままなのに財貨〔の価格〕が騰貴したとするならば，雇い主の利潤は増加するであろうし，また彼は，より多くの人手を雇用するに仕向けられるであろうから。他方，もし商品〔の価格〕との割合において賃銀が騰貴したとすれば，自己の勤労の生産物における労働者の分け前は，彼の主人の犠牲において増加されるであろう。

したがって主人としてはもちろん，できるだけ人手を少なく雇っておこうとするであろう。——彼〔主人〕は，筋肉労働によってよりはむしろ，機械によって万事なしとげることを志すだろう。

　もしも労働の供給が増加されえないならば，社会の年々の貯蓄分中の〔いままでよりも〕ひじょうに多くの部分が，流動資本の増加よりも固定資本の増加に当てられるであろう。なぜならばこの場合，流動資本のあらゆる増加は，彼の雇い主の犠牲において自己の勤労の生産物に対する分け前を比例的に増加させるであろうから。〔換言すれば〕一定数の労働者間の賃銀の支払いに投下される額が大きくなればなるほど，各個人の分け前は大きくなるのであるから (ibid., pp. 18-19, 同上，27-28 ページ)。

以上，(A)，(B)，(C) は，全体が連続した文章であるが，その後に，スミスと異なって，労働者の賃銀騰貴が商品の価格を引き上げないとするリカードゥの考えの紹介や，賃銀の騰貴が労働者の人口を増加させないことを指摘した救貧法の文章を引用した後に，バートンは改めて，次のように明らかにしている。

　(D)　賃銀の騰貴は，つねに人口を増加させはしない。それがいつでもおのずからそのようにするかどうかを，私は疑問に思う。——なぜならば，賃銀のあらゆる騰貴は，労働に対する有効需要を減少させる傾向があり，——それ〔賃銀の騰貴〕は製造業者や農業者をして彼らの流動資本を縮小させるとともに，彼らの固定資本を増加させるように仕向けるのであるから。——農業者間の一般的協定によって，農業賃銀率が 1 週につき 12 シリングから 24 シリングに引き上げられたと想定せよ。——それ以上効果的に結婚を阻止しそうないかなる事情をも，私は想像しえない。なぜならば，できるだけ少ない人手で耕作することが直ちに大変重要な目的となるであろうし，機械の使用もしくは馬の使用が筋肉労働に代替されるところではどこでも，それがなされるであろうし，また現存の労働者のかなりの割合〔の者〕が仕事から放逐されるであろうから（傍点はバートン）(ibid., pp. 22-23, 同上，33-34 ページ)。

　これらのほかにもバートンは，断片的にではあるが，アメリカからの貴金属の流入が諸商品の価格ほど賃銀を引き上げないこと，租税は労働に対する

需要の増加を妨げること，等に触れた際，同趣旨の考えを次のように明らかにしている。

(E)

① もしも鉱山の生産性の増加をつうじて，スペインがわが〔国の〕製造品をより多く購買しうるようになるとすれば，これらの商品に対する需要の増加は，もちろんそれらの価格を引き上げる。――さてこの価格の高騰は，比例的に賃銀を引き上げない。なぜならば，流動資本はある相当な程度には急激に増加されえないのだから。固定資本は，けっして流動資本に転換されえない。製造業者は，彼の将来の貯蓄分をそれに追加することによって彼の流動資本を増加しうるのみである。すなわち，追加的な人手を雇うことに，これらの貯蓄分を使用することによってである。さて労働に対する需要は社会の収入と流動資本との額に絶対的に依存するので，その需要はもちろん緩慢な程度においてのみ増加しうることになる (ibid., p. 27, 同上, 42-43 ページ)。

② 収入から年々貯蓄される額のうち，より大きな部分が固定資本の増加にむかうということ，それは機械の建造もしくは土壌の改良に使用されるということ，それゆえに，それは最初には，とりもなおさず，これらの改良が進行している間には，ある数量の労働を動かすがその後はずっと労働に対する需要に影響することをやめるということが，理解されてきている (ibid., p. 35, 同上, 56 ページ)。

これらが，『社会の労働階級の状態に影響を与える諸事情についての所見』の中で述べられているバートンの機械論のあらましである。

これらのうちリカードゥが，『経済学および課税の原理』(第3版)の第31章「機械について」でバートンの上記の著書から引用し，評価しているのは，(B) の文章であり，またマルクスが，彼の『資本論』第1巻第23章「資本主義的蓄積の一般的法則」の中で評価しているのも，この文章である。

なおマルクスが，彼の『剰余価値学説史』の第18章「リカードゥ雑論。リカードゥの結び（ジョン・バートン）」，「B 機械，機械が労働者階級の状態に及ぼす影響に関するリカードゥとバートンの所説」の「2. バートンの見解」において，バートンの (B) の文章を引用しながら，その文章を評価し

たリカードゥの次の一文を紹介している。

　いかなる事情のもとでも，資本の増加が労働に対する需要の増加を伴うことはないであろう，と考えることは容易ではないと私は思う，せいぜい言いうるのは，需要は逓減的比率で増加するであろう，ということである。バートン氏は，上記の著書のなかで，固定資本の逓増額が労働階級の状態におよぼす影響の若干のものについて，正しい見解を採ったと私は思う。氏の試論は多くの貴重な知識を含んでいる（『リカードゥ全集』第1巻454ページ，岩波文庫版，下294ページ）。

　しかも，バートンを評価したリカードゥのこの引用文は，「資本と人口とが増加するごとに，食物は，その生産がより困難となるために，一般的に騰貴するであろう。食物の騰貴の結果は賃銀の上昇であろう，そして賃銀が上昇するごとに，それは貯蓄された資本を以前よりも大きな割合で機械の使用に向かわせる傾向をもつであろう」（同上，第1巻453ページ，岩波文庫版，下293ページ），と述べつつ，これに続く文章に付けられた「注」において，明らかにされたのであるから，賃銀の騰貴が機械採用の誘因を増加させると指摘しているバートンの上記の（C）と（D）から，リカードゥは直接に影響を受けている，と考えてよい。

　しかもバートンは（A）で見たように，蓄積される資本のうち，労働者を雇用すべき基金としての「流動資本」の割合が「固定資本」のそれに比し，いかにして減少するか，についても理論的に明らかにしている。

　彼は，1000ポンドの「流動資本」を所有し，そして1年に1人当たり50ポンドの賃銀を支払いつつ，20人の労働者を雇用する一製造業者が，さらに1000ポンドを増加させて，合計2000ポンドを資本として所有し，そのうち1500ポンドを機械の建造に支出した場合，その機械を使用することによって，以前と同量の仕事を，5人の労働者がなしとげる，と考えている。そしてその結果，彼は，「その製造業者が彼の資本を増加した結果として，15人の人間が解雇されることにならないであろうか」と指摘し，この製造業者が支出する資本が増加したにもかかわらず，労働者を雇用すべき資本が1000ポンドから500ポンドへ絶対的に減少したために，15人の失業者が生まれることを明らかにしている。
(4)

第4章　リカードゥの「機械について」に対するJ.バートンとシスモンディの影響について

しかしバートンは，このような結論を導くにあたり，はなはだ不明確な論理を展開している，と筆者は考える。

　彼は（A）の文章の後半で「しかし，機械の建造および修繕が，若干の人手を雇用しないであろうか」と述べつつ，機械の建造に支出された1500ポンドが，1人当たり50ポンドの賃銀で1年間に30人の機械製作工を雇用したと想像されるかもしれない，と指摘している。この数は，機械の建造に1500ポンドを支出し，これを導入した織物製造業における15人の失業者の数よりも多いことに，われわれは注目しなければならない。

　それはともかく，バートンは，この機械の寿命は15年であって，その間，30人のこれらの機械製作工は，毎年1台ずつ機械を製造して他の製造業者たちに販売し，「30人の労働者がつねに15人の製造業者にこれらの機械を供給するであろう」と述べているのである。

　しかしバートンは，なぜか，「それゆえに，各々の製造業者はたえず2人を雇用するといわれえよう」と指摘[5]，機械が供給された15人の製造業者たちは1人当たり2人の機械製作工，ならびに1人の修繕工，合計3人の機械製作工を雇用する，と考えている。そして，そういう意味で，この織物製造業に，「以前に20人の織工がいたのに，〔こんどは〕5人の織工と3人の機械製作工とがいることになる」という結果になるのである。

　バートンの，これらの一連の説明では，彼の意図はともかくとして，織物製造業者が必要とする1500ポンドの機械の建造によって，15人の織工が解雇され，そしてわずか5人の織工によってその機械が使用されるということは理解できるにしても，客観的には，その機械の建造に1年間30人の機械製作工が必要とされるということと，その織物製造業者による機械の建造は修繕工1人を含む3人の機械製作工の雇用を意味するということとの間には，論理的関連がまったく存在しないように筆者には思われる。

　いやむしろ，バートンの考えは，この機械の建造は20人の織工のうち15人を解雇するが，しかし機械の建造そのものは，30人の機械製作工を必要とするのであるから，解雇された者の数以上の雇用が確保されることを意味するのではなかろうか。これでは，より改良された機械の採用は，解雇された労働者の2倍の労働者の雇用を生みだす，と主張したJ.R. マカロックと同

じ補償説的な結論になりかねない。さらにまた，機械の建造は機械製作工3人の雇用を生みだす，と述べているバートンの考えも，その理由はきわめて不明確である。

　要するに，これらのことは，彼が（B）で指摘しているように，「工芸が開発され，また文明が拡張されるにしたがって，固定資本は流動資本に対してますます大きな割合をしめ」，それが労働者の雇用を減少させることを，言葉では明らかにしているものの，その論証では必ずしも成功していないことを示しているのである。

　リカードゥの功績は，彼の「機械について」において，バートンが失敗している以上のような論証を取り上げ，これを，彼の労働価値論に基づきながら，納得のいくように証明しなおし，正当な方向へ発展させた，と言ってよいだろう。

　リカードゥが述べていることを，もう一度取り上げてみると，彼は「固定資本」に7000ポンド，「流動資本」に1万3000ポンド，合計2万ポンドを初年度に支出しているところの，必需品製造業者と農業者とを兼営している一資本家が，次年度に，この「流動資本」からの支出によって雇用された労働者の半分に機械を製造させ，他の半分に今までどおり必需品と食物とを生産させている。その結果，その年度に，各々1000ポンドの「利潤」も加えて7500ポンドの機械と，7500ポンドの必需品および食物が生産されるのである。

　したがって第3年目には，この資本家は，初年度に支出された7000ポンドの「固定資本」に，前年度に製造された7500ポンドの機械を加えて，1万4500ポンドの「固定資本」と，5500ポンドの「流動資本」を支出することになり，「それゆえ，彼の労働雇用のための資力は，1万3000ポンド対5500ポンドの割合で引き下げられるであろう」（『リカードゥ全集』第1巻447ページ，岩波文庫版，下286ページ）ということになる。そして引き続き「その結果として，以前に7500ポンドでもって雇用されていたすべての労働は過剰となるであろう」と。

　このようにしてリカードゥはバートンの不十分な論証を克服し，「流動資本」の「固定資本」への転化と，そのことによる労働者の雇用減少ならびに

人口過剰の理論的基礎を証明しえたのである。

なお，バートンの見解がリカードゥの「機械について」に及ぼした影響については，これらのほかに，例えば（A）に見られる，資本家の収入増加による召使いの雇用増加，（E）の①における「労働に対する需要は社会の収入と流動資本との額に絶対的に依存する」こと，また（C）や，特に（D）における農業生産部面での「機械の使用もしくは馬の使用が筋肉労働に代替される」問題等が考えられる。

## 2　シスモンディの影響について

リカードゥの第 31 章「機械について」が新たに付け加えられた『経済学および課税の原理』の第 3 版は，1821 年の 4 月に出版されたが，その 2 年前にシモンド・ド・シスモンディの『経済学新原理』（*Nouveaux principes d'économie politique*, 1819）の初版が出版された。リカードゥは，前章でも触れたように，1803 年に出されているシスモンディの『商業的富について』（*De la richesse commerciale*）を読んでおり，そして彼は『原理』の序文で，これまで，経済学が「大いに進歩させられた」のは，「テュルゴ，ステュアート，スミス，セー，シスモンディおよび他の人々の著作」によることが大きいことを明らかにし，シスモンディを高く評価していた。

しかし，それから十数年を経て新たに出版された『新原理』は前の著書とは大いに異なっていたのである。『新原理』の序文においてシスモンディは，『商業的富について』はスミスに対し，彼は独創的なものを示すことはできなかったが，しかし『新原理』はスミスの諸原理から出発するものの，その諸結論はスミスとはきわめて異なることを彼は宣言するのである。

シスモンディに彼の学説の変更をもたらす契機を与えたのは，実は，彼が求めに応じて，『エディンバラ・エンサイクロペディア』（Edinburgh Encyclopedia）の「経済学（political economy）」という項目の執筆を引き受けた時である。彼はこれを機会に，それまでの自らの見解を再検討し，そして特に個々の資本へのより改良された機械の導入は，失業者とともに生産と消費の不均衡を生み出して，社会に一般的過剰生産をもたらし，また国際的にも

熾烈な諸資本間の競争を引き起こす，と指摘したのである。そしてまた，彼は，これらを受け継ぎ，その上，労働価値論の裏付けをもった国民所得論，および，素朴な考えながら，後に，マルクスが資本の有機的構成の高度化へと定式化するその基礎理論を新たに加えつつ，この「経済学」の項目を執筆した翌年に，『経済学新原理』を発表したのである。

　この『新原理』の序文で彼は，アダム・スミスの諸原理に導かれながらも，結局，スミスとはきわめて異なった上述のような諸結論を彼が生み出したのはなぜか，に触れ，その契機は「ヨーロッパが最近数年にわたって経験した商業恐慌」や，それに伴う各国の製造業労働者たちの「苛酷な窮乏」であった，と述べている。要するに，1815年の過度的恐慌，これである。彼はこれを見て，まず第一に，J.B.セーの影響を受けつつ資本主義社会には恐慌は存在しない，と指摘したリカードゥの『原理』の第21章「蓄積の利潤と利子とにおよぼす影響」における彼の考えを痛烈に批判したのである。

　元来，リカードゥはこの章で生産はそれ自らの需要を生み出すので，一国で使用されえない資本は存在しないこと，あるいは，生産物は生産物と交換されるので，誤算に基づくある特定の商品の部分的過剰生産は存在しうるが，一般的過剰生産は存在しないこと，等を明らかにしていたが，シスモンディはこれに対し，「このような原理をもってしては，商業史上，もっともよく示されたすべての事実を理解することも，あるいは説明することも，完全に不可能になる。その事実とは，市場の停滞（l'engorgement des marchés）のことである。この原理をもってしても，……製造が増加すると同時に，なぜ資本の利潤および賃銀率がしばしば下落するのか，を説明することは不可能である」(Nouveaux principes, t. I, p. vi, 菅間訳，上31ページ)[8]，と厳しく批判を加えたのである。ここで述べられている「市場の停滞」とは，いうまでもなく一般的過剰生産を意味するのであるが，シスモンディはこれを「生産と消費の間の不均衡」から生ずることを明らかにするのである。[9]

　そしてまた，シスモンディが，セーやリカードゥらと異なったこのような基本的見解を抱くに至ったその過程には，ロバート・オーエンの強い影響があったと考えられる。この点についてはシスモンディ自身が，次のように明らかにしているからである。

貧者の福祉ということを最も熱心に考え，彼らの不幸には最も深い同情を寄せてきた人間のひとりであるニュー・ラナークのオーエン氏は，次のような見解を明らかにした。すなわち，産業が自然の成り行きにまかせられるときには，機械の使用とその漸次的改善は，富を構成するさまざまな種類の商品の生産を消費者の需要以上に増大させうるであろうし，また，こうしてあらゆる商品が過剰になり，あらゆる市場が供給過剰になると，この過剰は，製造業者に労働者の解雇を余儀なくさせ，したがって賃銀だけで生活している社会の諸階級を失業させることになりうるであろう，という見解である。かかる不幸な事態を防ぐ方法については，私はオーエン氏と意見を共にするものでは決してないが，しかし私も，『経済学新原理』のなかで，氏と同様に，一般的停滞という事実は認めた(10)（平瀬巳乃吉編『経済学・歴史と現代』時潮社，1974 年，95-96 ページ）。

それはとにかくとしてシスモンディは，このような彼のいわゆる「生産と消費の間の不均衡」をもたらす理論的要因をいくつか取り上げているのであるが，その中で彼の最も中心的な考えは，資本家によるより改良された機械の導入が蓄積される総資本のうち，「固定資本」と「流動資本」（＝原料）などの生産手段の比率を高め，これが逆に労働者を雇用すべき基金としての「流動資本」（＝賃銀）の比率を減少させて，失業者を生み出す，ということである(11)。なぜならば，資本主義的生産においては，一般に，より改良された機械の導入は労働の生産力を増加させるが，しかし，そのことによる労働者の解雇は国民所得を減少させ，そしてそういう意味で「生産と消費の間の不均衡」を増大させるからである。

このことは，本書の第 1 篇第 3 章でシスモンディの蓄積論と機械論とを分析したさいに，すでに明らかにしたことであるが，この点をもう一度簡単に振り返ってみよう。

シスモンディは，『経済学新原理』の第 4 篇「商業的富について」の第 3 章「販売者はいかにしてその販路を拡張するのか」において，ある商品への需要が一定の時，その商品を生産している生産部面で，ある製造業者が「新しい機械」を導入した場合に，他の製造業者も同じ行動をとることに触れ，次のように述べている。

他の製造業者たちは，もしもそれが可能ならば，彼の生産方法を模倣するであろう。その場合には，両方とも，彼らの労働者たちを解雇し，そして，新しい機械が労働の生産力を増加させただけ，それに応じて，彼らはそのことを確実に行わなければならないであろう。もしも消費が不変であって，同一の仕事が10分の1の働き手で行われるならば，労働者階級のこの部分の所得の10分の9が彼らから削減され，そして彼らの消費は，全体としてそれだけ減少させられるであろう」(ibid., t. I, p. 320, 同上，上 268-269 ページ)。

　また彼は，同じく第4篇「商業的富ついて」の第7章「分業と機械について」で，ある製造業者が改良された機械を導入することは，「流動資本（＝賃銀）の一部を機械に転化」する，と述べつつ，「もしも製造業者が需要の増加もなく，また資本の増加もないのに，ただ単に彼の流動資本の一部を機械に転化して，彼が，盲目の代理者にさせる仕事に比例する数の労働者を解雇し，そして彼の販路を拡張することなく，彼が販売するものをより安価に手に入れることによって，彼の利潤を増加させるにすぎないならば，彼が個人的にいかなる利益をそこから得ようとも，社会の損失は確実である」(ibid., t. I, p. 371, 同上，上 306 ページ) と指摘している。

　そしてさらに，シスモンディは，このようなより改良された機械の採用による就業労働者の排除が国民所得を減少させることについて，「新たな方法の発明は，国民的な一大損失である所得の一大減少を，したがって消費の一大減少を引き起こした。そしてそれは，当然のことでなければならなかった。というのは，労働そのものが所得の重要な一部分をなすので，ひとは国民をより貧しくすることなしに，労働需要を減少させることはできなかったからである」(ibid., t. I, p. 321, 同上，上 270 ページ)，と述べている。

　彼はまた，資本の拡大に伴いつつ，より改良された機械が導入される場合にも触れている。例えば彼は第4篇「商業的富について」の第8章「一層安価に生産しようとする競争の結果について」で，ある織物工場における資本の拡大と新しい機械の導入の例を取り上げている。なおこの例は，すでに本書の第1篇第3章の4で説明済みである。

　簡単にこれを振り返ってみるならば，いま服地を生産しているある織物工

場が存在したとする。この工場で支出される資本は，まず，1年間に1人当たり300フランが支払われるところの100人の労働者の賃銀として総額3万フランであり，また，これらの労働者によって加工される原料等の「流動資本」が10万フランであって，合計13万フランである。そして，この「流動資本」の10万フランは加工されて服地となり，15％の利得，すなわち1万5000フランをもたらすが，そのうち6％の6000フランは資本家の所得に，また9％の9000フランは工場主の所得となる。この場合，1年間の総生産量は1万オーヌである。

しかし10年後に，この織物工場が拡張されて，そのために支出される資本は，まず1年間に1人当たり200フランの賃銀が200人の労働者に支払われて，総額4万フランであり，また原料などの「流動資本」が20万フラン，および，新しい機械が20万フランなど，合計44万フランである。

ただし，20万フランの「流動資本」（＝原料）と20万フランの「新しい機械」は，それぞれ12％の所得，2万4000フランをもたらし，そのうち4％の8000フランが資本家に支払われ，8％の1万6000フランが工場主の所得になる。そして1年間の総生産量は4万オーヌである。

この例では，資本総額は10年間に13万フランから44万フランへ3.4倍に増加しているが，労働者を雇用すべき基金としての賃銀総額は3万フランから4万フランへ約1.33倍になっているにすぎない。

そしてその場合，1人当たり1年間の賃銀は，前者の300フランから後者の200フランへ減少しているから，労働者の雇用数も100人から200人に増加しているが，この賃銀減少がなければ後者の雇用数は200人ではなく，133人にすぎず，資本の増加は約3.4倍になっているけれども，労働者の雇用数は1.33にすぎないのである。

なおシスモンディのこの例では，バートンの場合には見られなかった，「生産と消費の間の不均衡」の問題も説明されている。

すでに見たように，上述の例では，この10年間に服地の生産量は1万オーヌから4万オーヌへと4倍になったが労働者の賃銀，資本家および工場主の所得等の合計が，4万5000フランから8万8000フランへ1.96倍増加したにすぎず，したがって彼は，「生産が4倍となり，また消費が2倍とな

るにすぎない時には，どこかにその生産が2倍にすぎないのに，消費が4倍である産業が存在する必要がある。さもなければ，商業における過剰荷重，販売における困難，そして終局的な損失が生ずるであろう」(ibid., t. I, p. 377, 同上，上310ページ）と指摘するのである。

そしてこの場合注意すべきことは，上の例において，労働の生産力の増大に対し，労働者，資本家および工場主等の所得の増加を制限しているのは，特に，労働者の賃銀における増加率の低さである，ということである。

すでに述べたように，労働者，資本家および工場主らの所得全体の増加率は10年間に1.96倍であったが，資本家と工場主との所得だけの増加率を見るならば，10年間に1万5000フランから4万8000フランへと3.2倍増加した。しかし労働者の賃銀における増加率のみでは，すでに見たように，1.33倍にすぎないのである。

以上，シスモンディの機械論を見てきたが，彼はさらに，資本主義的農業経営においては，大規模経営は大資本の充用等によって，「それは，風，滝，蒸気の膨張が人力に取って代わらせるところの諸々の機械を発明」し，また「それは，かつては日雇い労働者によって行われていた仕事を，動物によって行なわせる」のであって，「それは，日雇い労働者たちを一つの職業から他の職業へと追い回し，そして遂には，彼らの存在を無用のものにする」と指摘している（ibid., t. I, pp. 230-231, 同上，上204ページ）。同様に「農業のほとんどすべての細部において，諸々の動物が人間に取って代わる……」(ibid., t. II, p. 316, 同上，下236ページ）とも述べられている。

最後にシスモンディが，各国における新しい機械の採用が，各国の諸資本による国際的競争にどのような影響を及ぼすと考えていたか，について簡単に触れておきたい。

すでに見たようにシスモンディは，それぞれの国の諸資本がより改良された機械を導入することは，「流動資本（＝賃銀）の一部を機械に転化」し，素朴ながら資本の有機的構成の高度化の原型を明らかにして，総資本のうち「固定資本」や原料等の生産手段の価値の割合を大にし，労働者を雇用すべき基金としての資本の価値の割合をより小にすることを示したが，そのことはまた，国内市場を狭隘化させ，したがってその国の過剰な諸商品を必然的

に他国の市場に輸出する，と述べている。

　その場合，一国内においては，個々の生産者は「社会的義務の順守」が常に求められるが，しかし「外国の生産者間の競争は，より公然と現れ」，そして「彼らは，それぞれ他よりも安価に販売することによって，彼らが競争し合っていた市場から，お互いに他を排除することに努めた」のである。そして「ある国で，大きな節約をもたらす新しい製造方法が発見される時には，この国は，たちまち外国の消費者の数をほとんど限りなく，増加するのを見る」(ibid., t. I, pp. 321-322, 同上，上 270 ページ)，という状況になる，とシスモンディは指摘している。

　しかしシスモンディによれば，世界各国間の交通が便利となり，すべての科学が技術に応用されうる当時においては，ある国の発明はすぐ他国に模倣されるので，「彼らが秘密にしておくことによってのみ得られる製造方法の有利な地位を，長い間保つことがない」(ibid., t. I, pp. 323-324, 同上，上 271-272 ページ) のである。したがって，「たとえわれわれが，われわれの工場において新しい機械の採用を阻止したとしても，われわれの隣国の人々はわれわれほど慎重ではなく，彼らは，彼らの蒸気機関，彼らの紡績機械，および，彼らのすべての新しい発明でもって，わが国の労働者たちと戦うであろう」ということになるのである。彼によれば，「これが，自分を守るよう余儀なくされているところの，命をかけた戦い」なのであって，彼は，「少なくともそれは開始すべきではない」と指摘している (ibid., t. II, pp. 331-332, 同上，下 247-248 ページ)。

## む　す　び

　これまで，本章の 1 と 2 において，筆者は，バートンとシスモンディの資本蓄積論を，資本家が投下する資本のうち，労働の生産力の増加とともに，機械や原料等の「固定資本」の割合が増大し，したがって労働者を雇用すべき基金としての「流動資本」の割合が減少して，労働力に対する需要が減少し，そして，過剰労働者が生みだされる，という観点から見てきた。

　すでに，本章の序説でも指摘したように，リカードゥが 1821 年，第 31 章

「機械について」を新たに『経済学および課税の原理』(第3版) に付け加えたそれ以前に, バートンは『社会の労働階級の状態に影響を与える諸事情についての所見』を1817年に, またシスモンディは『経済学新原理』を1819年にそれぞれ発表した。

蓄積される資本はすべて, 生産的労働者の賃銀であると考え, また労働者の人口は, 彼らの賃銀の騰貴および下落によって規定されると考えたアダム・スミスの賃銀論, および, その影響を受けたと思われる, 英議会の下院における「救貧法委員会報告」に対し, バートンは, すでに見たように, 蓄積される資本は, 労働者に賃銀として支出される資本部分ばかりでなく, 「固定資本」等の, 生産手段の購入に支出される資本部分からも構成されることを明らかにして, いわゆる自然的人口法則を否定する契機を与えたのである。その場合, 労働者の賃銀騰貴は, より改良された機械採用の誘因を大にすることも, バートンは明らかにしている。

リカードゥは, 本章の1で引用したバートンの文章の, (B) の終わりにある, 蓄積される資本の「全部が固定資本に追加され」て労働需要がなくなる, というような, 極端な考えには批判的であったが, すでに見たように, バートンのその他の見解はこれを受け入れ, これをリカードゥなりに発展させている。バートンが論証に失敗し, そして蓄積される機械の建造とその機械製作工の雇用数との関係が不明確になっていたのを, リカードゥが「機械について」の中で「流動資本」の一部の「固定資本」への転化という見解によって, より明確にしたのもその一つであろう。

リカードゥ自身が「機械について」の中でバートンの上記のパンフレットを評価し, また客観的にもその見解がバートンのそれと共通したものを持っていたことは確認できる。

しかし, シスモンディの機械論がリカードゥの「機械について」に影響を及ぼしたと考える人は, きわめてまれである。すでに本章の序説でも触れたように, 辛うじてG. ソティロフが, 「リカードゥとシスモンディ——120年前の戦後経済に関する現実的論争」(G. Sotiroff, *Ricardo und Sismondi, Eine aktuelle Auseinandersetzung über Nachkriegswirtschaft vor 120 Jahren*, Europa Verlag Zürich/New York, 1945) において, シスモンディの『新原理』(1819年) から影響を受けつ

つ書き上げられたマルサスの『経済学原理』(1820年) は,「シスモンディのそれと,かなり正確に一致している全思考過程」(ibid., S. 45) を含んでおり,またそれの執筆のテンポは,最初ははかどらなかったが,「機械の発明による労働諸力の解雇についての特殊な章を含む『経済学新原理』の出版の,ちょうどその後に」(ibid., SS. 46-47) 目を見張るような早さになることから,リカードゥは,マルサスのこの著書が含んでいるシスモンディの機械論的なものを通して,「間接的に」知ることができたに違いない,と指摘するのである。ソティロフの指摘は,リカードゥの「機械について」がバートンからばかりでなく,シスモンディからも影響を受けていたことを感じ取っていたことを示しており,これは評価できるのである。

しかし,ソティロフの指摘とは異なってリカードゥは,「機械について」を書く以前に,『新原理』で示されたシスモンディの新しい考えに関心をもち,「間接的に」ではなく直接的に,この著書を手に取って読んでいたのである。

すでに述べたようにリカードゥは,その『経済学および課税の原理』の序文において,経済学を大いに進歩させた人として,テュルゴ,ステュアート,スミス,セーらとともに,シスモンディの名前を上げているが,それは『商業的富について』の著者としての彼であった。

リカードゥは,1819年4月7日付のマカロック宛の手紙において,イギリスを訪れているシスモンディに上院で会ったときのことを書き送っている。その際彼は,シスモンディの『経済学新原理』に触れつつ,「氏はセー氏とも意見を異にしていると語りました。われわれが交わしたわずかな言葉からすると私たちの知っているどの著述家にも賛成している様子がないので,私はその本を読んでみたい好奇心をしきりに覚えます」(『リカードゥ全集』第8巻24ページ),と述べている。マカロックはこの手紙を読み,すぐリカードゥ宛に1819年4月18日付の返事を書いているが,彼はその中でシスモンディを批判し,次のように述べている。「あなたが引用されているシスモンディの著作を読んでいます,そして,白状致しますが,実は,彼のような定評ある才能をもつ人物がこういう著作を出版したことに私は驚いております——スミス博士の理論のうち,あなたの立派なお仕事によって誤っていることが証明された部分をシスモンディはそっくり採用しており,正しいと一般

に認められている場合について、スミスの結論をくつがえそうと試みております——シスモンディはよき経済学者になるにはあまりにも感傷主義者でありすぎます」(同上、第8巻27ページ) と。

マカロックは引き続き、同年5月30日付のリカードゥ宛の手紙の中で、彼に『新原理』を読むことを暗に勧め、そして「お尋ねしますが、これまでシスモンディの書物を覗いてみたことがありましょうか？——それはこれまで手にした中で最も異常な著作であります」(同上、第8巻43ページ)、と書いている。

その後しばらく経ってリカードゥは、ジェームズ・ミル宛に1819年9月6日付の手紙を送り、前章の「むすび」でも指摘したように、『新原理』を読んでいることを次のように知らせている。

> 私はいまシスモンディの著作を読んでおります——それは非常に取るに足りない仕事 (poor performance) だと思います。私に対する攻撃にあたっては彼は公平ではなく、いくつかの場合では私を誤り伝えております。——彼はセーと同様に、あの地代の学説を反駁しようと企てております、なぜならば、地代を支払わない土地はないからだと彼らは言います (同上、第8巻64ページ)。

この最後の手紙から判断してリカードゥは、シスモンディの『新原理』における第3篇「土地の富について」を読み終えたころ、ミルにこの手紙を書いたものと考えられるが、それはとにかく、彼は1820年に入ってから出版されたマルサスの『経済学原理』を読み、そして『マルサス経済学評注』を年末に書き終えた。その際リカードゥは、マルサスの『原理』の第4章「労働の賃銀について」における第3節「労働に対する需要と人口の増大に主として影響を及ぼす原因について」の中で、「労働階級の状態についてのバートン氏のすぐれたパンフレットを見よ」という注を見て、バートンの上記の著書を読む気持ちになったものと考えられる。このように考えるとリカードゥはバートンよりも早くからシスモンディの学説を知っていたことは事実である。

そして1821年3月12日付の、マルサスからシスモンディに送られた次の手紙において、リカードゥの機械論に大きな変更があったことが明らかにさ

れるのである。

　彼（リカードゥのこと——引用者）が社会の労働階級にたいする機械の影響という主題にかんして考えを変え，また出版しようとしている彼の著作の新しい版では，私の信ずるところによれば，それは純生産物を増すかもしれないが，しかしたんに一時的にではなく永久的に労働者に害を与えるかもしれないということまで述べるであろうということをお聞きになれば，多少とも満足なさいましょう。このことは，私とちょうど同じところで，あるいは，ことによると少しばかり私よりも先を進んでおりますが，しかし，彼がその主題について抱いている考えには多少違うところがあります（同上，第8巻423-424ページ）。

　このような過程を経て，1821年4月末に『経済学および課税の原理』の第3版が出たのであるが，それには第31章「機械について」が新たに加えられたのである。

　それではシスモンディは，リカードゥのどの点に影響を及ぼした，といってよいのであろうか。

　まず第一に，シスモンディがより改良された機械の導入は，「流動資本の一部を固定資本に転化」する，と考えていたのであるから，リカードゥがそれまでの補償説的な見解を捨てていわゆる排除説的な考えに変わったということは，シスモンディの考えもバートンと同様に，それに決定的な影響を与えたと言ってよいであろう，ということである。

　また第二に，シスモンディがある個別資本において，それの総資本が一定のものであれ，拡大されたものであれ，より改良された機械が導入された場合には，労働力に対する需要は絶対的に，あるいは相対的に減少する，と考えていたので，この点もリカードゥに影響を与えたと理解してよいだろう。

　さらに第三に，シスモンディはすでに見たように，農業生産部面において「かつては日雇い労働者によって行われていた仕事を，動物によって行わせる」場合，「遂には彼らの存在を無用のものにする」と考えていたので，この点もバートンと同様に，リカードゥに影響したものと判断してよいであろう。

　しかし，シスモンディの学説にはすでに見たように，バートンのそれには

存在しなかった見解も含まれている。それは，より改良された機械の導入は資本家の収入等を増加させはするが，総資本のうち労働者に賃銀として支出される資本部分の割合が減少し，したがって彼らの雇用と収入とが減少するという考えであって，またそのような考えは，この機械の導入による労働の生産力の発展と労働者の貧困による国民所得の減少という「生産と消費の間の不均衡」を生み出し，「市場停滞」を引き起こすばかりでなく，過剰な商品は必然的に海外の市場を求めて輸出され，他国の諸資本のそれと「命をかけた戦い」が行われる，という見解である。

リカードゥは，彼の「機械について」を執筆する場合，このようなシスモンディ的な問題意識をつねに念頭に置き，そして，それらから取るべきものは取り，批判すべきものは批判する，という態度を取っていたように思われる。すでに本章の序説で見たように，リカードゥが「機械について」を『原理』の第3版に付け加えるにあたり，それまでの旧機械論を反省しつつ書いた次の文章が，まさにそうである。

> 私の誤解は，社会の純所得（net income）が増加するときにはいつでも，その総所得（gross income）もまた増加するであろう，という想定から起こった。しかしながら，私には，いまは，地主および資本家が彼らの収入を引き出す一方の基金は増加するとしても，それにたいして，労働階級が主として依存する他方の基金は減少することがありうる，ということを納得する理由がわかっている，それゆえに，もしも私が正しいならば，その国の純収入（net revenue）を増加させうるのと同じ原因が，同時に人口を過剰にし，そして労働者の状態を悪化させることがありうる，ということが当然起こるのである（『リカードゥ全集』第1巻446ページ，岩波文庫版，下284ページ）。

この文章の意味は，すでに見たシスモンディの見解と一致するのである。

またこれも，すでに序章において触れたように，リカードゥは「機械について」の最後のところで，仮に一国内でより改良された機械が導入された場合に，それが労働者階級に悪影響を及ぼすからといって，これを使用しなかったならば，これが外国に運び去られて，そこからより安価な商品を輸入せざるをえなくなり，この方がかえって不利益になる，という趣旨の発言を行

っている。リカードゥのこの指摘は，一国内でよりすぐれた機械を導入するか否か，の問題は，その国の労働者階級の生活に関係しているばかりでなく，世界市場をめぐる各国の諸資本間の競争を通しての，国際的な問題でもあることを明らかにしており，これはまさにシスモンディ的な問題意識と一致している。もっともリカードゥの方がシスモンディよりも，この点については，いささか楽観的なのではあるが。

それからもう一つ，リカードゥの場合注目すべきことは，彼がこの「機械について」を執筆するにあたって，より改良された機械の導入はそれの生産量を「減少させる」ことを急に強調しだしたことである。

このことは，本篇の第1章以後各章でも多かれ少なかれ触れてきたことであるが，例えば彼は，「私が証明したいと思うことのすべては機械の発明及び使用は総生産物（gross produce）の減少を伴うことがあるであろう，ということである」とか，あるいは，機械がいずれかの製造業に導入されることを想定しつつ，このことが，「仮に，服地製造業者の事業で起こるとすれば，機械の採用後はより少量の服地が生産されるであろう」（同上，第1巻449ページ，岩波文庫版，下287ページ）などと述べている。

また同様にリカードゥは，「それ（機械を使用しようとする動機のこと——引用者）は総生産物（gross produce）の分量とその価値とを共に減少させるかもしれないし，またしばしば減少させるにちがいない」（同上，第1巻450ページ，岩波文庫版，下289ページ），と述べ，さらに，「固定資本」として7000ポンド，「流動資本」として1万3000ポンド，合計2万ポンドを支出する，農業者と必需品製造業者とを兼営するところのある資本家が，より改良された機械を導入したために，「固定資本」として1万4500ポンド，「流動資本」として5500ポンドを支出した場合，それらで生産された「総生産物（gross produce）は，1万5000ポンドから7500ポンドの価値に下落したであろう」（同上，第1巻448ページ，岩波文庫版，下286ページ）と，リカードゥは指摘している。

リカードゥから，「機械について」が新たに付け加えられた『原理』の第3版を贈呈されたマカロックは，彼の機械論の変更を初めて知ったが，マカロックはその中に，一時は彼自ら共感を示したこともあるバートンの影響よりも，シスモンディとマルサスの影響をすばやく感じ取ったのである。マカ

ロックは，1821年6月5日付のリカードゥ宛の手紙において，「この版の機械の章はかの著作の価値からの非常に重大なマイナスであると申さねばなりません——マルサス氏の論議にたいするあなたの勝利に満ちた応酬を読んだあと，あなたがそのように早々に彼と握手を交わし，すべての論点を放棄なさろうとはよもや期待しませんでした」（同上，第8巻430ページ）とか，「あなたとマルサスおよびシスモンディ諸氏の間に以前存在していた（というのは残念ながら今日では，それらはほとんどなくなったと考えますので）基本的な相違は経済学とは作り話であり，砂上の楼閣だと多くの人々に信じるように仕向けました」（同上，第8巻431ページ）ということ，また「あなたの例解は，私が『レビュー』の最近号で分析したシスモンディのそれといかなる点においても異なっていません」（同上，第8巻432ページ），などと怒りをこめて書き送っている。さらにマカロックは，同じ手紙の中で，「この機械によるとより少ない服地が生産されるだろうと472ページの最後で述べておられる点を私は否定します——そういう想定はまったく問題外です」（同上，第8巻432ページ）と述べて，より改良された機械の導入がその生産量を減少させるというリカードゥの新しい考えを，拒否している。

「機械について」に対するマカロックのこのような強い批判に対して，リカードゥはほぼ2週間後にマカロックに対し書き送った1821年6月18日付の手紙において，「私の本の第3版で，機械の問題にかんする意見の変更をみとめた仕方について，弁護を試みる気持ちはありませんが，……」と述べつつ，次のように指摘する。「私の意見の変更はすべて次の点につきます，私は以前には一国は機械によってその商品の総生産物（gross produce）を，年々増加させることができると考えていました，しかしいまは機械の使用はかえって総生産物（gross produce）を減少させる傾向をもつと考えています」（同上，第8巻436ページ）と。

引き続きリカードゥは同じ手紙の中で，マルサスと早々に握手を交わしたと非難したマカロックに対し，「あの章を読んだ人で私がマルサス氏の学説の方へこれまでよりも一歩でも歩みよったと考えたものは誰もいません。機械に対するマルサス氏の異議は，それが一国の総生産物（gross produce）をはなはだしく増加させるために生産された商品が消費できなくなる——すなわ

ち，それらに対する需要がなくなるということであることを，あなたは確かにお忘れになっているに違いありません。私の異議は，反対に，機械の使用はしばしば総生産物（gross produce）の量を減少させることであり，それで消費したい意向は無限であっても，購買手段の不足のために需要が減少するようになるということです。二つの学説でこれ以上に相違するものがありえましょうか？」（同上，第 8 巻 468 ページ）と，両者の違いを強調するのである。

これらの手紙による論争を見てくると，リカードゥが「機械について」の中でなぜ，より改良された機械の導入がその生産量を減少させると考えたのか，理解できるであろう。それらの事実は，就業労働者の一部を解雇し，彼らの所得を減少させるから，そのような機械の導入によって，もしもその生産量が増加する，と考えるならば，リカードゥの見解はシスモンディやマルサスと同じ結論になるからである。彼はそれを，よりすぐれた機械の導入は年間当たりの償却費を減少させるから，その機械による生産量も少なくてもよい，という彼独特の論理でもって，巧妙に回避したのであろう。この点はすでに本篇，第 1 章の 2「機械導入による総生産物『減少』の意義」において指摘した。これもシスモンディを意識したリカードゥの行為といってよいであろう。

このように見てくると，リカードゥが「機械について」を執筆する場合，彼がシスモンディの影響を受けたマルサスの『経済学原理』から，「間接的に」シスモンディ的な考えを学び取ったというソティロフの見解は，必ずしも正しいとは言えなくなり，また，リカードゥは，シスモンディの『経済学新原理』を直接読み，そしてすでに見たように，バートンと同じ視角からの見解ばかりでなく，バートンには存在しなかったシスモンディ独自の考えや問題意識をそれから吸収しながらも，シスモンディの考えに包摂されてしまうことを避けつつ「機械について」を書き上げた，と考えてよいであろう。[16]

注
(1) この点については，バートンの上掲著書の真実一男訳『社会の労働者階級の状態』（法政大学出版局，1990 年）に付けられた解説「IV. バートンについての研究史」における詳細な分析を参照せよ。
(2) シモンド・ド・シスモンディ『経済学新原理』(*Nouveaux principes d'économie politique,*

*ou de la richesses dans ses rapports avec la population*, troisième édition, par G. Sotiroff, Genève et Paris, 1951-1953）

(3) 真実一男氏によると、この Report のフルネームは、"Report from the select committee of poor laws ; with the minutes of evidence taken before the committee. (Ordered by the House of Commons to be printed, July 4, 1817" である。

(4) マルクスは『剰余価値学説史』において、バートンを次のように評価している。「バートンは、資本のいろいろな有機的成分が蓄積および生産力の発展と同じ割合で増加せず、むしろ、この増大の過程において、労賃に分解する資本部分はその大きさに比べてほんのわずかしか労働に対する需要を変更させるにすぎない資本部分（これを彼は固定資本と呼んでいる）に比べて、比例的には減って行く、ということを最初に主張したのである」（『マルクス・エンゲルス全集』第 26 巻、第 2 分冊 785 ページ）。

(5) バートンは、30 人の機械製作工が建造した機械の寿命が 15 年と考えているので、これを、1 年当たり 2 人の機械製作工が 15 年間継続して建造したと同じことだと考えたのではなかろうか。

(6) この点については、本書の第 1 篇第 2 章「リカードゥにおける機械論と補償説的見解について——特にリカードゥ著『マルサス評注』の『評注 149』との関連において」の 2 を参照せよ。

(7) マルクスは、『剰余価値学説史』の第 18 章「リカードゥ雑論。リカードゥの結び（ジョン・バートン）」においては、バートンによる、この機械の建造と 機械製作工の雇用の問題に、まったく触れていない。その後バートンを評価する人も、この問題にはあまり注意を向けていないように思われる。例えば E. キャナンは、バートンの上掲の本文 (A) で引用した文章を紹介しているが、なんの論評も加えていない (*A History of the Theories of Production and Distribution in English Political Economy from 1776 to 1848*, by E. Cannan, 1922, pp. 114-115)。

また、D.P. オブライエンは、バートンのこの問題をそのまま紹介しているが、これといった検討も加えていない (*The Classical Economics*, by D.P. O'Brien, 1975, pp. 224-227)。さらに、S. ホランダーもバートンを分析しつつ、彼においては、「資本の構成の形成に対する、どのような理由も、まったく与えられていない」(*The Economics of David Ricardo*, by S. Hollander, 1979, p. 355) と述べている。

日本でも、例えば小泉信三氏は、やはりバートンのこの文章を引用しつつ、まったく検討を加えていない（『小泉信三全集』6、文藝春秋社、1969 年、362-363 ページ）。また堀経夫氏の場合も同様である（東北大学『経済学』5、1936 年）。

しかし三谷友吉氏は、氏の「古典学者の雇用理論 (II) ——雇用理論の学史的研究の一部」において、バートンの文章を引用し、そしてそれらの意味は「必ずしも明瞭ではない」とか、あるいは「その他に疑点もある」と述べながら、結局は、「もし一定の資本量が与えられているならば固定資本の割合が大であれば大であるほど、またその回転期間が長ければ長いほど、結局、雇用労働者数はますます少ないということになる」（関西大学『経済論集』第 1 巻第 2 号、1951 年、4-5 ページ）、と解釈している。

また真実一男氏もバートンの文章（A）を引用した後，それに対し次のような評価を与えている。

かくして，「資本のあらゆる増加は，かならずしも付加的労働需要を招来しない」という命題の証明にあてられた上記の数字的設例は，証明されるべき命題を乗り越えて，それ以上の事実を証明するという帰結をもたらした。われわれがこの数字的設例より直接にくみとりうべき帰結は，労働需要はつねに流動資本に依存して固定資本には依存しないということ，またしたがって機械の導入（馬の使用，土壌の永久的改良等の場合も同様）によって，たとえ総資本としては増加をみる場合においても，流動資本の固定資本への転換が行われることによって，労働需要を絶対的に減少せしめうるということであった。もっともそのさいに，機械導入に伴って生ずる機械建造および維持の必要が機械製作工に対する需要を増加させるということ，および総資本の増加に伴う利潤増加（収入増加）が不生産的労働（設例における家庭の召使い）に対する需要を増加させるということがみのがされていたわけではない。しかしバートンによれば，それらの補整的需要増加は，機械導入に伴い流動資本の固定資本化によって生じた労働需要の絶対的減少を全面的にカバーしうるほどに大きいものとは考えられず，それらはせいぜいのところかかる労働需要の絶対的減少の幅を緩和するものとしかみなされなかった。かくして彼の数字的設例の教えるところは，機械製作工および家庭の召使いに対する補整的需要増加を考慮にいれてなおかつ，資本総量の2倍の増加（したがってそれに伴う利潤の2倍の増加を加えて）をもってしても，機械の導入（固定資本化）という事実によって，労働需要の2分の1の減少を招来しうるということであった（傍点は真実氏。『機械と失業——リカァドゥ機械論研究』理論社，1959年，59-60ページ）。

資本家が投下する資本が，1000ポンドから2000ポンドに増加しても，最初の資本は20人の織工を雇用するが，後者の資本はその4分の3が機械の建造に支出され，それがわずか5人によって使用されるために，他の15人が解雇される，ということへの真実氏の評価は，もちろん正当であるが，それに続く，機械の建造のために新たに雇用される機械製作工の人数に対する氏の理解は，本文で述べたような理由で，筆者には正確なものとは思えない。マルクスがバートンを高く評価する場合，すでに触れたように彼はこれらの機械製作工の新たな雇用の計算例をまったく考慮していないことに，われわれは注目すべきである。

なお中山孝男氏が1987年に，「J. バートンの機械論に関する一考察」（『一橋研究』第12巻第3号）を書いている。この論文は，リカードゥの新機械論やマルクスの相対的過剰人口の理論等に発展していく最初の学説をバートンが提出したことを評価しようとするあまり，ここで取り上げられた機械の建造と機械製作工の雇用数との関係等を，やはりまったく問題にしていない。

(8) 菅間正朔訳『経済学新原理』上・下，日本評論社，1949-1950年。
(9) 本章の2について詳しくは，本篇第3章「リカードゥとシスモンディの機械論につ

いて——それらの類似性と相違点」を参照せよ。
(10) これは，1827年に出版された『経済学新原理』(第2版)の補論「生産と消費の均衡について」(*Eclaircissments relatifs à la balance des consommations avec les productions*) の第一論文「リカードゥ氏の弟子により，エディンバラ評論において発表された『経済学新原理』に対する批判の検討」(*Examen d'une réfutation des nouveaux principes d'économie politique*, publiée dans la Revue d'Edinbourg par un disciple de M. Ricardo) の中の文章である (*Nouveaux principes*, t. II, pp. 374-375, 2$^e$éd.)。なおこの論文は，1820年に「消費力は社会において生産力とともに増加するであろうか」(Le pouvoir de consommer s'acroit-il toujours dans la société avec le pouvoir de produire?) という題名で，他に発表されたものである。
(11) すでに，第3章の2でも説明したように，シスモンディは「固定資本」とは，労働を生産的にする家屋，工場，道具，開墾された土地，灌漑用水路，織機，および，あらゆる種類の機械装置等であり，「流動資本」とは，種子，原料，および，賃銀等を含む，と述べている。したがって彼は，「流動資本」を，ある時には種子や原料のような生産手段として，またある時には労働者の賃銀として，使い分けている。
(12) 第7篇「人口について」，第7章「機械の発明により過剰にされる人口について」。
(13) これらのことをソティロフは，さらに，1952年に発表した上掲の"John Barton (1789-1852)"において，リカードゥから送られた，1817年12月10日付のトラワ宛の手紙，同年12月16日付のマルサス宛の手紙，1818年1月26日付のトラワ宛の手紙，1819年9月21日付のマルサス宛の手紙，などから具体的に判断している (*Economic Journal*, No. 245, March, 1952, p. 93)。
(14) 『リカードゥ全集』第2巻299ページ参照。
(15) ただ一度だけ，リカードゥはバートンから手紙をもらっているが，この手紙は失われ，それに対する1817年5月20日付のリカードゥからのバートン宛の返事だけが残っている。この段階では，バートンの提案をリカードゥはまだ真剣に受け止めるところまでは行っていない。この点については拙著『古典派資本蓄積論の発展と労働者階級』(法政大学出版局，1974年，増補版，1982年)，第2編第3章「リカードゥの『機械について』と相対的過剰人口」，第1節「リカードゥの補償説的見解について」参照。
(16) リカードゥが一般に，シスモンディの人となりや彼の学説をどのように理解していたのか，について，1822年12月14日付のトラワ宛の手紙の中で，彼は次のように述べている。

> シスモンディとは経済学の学説のうえで意見を異にしているにもかかわらず，私は彼の才能には大いに敬服しており，また彼の態度に非常に好感を覚えました——彼の論争的な著作を読んだところからは彼があのように淡白で気持ちのよい人物であろうとは，予期しませんでした。シスモンディ氏の〔諸見解〕は広い視野をもち，また人類の幸福に大いに役立つものと彼が考える原理を確立したいと彼は真剣に願っております。彼はあらゆる国における人民大衆の困窮の大きな原因は財産の不平等な分配であり，それが下層階級を獣的にし堕落させる傾向があ

ると考えています．人間を向上させ，無思慮な結婚をさけさせる方法は，彼に財産を与え，公共の福祉にたいする関心をよびさますことである，——この点まではわれわれも大賛成です．しかし機械や，その他の手段によって生ずる生産の豊かさが，不平等な財産の分配であり，この豊かな生産がつづくかぎり，彼のいだく目的は達成されないと彼が主張するとき，彼は問題をまったく誤解しており，彼の前提と結論との関連を証明することに成功していない，と私は思います（『リカードゥ全集』第9巻270ページ）。

# 第 2 篇

マルクスとリカードゥにおける資本の絶対的過剰生産

## 序　説

　よく知られているようにリカードゥは，生産はそれ自ら需要を生み出すと考え，「需要は生産によってのみ制限されるのであるから，どんな資本額でも一国内において使用されえないはずはない」(『リカードゥ全集』第1巻334ページ，羽鳥卓也・吉沢芳樹共訳『経済学および課税の原理』岩波文庫，下111ページ)と述べて，資本主義経済では，どのように資本が増加しても，それと同時にそれによって果たされるべき仕事も「同じ比率で」増加するので，一般的過剰生産は生じえないと考えた。そして仮に過剰生産が生ずるにしても，それはある特定の商品についてのみの部分的過剰生産であった。しかしこれと異なる考え方も指摘するのである。すなわち資本の蓄積の発展とともに就業労働者の数が増加し，穀物に対する需要が増加してより劣等な土地が耕作され，穀物価格が騰貴する場合が，これである。そのような場合には，労働者の賃銀が騰貴して「利潤率」が次第に低下し，それが進展してある点に達すると蓄積の動機が消滅すると彼は述べ，「その場合には，いかなる資本もなんらの利潤をも生むことができず，そしていかなる追加労働も需要されえず，その結果として人口はその最頂点に達しているだろう」(同上，第1巻140ページ，岩波文庫版，上172ページ)と指摘して，資本の過剰と人口の過剰とが同時に生ずる，と述べている。

　またリカードゥは，このような穀物価格の騰貴によってではなく，人口の増加度を超える資本の急速な蓄積によって労働者の賃銀が騰貴し，「利潤率」が低下する場合にも言及している。これは主に，地主や資本家等の不生産的消費の増加を伴わない生産の増大は，生産の継続への動機を消滅させる，というマルサスの考えを批判した『マルサス経済学原理評注』(*Notes on Malthus's Principles of Political Economy*)のなかのリカードゥの考えや，同じくマルサスの見解を批判した1820年代および1821年代のマルサス，マカロック，およびJ. ミルらへの手紙のなかに見られる考えである。この場合にもリカードゥは，労働者の賃銀騰貴による「利潤率」の低下，ならびにそれに基づく資本の過剰生産や商品の過剰生産等の理論的可能性を認めるところまで到達していた

のであるが，現実的には，それらや労働者人口の過剰等は生じないと考えていた。

　いずれにしてもリカードゥ自身は，これらの二つの「利潤率」の低下によって現実的に一般的過剰生産が引き起こされるとは考えていなかったものの，このような彼の主観的意図とは別に，客観的に彼の「利潤率」の低下についての見解を検討してみると，とくに後者の考えはのちにマルクスが『資本論』の第3巻第15章第3節「人口の過剰に伴う資本の過剰」において明らかにした資本の絶対的過剰生産についての見解と，そのもっとも基本的な点で共通する面を含んでいたと言ってよい。しかし，そのように判断するにしても，その判断の基準となるところの資本主義経済の全生産範囲を資本の過剰生産に陥れるような資本の一般的過剰生産とは理論的にどのように理解すべきかについて，次のような理解困難な問題があると筆者は思う。それは，資本の蓄積において利潤率の低下が利潤の絶対量を減少させて生みだされるところの資本の絶対的過剰生産とは，労働の社会的生産力の発展による資本の有機的構成の高度化によって生ずるものなのか，あるいは，もっぱら資本の労働力にたいする需要増大によるところの賃銀騰貴によるものなのか，という問題である。したがって，この点についての理論的判断が異なれば，リカードゥに対する評価も大きく異なってくるのは当然であって，他の点を一応無視しつつ，前者のように考えるならば，リカードゥに対する評価はより否定的になり，後者のように考えるならば，より肯定的となるのは言うまでもない。いずれにせよ，経済学史的にリカードゥの資本蓄積論を以上のような理論的観点から取り扱う場合には，取り扱う者の，資本の絶対的過剰生産に対する明確な理論的判断がなければ，リカードゥのこの問題に対する判断も下しえないことは言うまでもない。したがって筆者は，資本の絶対的過剰生産について『資本論』第3巻第3篇「利潤率の傾向的低下の法則」はもちろん，『資本論』のその他の資本蓄積論に関する諸篇に則しつつ私見を述べ，ついで，それと対比しながら，リカードゥにおける「利潤率」の低下と資本の絶対的過剰生産の問題を分析しようと思う。

# 第1章
# マルクスにおける利潤率の傾向的低下の法則と資本の絶対的過剰生産について

　あらためて指摘するまでもないが,『資本論』第3巻第3篇「利潤率の傾向的低下の法則」は全体が三つの章に分かれ，第13章には「この法則そのもの」，第14章には「反対に作用する諸原因」，第15章には「この法則の内的な諸矛盾の展開」という表題がつけられている。マルクスが資本の絶対的過剰生産について直接に言及しているのは，この第15章第3節「人口の過剰に伴う資本の過剰」においてであって，彼はそこで，「どんな場合に資本の過剰生産は絶対的なのだろうか」と自ら設問の上，資本の絶対的過剰生産について次のように述べている。

　　個々の商品の過剰生産ではなく資本の過剰生産——といっても資本の過剰生産はつねに商品の過剰生産を含んでいるのだが——の意味するものは，資本の過剰蓄積以外のなにものでもないのである。この過剰蓄積がなんであるかを理解するためには……，それを絶対的なものと仮定してみさえすればよい。どんな場合に資本の過剰生産は絶対的なのだろうか？　しかも，あれこれの生産領域とか二つ三つの重要な生産領域とかに及ぶのではなくその範囲そのものにおいて絶対的であるような，つまりすべての生産領域を包括するような，過剰生産は？
　　資本主義的生産を目的とする追加資本がゼロになれば，そこには資本の絶対的な過剰生産があるわけであろう。しかし，資本主義的生産の目的は資本の増殖である。すなわち，剰余労働の取得であり，剰余価値，利潤の生産である。だから，労働者人口に比べて資本が増大しすぎて，この人口が供給する絶対的労働時間も延長できないし相対的剰余労働時間も拡張できないようになれば（相対的剰余労働時間の拡張は，労働に

対する需要が強くて賃銀の上昇傾向が強いような場合にはどのみち不可能であろうが）、つまり、増大した資本が、増大する前と同じかまたはそれよりも少ない剰余価値量しか生産しなくなれば、そこには資本の絶対的な過剰生産が生ずるわけであろう。すなわち、増大した資本 $C + \Delta C$ は、資本 $C$ が $\Delta C$ だけ増大する前に生産したよりも多くない利潤を、またはそれよりも少ない利潤をさえ生産するであろう。どちらの場合にも一般的利潤率のひどい突然の低下が起きるであろうが、しかし今度は、この低下をひき起こす資本構成の変動は、生産力の発展によるものではなく、可変資本の貨幣価値の増大（賃銀の上昇による）と、これに対応する必要労働に対する剰余労働の割合の減少とによるものであろう（傍点は引用者）（『資本論』マルクス・エンゲルス全集、大月書店版、第25巻、第1分冊 315-316 ページ）。

　この引用文の傍点が打たれた部分においてマルクスは資本の絶対的過剰生産は資本の有機的構成の高度化に基づく利潤率の低下と利潤量の絶対的減少によってではなく、労働者の賃銀騰貴による利潤率の低下と利潤量の絶対的減少によって生ずることを明確に指摘している。

　しかしここで奇異に感ずることは、この引用文で示された利潤率の低下にかんする論点が、これまで説明が行われてきた第15章第1節「概説」および第2節「生産の拡大と価値増殖との衝突」での論点とはなはだ異なる、ということである。なぜならば、マルクスは、この第1節と第2節において、これらの節が属しているところの第15章の表題が示しているように、「この法則（利潤率の傾向的低下の法則のこと――引用者）の内的な諸矛盾の展開」を明らかにしているのであって、資本の有機的構成の高度化を伴う資本の蓄積が利潤率を低下させるという要因とそれに反対に作用する諸要因との矛盾が恐慌をひき起こすと指摘してきたからである。念のためこれらのマルクスの文章を引用してみよう。

　まず第1節「概説」において彼は、労働の社会的生産力の発展に伴う資本の有機的構成の高度化による資本の蓄積や集積などが利潤率を低下させ、恐慌を促進する、と次のように述べている。

　利潤率の低下と加速的蓄積とは、両方とも生産力の発展を表わしている

かぎりでは，同じ過程の別々の表現でしかない。蓄積はまた，それにつれて大規模な労働の集積が行われ，したがってまた資本構成の高度化が生ずるかぎりでは，利潤率の低下を促進する。他方，利潤率の低下はまた，小資本家たちからの収奪によって，また最後に残った直接生産者たちからもまだ何か取り上げるものがあればそれを取り上げることによって，資本の集積と集中とを促進する。これによって，他方では蓄積も，その率は利潤率とともに下がるとは言え，量から見れば促進されるのである。
　他方，総資本の増殖率すなわち利潤率が資本主義的生産の刺激であるかぎりでは（資本の増殖は資本主義的生産の唯一の目的なのだから），利潤率の低下は新たな独立資本の形成を緩慢にし，したがって資本主義的生産過程の発展を脅かすものとして現われる。それは過剰生産や投機や恐慌を促進し，過剰人口と同時に現われる過剰資本を促進する（傍点は引用者）（同上，第25巻，第1分冊303-304ページ）。

また，第2節「生産の拡大と価値増殖との衝突」においてマルクスは，利潤率の低下と利潤の絶対量増大という両契機の矛盾から生ずる，次のような相対抗する諸能因の衝突が恐慌を引き起こす，と次のように述べている。

　蓄積過程に含まれているこの二つの契機は，リカードゥが取り扱っているように単に静止的に並存するものとして考察するだけでよいものではない。この二つの契機は一つの矛盾を含んでおり，この矛盾は矛盾する諸傾向および諸現象となって現われる。抗争する諸能因が同時に対抗して作用し合うのである。

　社会的総生産物のうち資本として働く部分の増加から生ずるいろいろな刺激が労働者人口を現実に増加させる作用をすると同時に，ただ相対的でしかない過剰人口をつくりだす諸能因も作用する。

　利潤率が低下すると同時に諸資本の量は増大し，またこれに伴って既存資本の減価が進み，この減価は利潤率の低下を妨げて資本価値の蓄積に促進的な刺激を与える。

　生産力の発展と同時に資本構成の高度化，不変部分に比べての可変部分の相対的な減少が進展する。

　これらのいろいろな影響は，ときにはより多く空間的に相並んで作用

し，ときにはより多く時間的に相次いで作用する。抗争する諸能因の衝突は周期的に恐慌にはけ口を求める。恐慌は，つねに，ただ既存の諸矛盾の一時的な暴力的な解決でしかなく，攪乱された均衡を一瞬間回復する暴力的な爆発でしかない（同上，第25巻，第1分冊312-313ページ）。

また同じく第2節でマルクスは，最高度の価値増殖を目的とする生産力の発展は利潤率の低下や現存資本の価値減少などを生みだすことを指摘した後，「生産過程の突然の停滞や恐慌を伴うのである」と次のように述べている。

> この生産様式の独自な性格は，既存の資本価値をこの価値の最大可能な増殖のための手段とすることに向けられている。それがこの目的を達成する諸方法は，利潤率の低下，既存資本の減価，すなわち，すでに生産されている生産力を犠牲としての労働の生産力の発展を含んでいるのである。
>
> 既存資本の周期的な減価は，利潤率の低下をせき止めて新資本の形成による資本価値の蓄積を促進するための，資本主義的生産様式に内在する手段であるが，この減価は，資本の流通・再生産過程がその中で行われる与えられた諸関係を攪乱し，したがって生産過程の突然の停滞や恐慌を伴うのである（同上，第25巻，第1分冊313ページ）。

そしてまたマルクスは，すでに引用したところの，資本の絶対的過剰生産に関する説明のある第3節「人口の過剰に伴う資本の過剰」においてさえ，この節の締めくくりの部分で資本の有機的構成の高度化による利潤率の低下が恐慌を引き起こすことを，次のように述べている。

> 資本主義的生産様式の制限は次のような点に現われる。
>
> (1) 労働の生産力の発展は利潤率の低下ということのうちに一つの法則を生み出し，この法則は，生産力の発展がある点に達すればその発展に最も敵対的に対抗し，したがって絶えず恐慌によって克服されなければならないということ（同上，第25巻，第1分冊323-324ページ）。

こうしてマルクスは，基本的には労働の生産力の発展→資本の有機的構成の高度化を伴う資本の蓄積→利潤率の傾向的低下の法則，という論証を基礎にして恐慌を説明するのであるが，既に述べたように第3節「人口の過剰に伴う資本の過剰」において急に論点をかえ，全生産領域を資本の過剰生産に

陥れ，恐慌をもたらすところの資本の絶対的過剰生産は，労働者の賃銀騰貴による利潤率の低下によって引き起こされる，としたのである。

それでは，資本の絶対的過剰生産を理論的に解明する場合に，それまでの利潤率の傾向的低下の法則は無意味になったのであろうか。これらの点を第3節「人口の過剰に伴う資本の過剰」を手がかりにしてマルクスの産業循環論を考察しつつ，明らかにしてみようと思う。

『資本論』第3巻第3篇第15章第3節「人口の過剰に伴う資本の過剰」において，すでに引用したところの，資本の絶対的過剰生産は労働者の賃銀騰貴による利潤率の低下によって引き起こされると指摘したマルクスの文章につづいて，その現実の状態の説明が行われ，恐慌期とそれに続く沈滞期での諸資本の競争，衝突などについて述べられている。

その場合，「どのようにしてこの衝突が再び解消して，資本主義的生産の『健全な』運動に対応する諸関係が回復するであろうか？」（同上，第25巻，第1分冊317-318ページ）と自問している。その時もちろん，マルクスが念頭に描いていた資本主義的生産の循環は，「近代産業の特徴的な生活過程，すなわち，中位の活況，高圧のもとでの生産（Produktion unter Hochdruck），恐慌，沈滞の各時期が，より小さい諸変動に中断されながら，10年ごとの循環をなしている形態」（同上，第23巻，第2分冊824ページ）であったと筆者は考えている。このような一連の循環の中での恐慌，およびそれに続く沈滞の時期で特に注目すべき点は，それらのもとでの諸資本間の競争，および固定資本の更新の問題であろう。なぜならば，これらの時期での諸資本の利害対立が解消されて再び循環が繰り返されるその方法は，「解消されるべき衝突の顕現そのもののうちにすでに含まれている」（同上，第25巻，第1分冊318ページ）からである。

いうまでもなく恐慌，および，それに続く沈滞の時期に利潤率の低下，諸商品の市場価格の下落や，各生産部面での生産の縮小，などによって生ずる再生産の混乱のなかにおいて，個々の資本が生き残るためには，激しい競争戦が繰り広げられるのであって，その場合，個々の資本家がこうむる「損失の分配」は彼らの「力と知恵の問題」によるものである。この点についてマルクスは次のように述べている。「すべてがうまく行っている間は，競争

は，一般的利潤率の平均化のところで述べたように，資本家階級の友愛の実践として作用し，それによって資本家階級は各自が賭けたものの大きさに比例して共同の獲物を共同で分け取る。ところが，問題はもはや利潤の分配ではなく損失の分配だということになれば，各自ができるだけ自分の割りまえを減らしてそれを他人に背負いこませようとする。損失は階級としては避けられない。だが，各人がそれをどれだけ負担しなければならないか，いったいどの程度までそれを共にしなければならないかは，力と知恵の問題となり，そうなれば，競争は敵対する兄弟の戦いに転化する。そうなれば，各個の資本家の利害と資本家階級の利害との対立が，ちょうど前にはこれらの利害の一致が競争によって実際に貫かれたように，本性を表わしてくる」(同上，第25巻，第1分冊317ページ) と。もっとも，このような場合における個々の資本家の「力と知恵の問題」がものを言うとはいっても，それらは資本家の個人的な力量という意味のそれではなく，「人格化された資本」としてのそれであろう。というのは「彼の魂は資本の魂である」(同上，第23巻，第1分冊312ページ) からである。

それゆえに，この競争戦における諸資本間の優劣はおのずから明らかであって，個々の生産部面においても，中位的な生産諸条件よりも優れた生産諸条件をもつ資本が有利な地位を占めることは，言うまでもない。このことは，個々の生産部面においては，諸商品に対する需要の大幅な減少によって商品の市場価格がその市場価値以下に低下するばかりではない。恐慌期まで中位的な生産諸条件以上の有利な生産諸条件で生産された商品が，いまや市場価値そのものを調整するようになるのであり，したがって諸商品の市場価値は低下する。またこれとともに，この新しい市場価値で商品を生産できない諸資本のうち「利潤率の低下が利潤の量によって償われない資本」(同上，第25巻，第1分冊314-315ページ) は「失業資本 (unbeschäftigtes Kapital)」(同上，第25巻，第1分冊315ページ) に転化する。

それでは，恐慌に続くところの沈滞期におけるこのような事態は，固定資本の更新に，どのような影響を与えるであろうか。

すでに述べたような，より有利な生産諸条件をもつ資本で生産された商品の市場価格の下落はもちろんのこと，その市場価値の減少も，それよりもも

っと劣悪な生産諸条件の個々の資本を強制して，それらの固定資本を，少なくともこの低められた市場価値と同じか，あるいはそれ以下の価値で商品を生産しうるものに更新させ，またそれが拡大されていくであろう。なぜならば，「もしある一人がより安く生産して，そのときの市場価格または市場価値よりも安く売ることによってより多く売りさばくことができ，市場でより大きな範囲を占めることができるならば，彼はそうするのであり，こうして，だんだん他の人々により安い生産の仕方の採用を強制して社会的必要労働を新たなより小さい限度まで引き下げてゆく行動が始まるのである」(同上，第25巻，第1分冊244ページ)からである。

こうして恐慌に続く沈滞期には，諸商品の価格を低下させ諸資本間の競争を激化させて，比較的旧式の労働手段を更新させるのである。この点についてマルクスは，次のように述べている。「競争戦が，ことに決定的な変革に際しては，古い労働手段が自然死の時期に達する前にそれを新しいものと取り替えることを強制する。このような事業設備をかなり大きな社会的規模で早期に更新することを強要するものは，主に破局，恐慌である」(同上，第24巻208ページ)と。また同様に「恐慌はいつでも大きな新投資の出発点をなしている。したがってまた──社会全体としてみれば──多かれ少なかれ次の回転循環のための一つの新たな物質的基礎をなすのである」(同上，第24巻226ページ)と。

なお，これらの時期において，もう一つ注目すべきことは，このような旧式の労働手段の更新や諸資本間の競争激化から生ずる資本の集積などによって拍車をかけられ，かつ累進的に増加する相対的過剰人口の問題である。この時期においては，すでに恐慌によって生産の規模が縮小し，「大なり小なりの範囲での資本の遊休によって，また破滅によってさえも」(同上，第25巻，第1分冊318ページ)，相対的過剰人口が生みだされているのであるが，旧労働手段の更新が個々の資本において行われる時には，総資本の額がほぼ一定の状態で，よりすぐれた労働手段が採用されるために，資本の技術的構成が高度化し，さらに資本の有機的構成が高度化して，労働力にたいする需要が絶対的に減少するのである。またこれに加えて，これと類似の影響を及ぼすものに資本の集中の問題がある。諸商品の低廉化による諸資本の競争戦によ

って，小資本が大資本に吸収されるか，あるいは諸資本の融合であるかを問わず，資本の集中は，「個々ばらばらに習慣に従って営まれる生産過程を，社会的に結合され科学的に処理される生産過程にますます転化させて行くための，出発点になる」（同上，第23巻，第2分冊818ページ）のであって，総資本の額がほぼ一定の状態で資本の技術的構成を高度化させるばかりでなく，資本の有機的構成を高度化させるからである。

それでは，このような恐慌に続く沈滞期に取って代わって産業に「中位的な活況」をもたらすものは何であろうか。

その一つは，すでに述べた旧式の労働手段の更新，および，剰余価値の資本への転化に伴う，よりすぐれた労働手段の採用であろう。旧式の労働手段をよりすぐれた労働手段に更新するという場合に，そのよりすぐれた労働手段というのは，すでに経験した恐慌以前において中位的な生産諸条件よりも有利なそれであったもので，それは恐慌に続く沈滞期での諸資本間の競争戦においても生存し続けてきたものなのである。沈滞期において旧式の労働手段を更新しようとする資本が目標とするところの生産諸条件はこのようなものであり，したがって，かつてのより有利な生産諸条件は，この沈滞期では以上のような過程により，むしろ中位的な生産諸条件として循環を開始することになるのである。

ただこのような過程がある程度進行した後に行われる剰余価値の資本への転化の場合には，これと同じ労働手段か，あるいはそれ以上の有利な生産諸条件が採用されるのであって，できるだけ多くの相対的剰余価値を求める資本に対し，剰余価値の資本への転化はそのような有利な生産諸条件を導入する新たな機会をつねに提供するのである。マルクスの表現を借りれば，「正常な蓄積の進行中に形成される追加資本……は，特に，新しい発明や発見，一般に産業上の諸改良を利用するための触媒として役立つ」（同上，第23巻，第2分冊819ページ）からである。ただ相対的過剰人口が比較的多く存在し，労働力の市場価格がその市場価値よりも低いために，後述するような「高圧のもとでの生産」の時期におけるように，より積極的にすぐれた生産諸条件が採用されるというわけにはいかないであろう。したがって，沈滞期から中位的な活況期に移行する場合の資本の蓄積においては，労働力に対

する需要がほぼ比例的に増大していくと考えてよいのである。

　沈滞期に取って代わって「中位的な活況」がもたらされるためのもう一つの要因は，沈滞期に増加した相対的過剰人口が労働者の賃銀を低下させて，剰余価値率を高めるということである。もともとマルクスは「産業予備軍は沈滞や中位の活況の時期には現役の労働者軍を圧迫」（同上，第23巻，第2分冊832ページ）すると言い，その理由については次のように述べている。「だいたいにおいて労賃の一般的運動は，ただ，産業循環の局面変転に対応する産業予備軍の膨張・収縮によって規制されているだけである。だから，それは，労働者人口の絶対数の運動によって規定されているのではなく，労働者階級が現役軍と予備軍とに分かれる割合の変動によって，過剰人口の相対的な大きさの増減によって，過剰人口が吸収されたり再び遊離されたりする程度に，規定されているのである」（同上，第23巻，第2分冊830ページ）と。

　それゆえに，「生産の停滞は労働者階級の一部分を遊休させ，そうすることによってその就業部分を，平均以下にさえもの労賃引下げに甘んぜざるをえないような状態に置いたであろう。このような操作は，資本にとっては，平均賃銀のもとで相対的または絶対的剰余価値が大きくされる場合とまったく同じ効果をもつのである」（同上，第25巻，第1分冊319ページ）ということになり，剰余価値率を高めて，資本の蓄積を促進するのである。このようにして生みだされた中位的な活況は，結局，「あらゆる形での固定資本の大膨張や新しい巨大な企業の大量設立」（同上，第25巻，第2分冊625ページ）をもたらすのである。

　それでは，「中位的な活況」に続くところのマルクスのいわゆる「高圧のもとでの生産」（Produktion unter Hochdruck）とはいかなる事態を言うのであろうか。

　この「高圧のもとでの生産」の時期における特徴を端的に述べるならば，労働者人口の枯渇による急激な労働力の市場価格の騰貴と，この賃銀騰貴によって促進されるよりすぐれた労働手段採用の誘因増大，すなわち資本の有機的構成の高度化とであろう。これらはともに利潤率を低下させる要因であるが，それらは以下述べるように相互規定的に作用して利潤率を低下させ，資本の絶対的過剰生産を準備するのである。

すでに述べたように，恐慌に続く沈滞期および中位的な活況の時期においては，就業労働者にたいする相対的過剰人口の比率が比較的大であり，したがって就業労働者の賃銀は，低かった。しかしながら，旧式の労働手段のよりすぐれた労働手段への更新や剰余価値の資本への転化すなわち資本の蓄積に伴うよりすぐれた労働手段の採用等は，社会的総資本における生産手段生産部門に対する有効需要となって活況を与え，またそれが生活資料生産部門への有効需要となって波及しつつ，蓄積を促進する比較的高い利潤率と相俟って，産業循環は沈滞期から中位的な活況へと展開してきたのである。そして，それとともに，資本の労働力に対する需要が増大し，これが進行するならば，労働力が枯渇して，「蓄積の欲望が通常の労働供給を上回り始める点が，つまり賃銀上昇の始まる点が，現れざるをえないのである」（同上，第23巻，第2分冊800ページ）ことになるのは，言うまでもない。なぜならば，労働力は他の諸商品とは異なって資本の生産物ではなく，したがって労働力に対する需要が増大しても，それに照応して直ちに増加させえない商品であるからである。そしてこのような労働者の枯渇による労働力の市場価格の騰貴は，資本の蓄積にさまざまな影響を及ぼすのである。
　これらの影響のうちで最も重要なものは，労働者の賃銀騰貴によってよりすぐれた労働手段が個々の資本に採用されるところの誘因が増大することであろう。もともと資本主義的生産においてよりすぐれた労働手段が採用されるのは，商品の低廉化を目的として行われるものではない。資本主義的生産の規定的動機はできるだけ多くの剰余価値を獲得することであるから，商品の低廉化が行われても，そのことによってより多くの剰余価値が獲得できない場合には，資本にとってその低廉化は無意味であることは言うまでもない。したがって，資本がよりすぐれた労働手段を採用するためには，この労働手段の価値が，これによって置きかえられる労働者の労働力の価値よりも小でなければならない。だから「資本にとっては，労働の生産力の増加の法則は無条件には妥当しないのである。資本にとっては，この生産力が高くされるのは，一般に生きている労働の節約のほうが過去の労働の追加よりも大きいという場合ではなく，ただ，生きている労働の支払部分の節約のほうが過去の労働の追加よりも大きいという場合だけ」（傍点はマルクス）（同上，第25巻，

第1分冊328ページ）であり，したがって労働者の賃銀が騰貴すればするほど，よりすぐれた労働手段採用の誘因が大となることは言うまでもない。このようによりすぐれた労働手段採用の誘因が増大するとはいっても，すでに述べられた沈滞期において更新された新しい労働手段のように，この「高圧のもとでの生産」の段階でまだ償却を終えていないものも更新されるわけでは決してない。それは，資本がこの段階で新たに蓄積される場合にもっぱら採用されるものについてであって，このようにして資本の蓄積とともに労働の生産力が増大し，資本の技術的構成が，したがって資本の有機的構成が高度化して利潤率が低下するのである。

　ただこの際，注意しなければならないことは，蓄積された資本におけるこのようなよりすぐれた労働手段採用の誘因増大は，「競争の強制法則」（同上，第23巻，第1分冊512ページ）によって一部の原資本にも，圧迫を加え，10年周期の産業循環の，すでに1周期以前の「高圧のもとでの生産」の時期に，よりすぐれた労働手段として採用されて恐慌に続く沈滞期および中位的活況の時期まで，ほぼ中位的な生産諸条件として生産過程を続行してきた旧労働手段の更新をもよび起こすということである。もちろん，このような新たに蓄積される資本でのよりすぐれ労働手段の採用，および，一部の原資本での旧労働手段の更新等は，労働力に対する需要を相対的に減少させはするものの，これらは，社会的総資本における生産手段生産部門にたいする有効需要増大となって資本の蓄積を促進するばかりでなく，また生活資料生産部門での資本の蓄積促進へと波及し，労働力に対する需要は増大するのである。そしてまたこのことは，労働力の市場価格の騰貴に拍車をかけるのである。

　そしてさらにこの場合考慮すべきことは，このような労働者の賃銀騰貴によってよりすぐれた労働手段の採用が促進されるとは言っても，それは個々の生産部面のなかのどのような生産諸条件を目標として行われるのか，ということである。結論を先に述べるならば，それは，それぞれの生産部面のうちでもっとも有利な生産諸条件を目標として行われるということであり，このことは，社会的に平均的な資本の有機的構成を超えた資本部分の拡大を意味するのである。なぜならば，このように社会的総資本において就業労働者の賃銀が一様に騰貴し，利潤率が低下する場合には，マルクスが『資本論』

の第3巻第11章「労賃の一般的変動が生産価格に及ぼす影響」において述べているように，社会的平均構成の資本においては労賃の騰貴や下落によっては生産価格は変化しないが，それ以下の構成をもつ資本においては生産価格が上昇し，またそれ以上の構成をもつ資本においては生産価格が減少するのであって，それゆえに，社会的平均構成を超えた資本部分の蓄積が他よりも促進されるからである。この第11章のマルクスの考察を要約すれば，つぎのようになる。

　彼は社会的総資本を大きく三つに分けて論じており，まず第一に社会的平均構成の資本を取り上げている。彼は，それの有機的構成は，80c + 20v であって，剰余価値率を100%としているので，それらの商品の生産価格は 80c + 20v + 20p = 120 であり，したがって利潤率は20%である，と指摘している。また社会的平均構成の資本においては，利潤と剰余価値とは一致するので，いま労働者の賃銀が25%騰貴したならば可変資本vは20から25に増加し，したがって剰余価値または利潤は20から15に減少するが，生産価格は変動しない。しかし利潤率は，総資本資本105にたいする15の割合となり，$14\frac{2}{7}$%へ減少するのである。

　さらに彼は，社会的平均構成よりも高位な資本を 92c + 8v とし，同じように平均利潤率を20%として，その生産価格が 92c + 8v + 20p = 120 の場合を論じている。

　そしてさらに彼は，平均利潤率が $14\frac{2}{7}$% に低下した状態のもとで労働者の賃銀が同様に25%騰貴したときには，その生産価格は $92c + 10v + 14\frac{4}{7}p = 116\frac{4}{7}$ になり，したがって，賃銀騰貴以前の120から $116\frac{4}{7}$ に低下すると述べるのである。

　さらに彼は，社会的平均構成よりも低位の資本を 50c + 50v とし，平均利潤率20%のもとではその商品の生産価格は 50c + 50v + 20p = 120 であるが，いま新たな平均利潤率 $14\frac{2}{7}$% のもとで労働者の賃銀が同じように25%騰貴するならば，その生産価格は $50c + 62\frac{1}{2}v + 16\frac{1}{14}p = 128\frac{8}{14}$ となり，賃銀騰貴以前の120から $128\frac{8}{14}$ に騰貴する，と指摘している。

　もちろんマルクスの挙げた数字は仮のものであるが，このような労働者の賃銀騰貴と，それによって変動する生産価格との間には次のような関係があ

るといってよいようである。それは，以上の諸資本において社会的平均構成とそれ以上およびそれ以下の資本構成との較差が大きいときには，比較的わずかな賃銀騰貴によっても生産価格に及ぼすその変動の幅は大きく，それらの資本構成の較差が小さい場合には，比較的大きな賃銀騰貴によっても生産価格に及ぼすその変動の幅はさほど大きいものではない，ということであろう。

いずれにせよ，労働者の賃銀騰貴によって生産価格に上述のような変化が現れ，とくに社会的平均構成以上の諸資本においては超過利潤を獲得することになり，反対に社会的平均構成以下の諸資本においては平均利潤さえも獲得できなくなるのである。したがって，このような状態では諸資本間の競争が激しくなり，なかでも社会的平均構成およびそれ以下の構成の諸資本においては，すでに述べたような「競争の強制法則」によって，少なくとも社会的平均構成以上の資本が有する労働手段と同じものか，あるいはそれ以上のものの採用を強いられることになるのである。言いかえれば，社会的総資本のうち社会的平均構成を超えた資本部分の占める比重が徐々に大となり，したがって社会的平均構成そのものも高度化して，利潤率は低下せざるをえないということになるのである。マルクスの次の言葉はこの過程を指摘したものと思われる。

> 利潤率が下がれば，一方では，個々の資本家が改良された方法などによって自分の個々の商品の個別的価値をその社会的平均価値よりも低く押し下げようとし，与えられた市場価格のもとで特別利潤を得ようとして，資本の緊張が生ずる。他方では思惑が現われ，それは，一般的平均にはかかわりなくそれを越えて高くなる特別利潤をいくらかでも確保するための新たな生産方法，新たな投資，新たな冒険の熱狂的な試みによって，一般的に助長される（同上，第25巻，第1分冊324ページ）。

このようにして，労働者の賃金騰貴と資本の有機的構成の高度化を伴う資本の蓄積とによって利潤率は低下し，諸資本間の競争は激しくなるのであるが，それとともに利潤の絶対量の増大を求めて資本の蓄積が促進され，労働力に対する需要がさらに増加して，以上の事態にさらに拍車がかけられることになるのである。この点についてマルクスは，次のように述べている。

蓄積に結びついた利潤率の低下は必然的に競争戦を呼び起こす。利潤量の増大によって利潤率の低下を埋め合わせるということは，ただ社会の総資本について，また十分に備えのある大資本家について言えるだけである。新たな，独立に機能する追加資本にとってはこのような補償条件は与えられていないので，これからそれを戦い取らなければならない。このようにして利潤率の低下が諸資本間の競争戦を引き起こすのであって，その逆ではない。もちろん，この競争戦は労賃の一時的な上昇を伴い，またそのために，さらにいっそう利潤率が一時的に低下することを伴っている（同上，第25巻，第1分冊321ページ）。

こうして資本の蓄積がある点に達するならば，利潤率の低下が利潤の絶対量を減少させ，「増大した資本が，増大する前と同じか，またそれよりも少ない剰余価値量しか生産しなくなれば，そこには資本の絶対的な過剰生産が生ずる」（同上，第25巻，第1分冊315ページ）という状態になるのである。

ただその場合注意しなければならないことは，すでに指摘したように，「高圧のもとでの生産」においては利潤率が低下する場合，利潤率としての $\frac{m}{c+v} = \frac{m}{v} \times \frac{v}{c+v}$ において，$\frac{m}{v}$ も $\frac{v}{c+v}$ も，ともに減少するということである。周知のようにマルクスが，『資本論』第3巻第3篇「利潤率の傾向的低下の法則」，第13章「この法則そのもの」で展開した見解は，剰余価値率 $\frac{m}{v}$ が一定という前提条件のもとにおいてであった。そのような条件のもとでは，利潤率としての $\frac{m}{v} \times \frac{v}{c+v}$ の低下は，もっぱら資本の有機的構成の高度化によって生みだされた $\frac{v}{c+v}$ の減少，すなわち総資本のうち可変資本の占める割合の減少によって説明された。

そしてまた，この法則に対する批判もこの点に集中したのであった。なぜならば，労働の生産力の発展によって資本の有機的構成の高度化が生じ，したがって当然ながら，$\frac{v}{c+v}$ の減少も生ずるが，またそれとともに $\frac{m}{v}$ の増大も生じて，結局，利潤率は低下しないばかりでなく，$\frac{m}{v}$ が $\frac{v}{c+v}$ の減少を補って余りあるほどに増大する場合には，利潤率はかえって増大しさえするからである。しかしながら，資本の有機的構成の高度化を伴う資本の蓄積が，すでに指摘したようなマルクスのいわゆる「高圧のもとでの生産」の時期に行われた場合には，労働者の賃銀騰貴によって $\frac{m}{v}$ の増大が停止するばかりでなく，

かえって減少する状態において，資本の有機的構成の高度化を伴う資本の蓄積が行われるのである。そのような場合には，言うまでもなく，$\frac{m}{v} \times \frac{v}{c+v}$としての利潤率は，資本の有機的構成の高度化による$\frac{v}{c+v}$の減少とともに必ず低下するばかりでなく，$\frac{m}{v}$の減少に拍車をかけられて，$\frac{v}{c+v}$の減少の度合いよりももっと急速に低下するであろう。もっとも，このような場合においても，$\frac{v}{c+v}$の減少にはおのずから限度があるから，資本の絶対的過剰生産を引き起こす利潤率の低下は，結局は，労働者の賃銀騰貴による剰余価値率$\frac{m}{v}$の減少によって，より強く影響を受けるであろう。こうして生みだされた資本の絶対的過剰生産は，生産の縮小を招いて相対的過剰人口の増大となり，また商品の過剰が，すなわち「労働者の搾取手段としてある程度の利潤率で機能させるには多すぎる労働手段や生活手段が周期的に生産される」（同上，第25巻，第1分冊323ページ）のである。

# 第2章
# リカードゥにおける利潤率の傾向的低下の法則と
# 資本の絶対的過剰生産について

　それでは，資本の絶対的過剰生産についてのリカードゥの考えは，どのようなものであったろうか。

　すでに本篇の序説でも触れたように，彼も資本の蓄積とともに「利潤率」が傾向的に低下すると考えていた。彼はもともと資本主義的生産ではある特定の生産部面においては，生産者の誤算に基づく部分的な過剰生産が存在することは認めていたが，すべての生産部門において生ずる一般的過剰生産は否定していた。その理由として彼は，『経済学および課税の原理』において，「資本が増加すると同時に，資本によって果たさるべき仕事が同一割合で増加する」（『リカードゥ全集』第1巻333ページ，岩波文庫版，下111ページ）からであると述べ，そして「需要は生産によってのみ制限されるのであるから，どんな資本額でも一国内において使用されえないはずはない」（同上，第1巻334ページ，岩波文庫版，下111ページ）と述べて，資本の一般的過剰生産を否定しているのである。しかし彼は次のような場合には，すなわち，資本の蓄積に伴う劣等地耕作の拡大によって，穀物価格が騰貴し労働者の賃銀が上昇して「利潤率」が低下する場合には，それがある点を越えれば蓄積の動機が消滅してしまうこともありうる，と次のように述べている。すなわち「賃銀が必需品の騰貴の結果として著しく上昇し，したがって資本の利潤として，はなはだわずかしか残らないようになり，そのために蓄積への動機が止むにいたるまでは，一国において生産的に使用されえないほどの額の資本が蓄積されることはありえない」（同上，第1巻334-335ページ，岩波文庫版，下112ページ）と。それでは「賃銀が必需品の騰貴の結果として著しく上昇し，したがって資本の利潤として，はなはだわずかしか残らないようになり，その

ために蓄積への動機が止むにいたる……」とはどのような状態を指しているのであろうか。

これらの点についてリカードゥ自身の考えをもっともよく明らかに示しているのは、『経済学および課税の原理』の第6章「利潤について」においてである。

彼はこの章で農業生産部面に例をとり、社会の発展とともに穀物に対する需要が増加し、徐々により劣等な耕地に生産が拡大されると、穀物の価格が徐々に騰貴し、したがって労働者の賃銀も徐々に上昇して「利潤率」は低下していく、と指摘するのである。彼の説明は次の通りである。まず、社会発展の初期においてある農業者が、より優等な耕地において小麦を180クォーター生産しているとする。小麦の価格1クォーター当たり4ポンドとすると、小麦の価格総額は720ポンドとなる。その場合、これを生産した農業労働者は10人であり、したがって1人当たりの賃銀を24ポンドとすれば、その賃銀総額は240ポンドとなるのであるから、この農業者の利潤は、小麦の価格総額720ポンドから賃銀の240ポンドを控除すれば、480ポンドとなる。ただし、地代はゼロである。

しかし社会の発展とともに人口が増え、小麦にたいする需要が増加すると、より劣等な状態における同じ耕地、あるいはより劣等な他の土地が耕作され、前よりも10クォーター少ない170クォーターが生産されるのである。そうすると1クォーター当たりの小麦の価格は、リカードゥによれば4ポンド4シリング8ペンスになり、1人当たりの賃銀は前と同じ6クォーターであるから24ポンド14シリングになり、ここで生産される4ポンド4シリング8ペンス×170クォーター、すなわち720ポンドから、賃銀総額247ポンドを控除すれば、この農業者の利潤は473ポンドになり、利潤は減少するのである。

リカードゥは同様にして、小麦の収穫が160、150、140の各クォーターに逓減した場合も、1クォーター当たりの小麦の価格が次第に騰貴し、したがって労働者の賃銀総額も上昇して、いずれも小麦の価格総額720ポンドからそれらが控除されるならば、利潤は465、456、445の各ポンドへと減少していく、と指摘している。

リカードゥはこれらの場合に「農業者のはじめの資本が3000ポンドであ

ると仮定」（同上，第1巻136ページ，岩波文庫版，上165ページ）しているので，小麦の価格に応じて獲得されるこれらの各投資の「利潤率」は，16，15.7，15.5，15.2，14.8，……の各パーセントに低下する傾向を示す，と述べるのである。

　こうして，結局，いずれの場合にも小麦の価値総額720ポンドのうち，労働者の賃金が占める割合が増加し，「利潤率」が徐々に低下していって，最後に720ポンド全部が賃金によって占められる場合を想定し，「賃金が（前述の場合のように）農業者の全収入高である720ポンドに等しくなるやいなや，蓄積は終わりを告げなければならない」（同上，第1巻142ページ，岩波文庫版，上172ページ）と述べるのである。そしてその理由として，「その場合には，いかなる資本も何らの利潤をも生むことができず，そしていかなる追加労働も需要されえず，その結果として人口はその最頂点に達しているだろうから」（同上，第1巻141ページ，岩波文庫版，上172ページ）と指摘するのである。そして彼はその場合に，農業者が農業労働者に賃金を支払った後の剰余価値はほとんど全部，地主などの所有に帰してしまうであろう，と次のように述べるのである。すなわち，「この時期のはるか以前に，はなはだ低い利潤率がすべての蓄積を抑止しているであろう，そして労働者に支払った後の，その国のほとんど全生産物は，土地所有者と十分の一税や租税の受領者の財産となっているだろう」（同上，第1巻141ページ，岩波文庫版，上172ページ）と。

　もちろんリカードゥは，このような状態に到達するまでに「利潤率」の低下に反作用する次のような事実，例えば「必需品の生産に関連のある機械の改良によっても，またそれによりわれわれが以前に要求された労働の一部分を放棄することができ，それゆえに労働者の第一次的必需品をひき下げることができる，農業科学上の諸発見によって」（同上，第1巻141ページ，岩波文庫版，上172ページ）「利潤率」の低下が阻止されるのである。

　しかしまたリカードゥは，「利潤率」の低下が生じてもより大なる利潤の量を求めてさらに資本の蓄積が行われることを指摘している。しかしそれがある点に達すると，「利潤率」の低下が，かえって「利潤」の絶対額の減少をもたらす，と次のように述べている。

われわれは，また，土地における資本の蓄積と，賃銀の上昇との結果として，資本の利潤率がいかに減少しようとも，しかもなお利潤総額は増加するであろう，ということをも予期すべきである。そこで仮に，10万ポンドの蓄積の反復とともに，利潤率が20%から19%へ，18%へ，17%へと，恒常的に逓減する率で低下するものとすれば，われわれは，これらの相つぐ資本所有者によって受理される利潤の全額はつねに累進的であろう，すなわち，この全額は，資本が20万ポンドのときには10万ポンドのときよりもより大であろうし，30万ポンドのときにはさらにより大であろうというように，逓減する率でではあるが，資本の増加ごとに増加するであろう，ということを予期すべきであろう。しかしながら，この累進は一定の期間について真実であるにすぎない。たとえば，20万ポンドにたいする19%は，10万ポンドにたいする20%よりも大であり，さらに30万ポンドにたいする18%は，20万ポンドにたいする19%よりも大であるが，しかし，資本の蓄積が多額にのぼり，利潤が低下した後は，それ以上の蓄積は利潤の総額を減少させる。たとえば，仮に蓄積が100万ポンドであり，利潤が7%であるとすれば，利潤の全額は7万ポンドであろう。いま，もしも10万ポンドの資本がこの100万ポンドに追加され，利潤が6%に低下するとすれば，資本の全額が100万ポンドから110万ポンドに増加するとしても，資本の所有者が受領するのは6万6000ポンド，すなわち4000ポンドの減額であろう（同上，第1巻144-145ページ，岩波文庫版，上175-176ページ）。

　リカードゥの考えるこのような経済状態を，彼はさらにマルサスやマカロック宛の手紙の中で「富源の終末」(the end of resources) と呼ぶとともに，すでに指摘した『原理』の第6章「利潤について」の中での説明と同じように，このような経済状態においてのみ資本の過剰と人口の過剰とが同時に生ずることを，次のように述べている。まず彼は，1820年5月2日付のマカロック宛の手紙の中で，「前に私が申しましたように富源の終末に到達した場合を除いては，資本と労働とが同時に過剰でありうるということは決して起りえません」（傍点は引用者）（同上，第8巻204ページ）と彼は述べ，また同年5月4日付のマルサス宛の手紙の中で，「より以上の分をもたらす土地の

力の減退のため，ある国がその富源の終末に到達するまでは，資本の過剰と〔人口〕の過剰とが同時に〔存在する〕ことはありえないと〔思います〕」(傍点は引用者）(同上，第 8 巻 208-209 ページ）と述べている。

　リカードゥが，なぜこのような経済状態を「富源の終末」と考えたのかについては，その理由は，次のことのように筆者には思われる。彼はもともと資本の蓄積は利潤率の高さに依存すると考え，その利潤率の高さは，各生産部門の労働者が各々付け加えた諸商品の価値のうち，もっぱら小麦の価格によって決定される労働者の賃銀に規定されると考えていたリカードゥにとっては，肥沃度の大である土地が多いか少ないかによって資本の蓄積が規定されるとしか考えられず，「蓄積の結果は，国を異にすれば異なるであろうし，そして主として土地の肥沃度に依存するであろう」(同上，第 1 巻 148 ページ，岩波文庫版，上 179 ページ）と述べ，さらに次のように指摘するのである。すなわち「一国の面積がどのように広くても，土地の品質が貧しく，また食物の輸入が禁止されているところでは，ごくわずかの資本の蓄積も，利潤率のはなはだしい減少と地代の急速な上昇とを伴うであろう。これと反対に面積は狭いけれども肥沃な国は，とくに食物の輸入が自由に許されるなら，多くの資本を蓄積しうるが，いちじるしい利潤率の減少も，いちじるしい地代の増加もないであろう」(同上，第 1 巻 148 ページ，岩波文庫版，上 179 ページ）と。したがって資本の蓄積とともにより優等な土地が枯渇し，より劣等な土地が耕作に引き入れられるにつれて利潤率の低下が生じ，その結果すでに指摘した『原理』の第 6 章「利潤について」での，「賃銀が……農業者の全収入高である 720 ポンドに等しくなるやいなや，蓄積は終わりを告げなければならない」状態に到達するのである。そして「労働者に支払った後の，その国の全生産物は，土地所有者と十分の一税や租税の受領者の財産になっている」のであって，産業資本が文字通り消滅するような状態に到達するのであるから，産業資本の利益を擁護する理論的代弁者としてのリカードゥがこのような状態を理論的に「富源の終末」と考えたのも無理からぬことであったと筆者は思う。

　しかしリカードゥは，資本の過剰と人口の過剰とが同時に生ずる「富源の終末」のような状態が近い将来に実際に到来すると考えていたかどうかはは

なはだ疑問である。なぜならば，彼は1815年10月17日付のマルサス宛の手紙の中で，「熟練や機械の改良は1000年後には地主の手に帰するかもしれませんが，900年間は借地農の手許に残るでしょう」（同上，第6巻356-357ページ）と述べているからである。このようにして，リカードゥにおいては資本の蓄積に伴って行われる劣等地耕作→労働賃銀の上昇→「利潤率の低下」→「富源の終末」の状態への到達は，資本蓄積論における，彼の長期的展望を示したものであって，現実の恐慌発生とは無関係に述べられていたのである。

　リカードゥは，以上のような彼のいわゆる「永続的な」(permanent)「利潤率」の低下による資本の過剰と人口の過剰との究明の外に，資本の蓄積が労働者人口の増加より急速な場合に生ずる「一時的な」(temporary)「利潤率」の低下の問題を論じている。リカードゥにおける経済学の体系の中では，資本の蓄積に伴う劣等地耕作→穀物価格の上昇→労働者の賃銀騰貴→「永続的な」「利潤率」の低下……という一連の論証過程のほうが，もちろん主要なものであろうが，しかし資本主義的生産において現実に恐慌をひき起こす資本の絶対的過剰生産を解明するための論証ということになれば，すでに本篇の第1章でマルクスのそれを論じたときに見たように，資本の労働力への需要増大によるリカードゥの「一時的な」「利潤率」の低下のほうが，はるかに重要な理論的要因であることは言うまでもない。

　リカードゥはまず，『原理』の第21章「蓄積の利潤と利子とにおよぼす影響」においてこの点にふれ，次のように述べている。すなわち「食物の価格が低くて，しかも資本の蓄積が利潤の低下を伴うかもしれない場合は，ただ一つだけであり，しかも一時的であろう。それは労働維持のための基金が人口よりもはるかに急速に増加する場合である。――その場合は賃銀は高く利潤は低いであろう」（同上，第1巻337ページ，岩波文庫版，下115ページ）と。そのように穀物の価格が低くても労働者の賃銀がなぜ騰貴するのかについてリカードゥは，「労働」という商品は他の商品と異なって「随意に増減できない商品だから」と指摘しつつ，次のように述べている。

　　一国の資本が異常に増加する場合に，穀物の価格が不変のままであるかもしくは賃銀よりも小さい割合で騰貴するのに，なぜ賃銀が上昇するの

か，また一国の資本が減少する場合に，穀物の価格は不変のままであるかもしくは賃銀よりもはるかに小さい割合で下落するのに，なぜ賃銀が低下するのか，しかもなぜこれがかなりの期間にわたってそうであるのか，その理由を理解することはきわめて容易である．その理由は，労働が随意に増減できない商品だからである．もしも市場にある帽子が需要にたいしてあまりにも少なければ，価格は騰貴するであろうが，しかしそれはほんの短期間のことにすぎない，というのは，1年も経つうちには，その事業により多くの資本を使用することによって，帽子の分量にいくらでも追加することができ，それゆえにその市場価格はながくその自然価格をはなはだしく超過することはありえないからである．しかし人間についてはそうはゆかない，資本が増加する場合に，人間の数を1年や2年で増加することはできないし，また資本が減退的状態にある場合に，その数をすみやかに減少させることもできない．それゆえに，労働維持のための基金は急速に増減するのに，働き手の数は緩慢に増減するから，労働の価格が穀物および必需品の価格によって正確に左右されるまでには，かなりの時間的間隔がなければならない」（同上，第1巻191-192ページ，岩波文庫版，上230ページ）．

そしてリカードゥはさらに，『原理』の第26章「総収入と純収入について」において，「あらゆる国の土地と労働との全生産物は，三部分に分割される，このうち，一部分は賃銀に，他の一部分は利潤に，そして残りの部分は地代に向けられる」（同上，第1巻398-399ページ，岩波文庫版，下187ページ）と述べて，一国で生産される商品の価値総額はすべて労働者，資本家および地主の三大階級にのみ分解されると考え，マルクスのいわゆる「v + m のドグマ」に陥っていたのであるから，蓄積される資本は全部，労働者を雇用すべき基金である「流動資本」と考えていた．例えば彼は，『原理』の第5章「賃銀について」の中で，「資本の蓄積，すなわち労働雇用手段の蓄積」（同上，第1巻114ページ，岩波文庫版，上140ページ），あるいは「資本の増加に比例して労働に対する需要が増加するであろう」（同上，第1巻112ページ，岩波文庫版，上139ページ）と述べているのである．したがって当然ながら，「社会が進歩するごとに，その資本が増加するごとに，労働の市場賃銀は上昇す

るであろう」(同上，第1巻112ページ，岩波文庫版，上135ページ)，あるいは「資本の蓄積は当然に労働雇用者間の競争の増加をもたらし，その結果として労働の価格の騰貴をもたらす」(同上，第1巻189ページ，岩波文庫版，上226ページ)，ということになり，「利潤率」は低下して，ときには資本蓄積の誘因が消滅してしまうことさえある，と指摘しているのである。

例えばリカードゥは，『マルサス経済学原理評注』(*Notes on Malthus's Principles of Political Economy*) のなかで，マルサスの『経済学原理』(初版) の第7章「富の増進の直接の原因について」を批判した「評注196」において，次のように指摘している。

> もし資本が人口にたいしてあまりにも急速に増大するなら，彼らは生産物の8分の7を支配するかわりに，100分の99を支配するかもしれず，こうしてより以上蓄積する誘因はなくなるであろう。もし誰もが自分の収入のうち緊急に必要なもの以外をぜんぶ蓄積する気になれば，こういった事態が生ずるであろう。というのは，人口の原理は，そのとき存在するであろうような大きな労働者に対する需要をみたすほど，有力ではないからである (同上，第2巻384ページ，岩波文庫版，マルサス著『経済学原理』下158ページ)。

これと同じような状態についてリカードゥは，以下のようなマカロック，ジェームズ・ミルおよびマルサスらへ送った手紙のなかで論じているのである。しかし彼は，このような状態に際して資本の過剰生産や商品の過剰生産などが生ずることは理論的にはありうるが，それらや人口の過剰などが実際に生ずることはありえないと主張し，総じて恐慌の存在を強く否定するのである。

まずリカードゥは，1820年5月2日付のマカロック宛の手紙においてマルサスを批判しつつ次のように述べている。

> 労働者の数が不十分だと労働者たちが生産物の大きな部分を支配して，利潤としてはほとんどあまさず，そのため資本家たちをして，追加的資本を再生産に投ずることを恐れさせるほどにもなりましょう。しかしこれらの低い利潤は，もし社会が富源の終末に当面していないとすれば，労働者の数が要求された仕事をするのに不十分な点からだけ生ずるので

す。前に私が申しましたように，富源の終末に到達した場合を除いては，資本と労働とが同時に過剰でありうるということは決して起こりえません。しかしマルサス氏は需要の欠乏から低い利潤を語り，また人口の過剰と平行して，ひとが使用できる以上の資本が存在しうるということがまったく可能だと考えます（傍点は引用者）（同上，第8巻204ページ）。

またリカードゥは，1821年12月18日付のジェームズ・ミル宛の手紙に同封された，『ミル経済学要綱評注』(Notes on Mill's Element of Political Economy)のなかで，たとえ労働者の賃銀が非常に騰貴して「利潤率」が低下しても，一般的には「需要のある，また消費すべき高賃銀をもつ人たちの好みにあうもの」が生産されるのであるから，食物や必需品の過剰生産は生じない，と次のように述べている。

> もしすべての人が貯蓄に熱中するならば，食物と必需品（労働を手に入れるために主としてもちいられるための素材）が消費される以上に生産されるでしょう。需要を超えるその供給は，増加した量をもっても労働を以前よりも多く支配できないような，そういう供給過剰を生みだすでしょう。貯蓄しようとするすべての動機は止みましょう，というのは，それが達成できないからですが，これの正当な理由は，資本が人口よりも急速に増加するということ，またしたがって，労働者たちが純生産物の非常に大きな量を支配する条件のもとにおかれるだろうということです。これは人口が増加するまで持続するだけで，そのときには労働はふたたび下落し，そして純生産物は資本家にとってより有利に配分されましょう。非常な高賃銀の期間は，食物や必需品は供給過剰を引き起こすような量では生産されないでしょう，というのは生産者にとっては需要のある，また消費すべき高賃銀をもつ人たちの好みにあうものを生産することが利益になるでしょうから（同上，第9巻145-146ページ）。

さらにまたリカードゥは，1821年7月9日付のマルサス宛の手紙の中で，地主や資本家による不生産的消費の伴わない急速な蓄積は，生産に対する通常の動機を失わせて停滞 (stagnation) を生じさせ，利潤率を低下させるばかりでなく，労働者を失業させる，と指摘しているマルサスの手紙に対して，彼は，マルサスが述べているこのような生産に対する動機の欠如は労働者の

賃銀騰貴によって生ずる「利潤率」の低下によるものと考え，そのような場合には諸商品の生産はストップする，と次のように指摘している。

> 生産のための十分な動機が存在しないかもしれない，そのためいろいろのものが生産されないことがあろうという点は私も承認します。しかし私が認めることができないのは，第一にそういう不十分な動機をもってしても商品が生産されるだろうとする点，また第二に，もしそれらの生産が生産者にとって損失をともなうなら，それは雇用される労働者に対してあまりに大きい割合が与えられるからだという以外の理由によるものだとする点です（同上，第9巻18ページ）。

さらにリカードゥは，1821年7月21日付のマルサス宛の手紙において，再び，生産に対する動機の欠如が生ずるのはマルサスの主張するように，地主や資本家による不生産的消費の増加を伴わざる生産力の発展によるものではなく，労働者における過度の賃銀騰貴によるものと指摘し，しかもそれは・理・論・に・お・い・て（in theory）のみそうなるにすぎないと述べるのである。そしてさらにリカードゥは，このような生産に対する動機の欠如から，営業の停滞も一般的過剰生産も生じないし，労働者人口の過剰も生じないことを主張しているばかりでなく，現実的にわれわれはこのような生産に対する動機の欠如を目撃したこともないと述べて，結局，生産に対する動機の欠如は，制度の上に生じた攪乱にすぎない，と指摘しているのである。これらのことを明らかにしている1821年7月21日付のマルサス宛の手紙をいくつかに分割して引用してみよう。なお，引用文にみられる「貯蓄」とは，資本の蓄積のことと思われる。

> 貯蓄がきわめて広く行われるため資本の使用からなんらの利潤も生じてこないという場合を考えることが可能だとは私もたしかに認めます。しかしこの場合，特殊な理由は，利潤を構成すべきまた通常の場合にはそれを構成している基金のすべてが賃銀のほうへ行って，労働の支持にあてられるべき基金を過度に膨張させるという点にあると私は主張します。労働者たちは彼らの労働に対して過度の支払いをうけ，必然的にその国の不生産的消費者となります。こういう場合には資本家たちは収入のなかから貯蓄して資本を増加させようとする十分な動機をもっていないの

で，そうすることを止めるでしょう（同上，第9巻26ページ）。

生産の増加をいっそうおしすすめる動機が一時的に存在しない事態をさして停滞（stagnation）と呼ぶのは適切な用語だとは思いません。事物の経過のなかで資本の大きな蓄積と，増加する人口に食物を供給する手段の欠乏から利潤が非常に低くなるときには，いっそう貯蓄をおし進める動機はすべて失われることになるでしょう，しかし停滞は生じないでしょう。──生産されるものはすべて適正な相対価格をもつでしょうしまた自由に交換されるでしょう。──たしかに停滞という言葉をこういう事態に適用するのは不適切です，というのは，一般的供給過剰（general glut）というものが存在するのでもなければ，またなにか特定の商品が不可避的に，見合う需要以上にはるかに多く生産されることもありますまいから（同上，27ページ）。

たしかに私は資本の使用がわずかの利潤でももたらす間は，誤算によるほかは，需要のない物が生産されることはありえないと言いました。しかし理論的にみて（in theory）資本家が同じ規模の生産を続行する動機を失うところまで生産がおしすすめられることはありえない，と言ったことはありません。生産がそこまで押しすすめられることは可能だと信じますが，われわれの時代にそれを目撃したことはありませんし，またそのような事態が資本家にとってどのように有害であるにしても，それがそうなるのは労働者にとって均衡を失した異例の利益を伴うという理由からだけだと私は確信しています。……もし私があなたと同じように，われわれはいま過大な貯蓄のために苦しんでいるのだと考えるのでしたら，消費の増加を営業の停滞の救済策とすることに反対することはないでしょう。前にお話したようにそういう原因からどうして営業の停滞が生ずるのか私には分かりません（傍点は引用者）（同上，28ページ）。

停滞は制度の混乱であって，過大な資本の蓄積から生じてくる過剰な一般的生産ではありません（同上，29ページ）。

以上見てきたようにリカードゥは，資本の蓄積に伴うところの「利潤率」の低下は，それが「永続的な」ものであれ「一時的な」ものであれ，ともに現実的な恐慌の根拠であることを自ら否定した。しかし彼は，たとえば「一

時的な」「利潤率」の場合のように，素朴ではあれ，少なくとも理論的には，労働者の賃銀騰貴による資本の過剰生産および商品の一般的供給過剰の可能性をほぼ認めるところまで到達していたにもかかわらず，現実的には人口の過剰も含めて，これらの過剰生産が生じないと考えたのは，なぜであろうか。

端的に言うならば，リカードゥは労働者の賃銀によるこのような「一時的な」「利潤率」の低下によって資本における生産の動機が失われる事態が生ずることは，理論的には，それが生ずる以前に，次のような二つの施策によってこれを防ぐことができる，と考えたからであろう。その一つは，どのようにして労働者の数を増加させるかについて，リカードゥはなんら明確に述べてはいないものの，彼は労働者の数を増加させれば賃銀はおのずから下がると主張するのであり，もう一つは，資本の，労働力に対する需要を減少させ，賃銀を下落させるために，資本家が自分の資本の一部分を不生産的に消費すればよい，という主張である。特にこの後者の場合には，労働者の雇用数は減少しなくても賃銀は必ず減少し，「利潤率」は上昇するだろうと彼は指摘するのである。

たとえばすでに引用した1821年7月9付けのマルサス宛の手紙の中で，リカードゥは，マルサスが生産物の適切な分配が行われないために巨大な生産力が活動せしめられず，したがって生産の継続に対する動機がなくなると述べていることを批判して，このような生産への動機がなくなるのは労働者の不足による賃銀騰貴とそのことに基づく「利潤率」の低下が原因だと指摘したうえ，次のように述べている。「この場合にも，私は，この誤った分配の真実の原因は市場における労働の不十分な量に求められるべきであり，またそれの追加的供給によって有効に救済されるであろうと言いたいのです」（傍点は引用者）（同上，第9巻17ページ）。

また同じマルサス宛の手紙の中でリカードゥはマルサスに対し，次のように述べている。

> 生産のための十分な動機が存在しないかもしれない，そのためいろいろのものが生産されないことがあろうという点は，私も承認します。しかし私が認めることができないのは，第一にそういう不十分な動機をもってしても商品が生産されるだろうとする点，また第二に，もしそれらの

生産が生産者にとって損失をともなうなら，それは雇用される労働者に対してあまりに大きい割合が与えられるからだという以外の理由によるものだとする点です。労働者の数を増してください，そうすればこのような弊害は是正されるでしょう。雇用者自身により多く消費させてください，すると労働に対する需要は減らないでしょうが，それまで過度に高かった労働者の給与は減るでしょう（傍点は引用者）(同上，第9巻18ページ)。

さらにリカードゥは同じ手紙の中で，「もし労働者が賃銀として生産物の大きな割合を受けとるとすれば，彼が受けとるもののうち，彼を元気づけて必要な能力の発揮を可能にする以上のものはすべて，あたかもそれが彼の雇主か国家によって消費されるのと同じ大きさの不生産的消費」（同上，第9巻18ページ）であると指摘したあとで，彼は労働力に対する需要を減少させ，労働者の賃銀騰貴による不生産的消費を減少させて，「利潤率」を再び増大させるために，ここでも彼は労働者の数を増加させることと，労働者を雇用すべき資本の一部分を資本家自らが不生産的に消費することを主張し，次のように述べている。

> 労働階級の不生産的な消費および支出の増加によってさえ利潤は下落するだろうと私は言います。この後のほうの不生産的支出を少なくしてください，そうすれば利潤はふたたび上昇するでしょう。――このことは二つの方法によって行われましょう，すなわち働き手を増やして労働階級の賃銀を低め，したがってその不生産的支出を低めることによってか――または雇用者階級の不生産的支出を増やして，労働に対する需要を減らすことでやはり賃銀を低めることによってです（傍点は引用者）(同上，第9巻19ページ)。

これと同じ趣旨のことをリカードゥは，すでに引用した1821年7月21日付のマルサス宛の手紙のなかで，さらに次のように指摘している。まず彼は，労働者の賃銀騰貴による「利潤率」の低下が蓄積への動機を消滅させるという事態にたいして，資本家が労働者に支払うべき資本の一部分をみずから浪費すれば，再び「利潤率」は増大する，と次のように指摘している。

> 貯蓄がきわめて広く行われるため資本の使用からなんらの利潤も生じて

こないという場合を考えることが可能だとは私もたしかに認めます，しかしこの場合，特殊な理由は，利潤を構成すべきまた通常の場合にはそれを構成している基金のすべてが賃銀のほうへ行って，労働の支持にあてられるべき基金を過度に膨張させるという点にあると私は主張します。労働者たちは彼らの労働に対して過度な支払いをうけ，必然的にその国の不生産的消費者となります。こういう場合には，資本家たちは収入のなかから貯蓄して資本を増加させようとする十分な動機をもっていないので，そうすることを止め——またあなたがお望みならその資本の一部分を浪費しさえするだろうという点にも私は同意します。が私はお尋ねします，これからどのような弊害が生じてくるでしょうか？ 資本家にとってはなんらの弊害も生じないということをあなたはお認めでしょう，というのはこれによって彼の享楽と彼の利潤は増大することになるか，または彼は引き続き貯蓄するだろうからです（傍点は引用者）（同上，第9巻26ページ）。

リカードゥはさらに同じ手紙のなかで，労働者の賃銀騰貴により「利潤率」が低下して生産を続行すべき動機が消滅するようなことがあっても，それは，現実的には，労働者の数を増加させるか，あるいは，資本家による自己の資本の一部の不生産的支出の増大によって労働者の賃銀が低下させられれば，救済される，と次のように述べている。

たしかに私は資本の使用がわずかの利潤でももたらすあいだは，誤算によるほかは，需要のない物が生産されることはありえないと言いました，しかし理論的にみて資本家が同じ規模の生産を続行する動機を失うところまで生産が押しすすめられることはありえないと言ったことはありません。生産がそこまで押しすすめられることは可能だと信じますが，われわれの時代にそれを目撃したことはありませんし，またそのような事態が資本家にとってどのように有害であるにしても，それがそうなるのは労働者にとって均衡を失した異例の利益を伴うという理由からだけだと私は確信しております。したがってその救済策，しかも唯一の救済策は，もっと適正な生産物の分配です。そしてこれはただ，このまえの手紙で言ったように，労働者の増加か，または資本家側のもっと気前のよ

い不生産的支出によってだけ達成できるものです（傍点は引用者）（同上，第 9 巻 28 ページ）。

　労働者の賃銀騰貴によって生産に対する動機が欠如するこのような事態に対処して，リカードゥが提案しているこれら二つの施策は，はたして現実に実行可能であろうか。これらははなはだ疑問である。なぜならば，第一の施策については，すでに以前に指摘したように，リカードゥ自身が「労働は随意に増減できない商品」（同上，第 1 巻 191 ページ，岩波文庫版，上 229 ページ）である，あるいは「資本が増加する場合に，人間の数を 1 年や 2 年で増加することはできないし，また資本が減退状態にある場合に，その数をすみやかに減少させることもできない」（同上，第 1 巻 192 ページ，岩波文庫版，上 229-230 ページ）と述べているからであり，また第二の施策については，労働者の賃銀が騰貴して「利潤率」が低下し，諸資本間の競争が激化しているときに，各資本家が自分の所有する資本の一部分を不生産的に消費することは，はたして可能であろうか，はなはだ疑問であるからである。

## む　す　び

　マルクスは，本篇の第 1 章ですでに述べたように『資本論』第 3 巻第 3 篇「利潤率の傾向的低下の法則」，第 15 章「この法則の内的な諸矛盾の展開」の第 3 節「人口の過剰に伴う資本の過剰」において，資本の絶対的過剰生産につき，次のように指摘している。

　　増大した資本が，増大する前と同じかまたはそれよりも少ない剰余価値量しか生産しなくなれば，そこには資本の絶対的な過剰生産が生ずるわけであろう。すなわち，増大した資本 $C + \Delta C$ は，資本 $C$ が $\Delta C$ だけ増大する前に生産したよりも多くない利潤を，またはそれよりも少ない利潤をさえ生産するであろう。どちらの場合にも一般的利潤率のひどい突然の低下が起きるであろうが，しかし今度は，この低下を引き起こす資本構成の変動は，生産力の発展によるものではなく，可変資本の貨幣価値の増大（賃銀の上昇による）と，これに対応する必要労働にたいする剰余労働の割合の減少とによるものであろう（『マルクス・エンゲルス全

集』第 25 巻,第 1 分冊 315-316 ページ)。

　マルクスの指摘するこのような事態は,すでにみたように私見によれば,沈滞期,中位的活況期,高圧のもとでの生産期,そして恐慌期から成り立つ彼のいわゆる 10 年周期の産業循環のうち,労働者の枯渇による賃銀騰貴ならびに利潤率の低下が著しい「高圧のもとでの生産期」に起こり,資本の絶対的過剰生産を準備するのである。

　これと比較して述べれば,すでにみたようにリカードゥの蓄積論には,資本の蓄積にともなって穀物に対する需要が増加し,劣等地の耕作が進展して労働者の賃銀が徐々に騰貴すること,そしてそれが「利潤率」を「永続的に」低下させるばかりでなく,利潤の絶対量を減少させる「富源の終末」の状態に到達させるという考えがあるが,もう一つ,資本の蓄積が急激であって人口の増加度よりも労働者を雇用すべき基金の増加度のほうが大であるときには,労働者の賃銀が騰貴し,「一時的な」「利潤率」が極度に低下して生産の動機が消滅し,資本や商品,それに人口などが過剰になるような場合が,「理論的には」考えることができる,しかし現実的にはこのような状態を目撃したことはないと彼は指摘している。イギリスの 1815 年,1819 年などのいわゆる過渡的恐慌を彼は見ているはずなのに,である。しかし結局,マルクスの資本の絶対的過剰生産の論理は,リカードゥのこの第二の考えを理論的先駆としている,と考えてよいであろう。

注
(1)　玉野井芳郎氏は,「資本の蓄積と資本の過剰——リカァドオの学説を中心として」(『金融経済』第 4 号,1950 年)において,また中野正氏は「1819 年の恐慌とリカードゥ」(『古典恐慌論』雄松堂書店,1969 年)においては,「永続的な」「利潤率」の低下に伴う「利潤」の絶対的減少の面を重視し,この面にマルクスの資本の絶対的過剰生産との対応を見いだされるが,羽鳥卓也氏は『古典派資本蓄積論の研究』(未来社,1963 年)の第 4 章「リカアドウにおける資本蓄積と恐慌」において,総じてリカードゥには資本の絶対的過剰生産の論理は存在しないことを指摘している。また富塚良三氏は『蓄積論研究』(未来社,1965 年)の第 2 章「リカードゥ蓄積論の構造——とくに『機械論』の意義について」のなかで,「賃銀の市場率」の急騰による「利潤率」の急落→蓄積の一時的停止は資本の絶対的過剰生産の原型ではない,と述べている。さらにまた,鈴木喜久夫氏は「恐慌論における古典派とマルクス」(『経済学の方法』末永茂喜教授還暦記念論文集,日本評論社,1968 年)において,リカードゥは資本

の絶対的過剰生産の論理を否定したと述べている。

なおベルクマン（Eugen von Bergmann）は，豊崎・三谷共訳『国民経済学的恐慌学説史論』（高陽書院，1941年）（*Geschichte der Nationalökonomischen Krisentheorie*, 1895）において，簡単ながらリカードゥの「永続的な」「利潤率」の低下による資本の過剰生産の説明に注目し，「リカードゥにおいては後年の恐慌理論によってさらに発展せしめられ，かつ直接に一般的過剰生産の可能性に関する証明に用いられたところの思想が見いだされる」と述べている。

# 第3篇

## 『剰余価値学説史』におけるマルクスの，マルサス剰余価値論批判について

―― 一つの疑問 ――

# 序　説

　周知のようにマルクスの『剰余価値学説史』(1)は，1862年1月から1863年7月にかけて執筆され，そしてF.ケネーやアダム・スミス，および，D.リカードゥらを含みつつ，イギリスの重商主義者サー・ジェームズ・スチュアートの経済学説から始まって，同じくイギリスのリチャード・ジョーンズのそれに至るまでの数多くの経済学説が取り扱われ，分析されている。

　マルクスがこの著書で書き上げようとしたことは，剰余価値という経済学的な範疇が，彼以前の過去の経済学者たちによっていかに形成されてきたのか，を追究することであって，その結果，リカードゥ派社会主義者など少数の人々を除けば，「すべての経済学者が共通にもっている欠陥は，彼らが剰余価値を，純粋に剰余価値そのものとしてではなく，利潤および地代という特殊な諸形態において考察している」(『マルクス・エンゲルス全集』第26巻，第1分冊7ページ)というマルクスの指摘が生まれたのである。

　このような『学説史』におけるマルクスの，マルサス剰余価値論に対する分析と批判とは，他の経済学者たちに対するそれらに比較すると，かなり異質的なものであったと思われる。マルサス以外の経済学者たちによる剰余価値論は，マルクスの指摘のように，たとえそれらを「純粋に剰余価値そのものとしてではなく，利潤および地代という特殊な諸形態において考察」したにしても，F.ケネーやG.ラムズィ，R.ジョーンズらを除けば，一般的にはそれらは賃銀労働者たちの剰余労働によって形成された，とマルクスは理解し，その上それらは，ケネーらも含めて，経済学史的には剰余価値範疇の形成に多かれ少なかれ貢献している，と彼は判断していたからである。

　しかしマルサスの場合には，これらの他の経済学者たちによる分析とは非常に異なるのであって，彼の剰余価値論が果たした役割は，ケネーやアダム・スミスおよびリカードゥらの努力によって築き上げられてきた剰余価値範疇をむしろ否定し，そしてそれを重商主義者の「譲渡に基づく利潤という俗流的見解に立ち返」(同上，第3分冊12-13ページ)らせるものであるとマルクスは考えた。そればかりでなく彼は，経済学史上の観点からマルサスに対

し，次のような痛烈な批判を加えている。「彼は議論の中では重金主義の無内容な観念——譲渡に基づく利潤——に逆もどりし，総じてもっとも不快な混乱に巻きこまれている。こうして，マルサスはリカードゥを凌駕するどころか，議論の中では経済学を再びリカードゥよりも前に，スミスや重農学派よりも前にさえ押しもどそうとしているのである」（同上，第3分冊7ページ）と。

しかし筆者は，マルサスの諸著書に目を通してみるとき，彼の剰余価値論が必ずしもマルクスが指摘するような意味で，一義的に「譲渡に基づく利潤」と同じであると考えることはできない，と思ったのである。

その理由は，マルサスが彼の『経済学原理』(2)の初版においても第2版においても，『国富論』におけるスミスの生産的労働と不生産的労働の規定を理論的にほぼ忠実に踏襲し，そしてそのような観点から，その両者の区別を曖昧にしているジェームズ・ミルの学説を『経済学における諸定義』(3)において痛烈に批判しているからである。その場合マルサスは，資本と交換され雇用されて，物質的な商品を生産するばかりでなく，「労働の価値」以上の価値の増加をもたらす労働を生産的労働とし，収入と交換される不生産的労働——『原理』の第2版では「個人的奉仕」——と厳しく区別しているのである。

したがってマルサスの，このような考えから，彼が最も生産性が大であると考えていた農業生産部面においてはもちろんのこと，——その場合，彼の『価値尺度論』(4)での論述の検討も重要——，農業生産部面以外においても剰余生産物および剰余価値が生み出されることを明確に述べていること，さらにマルサスは『経済学における諸定義』において彼のいわゆる「基本的生産費（elementary cost of production）」等を論ずる場合，例えば「商品において作り上げられた労働と利潤の分量」(the quantity of labour *and of profits* worked up in commodities)」（イタリックはマルサス）といった表現を用いて，「労働の価値」ばかりでなく「利潤」も商品の生産者によって作り上げられたものと考えていたこと，等である。ただ彼の場合には，生産的労働者による剰余生産物が剰余価値となりうるためには，それに対する地主等の不生産的消費者による有効需要によって，「労働の価値」以上の価格の騰貴が必要なのであるが。この騰貴が不足すると剰余生産物の一部分が販売不能となり，一般的過剰生

産に陥るのである。

　いずれにしてもマルサスが考えた剰余生産物ないし剰余価値は，マルクスが考えたような「譲渡に基づく利潤」としてではなく，直接的生産過程において生み出されたものとして理解できる，というのが，筆者の考えである。

　マルサスのこれらの考えを明らかにする前に，まず彼を批判するマルクスの見解を概観してみようと思う。

注
(1) 『マルクス・エンゲルス全集』大月書店版，第 26 巻，等を使用する。なお再度引用の際には，『学説史』とのみ記す。
(2) Thomas Robert Malthus, *Principles of Political Economy considered with a view to their Practical Applications*, 1820 ; 2nd, edition, 1836. 訳書は，小林時三郎訳『経済学原理』上・下，岩波文庫版，1968 年；第 2 版，依光良馨訳，上，1949 年，下，1954 年，春秋社版を使用する。再度引用の際には『原理』とのみ記す。なお本篇では，マルサスの原書のページを示す場合には，Works と記して，*The Works of Thomas Robert Malthus*, edited by E.A. Wrigley and David Souden, London, W. Pickering, 1986 からも関係する著書名，ページ等を併記する。
(3) *Definitions in Political Economy*, 1827. なお訳書は，玉野井芳郎訳『経済学における諸定義』岩波文庫版，1977 年を使用する。再度引用のときは『諸定義』とだけ記す。
(4) *The Measure of Value stated and illustrated, with an Application of It to the Alterations in the Value of the English Currency since 1790*, 1823. なお訳書は，玉野井芳郎訳『価値尺度論』岩波文庫版，1949 年，を使用する。

# 第1章
# 『剰余価値学説史』におけるマルクスの，
# マルサス剰余価値論批判

　マルクスは『剰余価値学説史』を執筆するとき，これにシスモンディとマルサスとを加えるか否かについて迷ったようであるが，(1) 結局シスモンディは除かれ，マルサスが取り上げられている。

　それはとにかく，リカードゥに対する分析に次いで取り上げられている，第19章「T.R.マルサス」でのマルクスによる，マルサス剰余価値論批判の論点は，「彼（マルサス——引用者）は，利潤の発生およびその内的な可能性の問題には触れていない」（『マルクス・エンゲルス全集』第26巻，第3分冊30-31ページ）というマルクスの簡潔な言葉に集約されている。というのはマルクスによれば，本来，資本主義社会では，資本家が労働者から彼らの「労働」を購入して商品を生産させた場合，労働者が支出する労働は，彼らの「労働の価値」（＝賃銀）以上の剰余価値を商品に付け加えるという，価値増殖的作用をもっているのにもかかわらず，マルサスはそうは考えずに，彼らの労働は「労働の価値」部分のみを商品に付け加えるだけである，と考えていたからである。そしてそういう意味で，「マルサス氏は，資本としての商品の価値増殖的利用を商品の価値に変えてしまう」（同上，第3分冊12ページ）というマルクスの批判が生まれたのである。

　したがってマルクスは，剰余価値は労働者の剰余労働によって生産されることを理解できなかったマルサスが，それでは剰余価値はどのようにして生み出されると考えていたのか，について，次のように述べるのである。

　　マルサスが理解していないことは，一商品に含まれている労働の総量と，その商品に含まれている支払労働の量との相違である。まさにその差額こそが利潤の源泉を形成するのである。だが，さらにマルサスは，必然

的に，利潤を次のことから導き出すに至っている。すなわち，売り手は，商品を，それが彼に費やさせたものを表わす価格よりも高く売る（事実，資本家はそうしたことをする）というだけでなく，その商品に費やされたものを表わす価格よりも高く売るということである。こうして彼は，譲渡に基づく利潤という俗流的見解に立ち返り，売り手が商品をその価値よりも高く（すなわち，それに含まれているよりも多くの労働時間で）売ることから剰余価値を導きだすに至っている。彼がこうして一商品の売り手としてもうけるものを，彼は，他の一商品の買い手として失うのであり，そして絶対に理解できないのは，価格のこのような一般的な名目的な引き上げによっていったい何が「利益になる」と言われるのか，ということである。特に，それによって社会が全体として豊かになると言うのはどのようにしてなのか，また，それによって現実の剰余価値または剰余生産物が生ずると言うのはどのようにしてなのか，それは絶対に理解できない。これは，ばかげた愚かな考えだ（傍点はマルクス）（同上，第3分冊12-13ページ）。

同様にマルクスは，マルサスの剰余価値論について，次のようにも指摘している。

　マルサスによれば，生きている労働は，それと交換される対象化された労働よりも大きくはない。したがって，商品は不払労働部分を含むことなく，ただ，等価物を補塡する労働だけを含んでいる。したがって，当然の結果として，商品の価値がそれに含まれている労働によって規定されるとすれば，それは利潤をもたらさないことになるであろう。したがって，それが利潤をもたらすとすれば，これは，その商品の価格のうち，その商品に含まれている労働を越える超過分であろう。だから，その商品がその価値（利潤を含むそれ）で売られるためには，その商品自身に費やされた労働量・プラス・その商品の販売のさいに実現される利潤を表わす労働の超過分に等しい労働量を支配しなければならないのである。（傍点はマルクス）（同上，第3分冊21ページ）。

要するにマルクスによれば，「利潤は，商品が買われるときよりも高く売られる，ということのうちにある」（傍点はマルクス）（同上，第3分冊14ペー

ジ）というのが，マルサスの剰余価値論なのである．

さらにマルクスは，以上のような説明を行った後，それでは「資本家に，彼の商品に含まれている労働・プラス・彼の利潤に等しい労働の量を支払う買い手は，どこからやってくると言うのであろうか」（同上，第3分冊14ページ）と自問自答を行い，そしてマルサスの剰余価値論に伴う実現の問題に触れつつ，次のような趣旨の考えを明らかにするのである．

まず資本家同士が，市場においてお互いに「利潤」を獲得するために，自分の商品の価格を，それがもつ価値（＝「労働の価値」）以上に引き上げても，各資本家は売り手として手に入れたものを買い手としては失うのであるから，「利潤」獲得は不可能である，と．

それでは労働者が，彼らの収入で，彼らが生産した商品を買い戻したならば，資本家たちは自分たちの「利潤」を獲得できるであろうか，とマルクスは再び設問し，そしてそのような場合にも資本家は，労働者の需要だけでは「利潤」を獲得できない，と答えている．なぜならば，労働者の収入は彼らの「労働の価値」部分を表す商品を買い戻すだけで，それ以上の価格の上昇によって生み出される「利潤」に対しては，有効需要たりえないからである[2]，と．そしてマルクスは，さらに設問を繰り返し，結局「労働者自身よりほかの他の需要，他の買い手が必要であり，そうでなければ，利潤は存在しないであろう」（同上，第3分冊15ページ）と述べつつ，労働者以外の「他の買い手」についてマルクスは，次のように述べている．

> 資本家が彼の利潤を実現することが〔できる〕ためには，そして商品を「その価値どおりに売ることが」〔できる〕ためには，売り手になることのない買い手が必要である．このことから，地主，恩給生活者，冗職者，牧師等の必要性が出てくるのであり，彼らの召使や従者たちも忘れてはならないことになる．……以上のことから当然出てくる帰結は，売り手が市場すなわち彼らの供給に対する需要を見いだすことができるように，不生産階級を最大限に増加させるということにとっての彼の弁護論である．こうして，さらに明らかになることは，この人口論のパンフレット作者が，不断の過剰消費と，怠け者による年々の生産物の最大限の取得とを，生産の条件として説いている，ということである（傍点はマルク

ス）（同上，第3分冊15ページ）。

なお引き続きマルクスの同趣旨の文章を引用しておこう。彼は次のように述べている。

　マルサスの価値論からは，不断に増大する不生産的消費の必要性に関する全学説が出てくるが，これは過剰人口（生活手段の不足による）を説いたこの教師が大いに力説したものである。商品の価値は，……マルサスの場合には，これは，商品に含まれている賃銀の価値・プラス・一般的利潤率の高さによって定まるこの前貸しへの利潤付加分に等しい。この名目的な価格付加分が利潤を形成し，商品の供給すなわちその再生産の条件なのである。これらの要素は，生産者にとっての価格とは区別される買い手にとっての価格を形成し，そして，この買い手の価格こそが商品の現実の価値なのである。そこで問題になるのは，この価格はいったいどのようにして実現されるのか？　だれがいったいそれを支払うのか？（傍点はマルクス）（同上，第3分冊42ページ）。

マルクスによれば，この価格を実現するものは「高率の課税，国家や教会の冗職者の集団，大きな軍隊，年金，牧師のための十分の一税，巨額の国債および時々の浪費的戦争」（傍点はマルクス）（同上，第3分冊56ページ）等であって，またこのことは，次のような意味を持つものである，と彼は指摘している。すなわち，「マルサスの諸結論は，価値に関する彼の根本理論からまったく正確に引き出されている。だが，この理論はこの理論で，当時のイギリスの状態，地主制度，『国家と教会』，年金受領者，徴税官，十分の一税，国債，株式投機者，小役人，牧師および召使（『国民の支出』）の弁護という彼の目的に不思議に適合していた」（同上，第3分冊57ページ）[3]，と。

注
(1) 1863年1月に書かれた「『資本論』第3部または第3篇のプラン」に，「7. 利潤に関する諸学説」。——シスモンディやマルサスをも『剰余価値学説史』のうちに入れるべきかどうかの問題」と書いてある（『学説史』第26巻，第1分冊527ページ）。
(2) 同上，第3分冊14-15，42-57ページ。
(3) マルクスは，『学説史』第19章「T.R. マルサス」において，『穀物法の効果に関する諸考察』(*Observations on the Effects of the Corn Laws...*, 1814) から1回，『経済学原理』（初版，2版）から23回ほど，『価値尺度論』から6回ほど，『経済学における諸定義』（ケ

ーズノブ版を含む）から 38 回ほど，引用している。

　なおマルクスが，マルサスの剰余価値論に対してもっぱら批判を加えているのは，同章の「1. マルサスによる商品範疇と資本範疇との混同」から「11. 過剰生産。『不生産的消費者』等々」までの範囲内では，『原理』はほとんど引用されていず，ほとんどもっぱら『諸定義』が使用され，それに数回，『価値尺度論』から引用されているだけである。

# 第2章
# アダム・スミスの生産的労働論に対するマルサスの評価

　すでに本篇の第1章で指摘したように，マルクスはマルサスの剰余価値論の誤りの根本原因は，彼が「ある与えられた量の労働の価値とその商品の価値とは等しいのだから，……この労働量が表される価値は賃銀の価値に等しい」(傍点はマルクス)(『マルクス・エンゲルス全集』第26巻，第3分冊20ページ)と考えていた点に求めている。そうすると当然ながら，「ある商品に吸収され，それに含まれている直接的労働(つまり生産手段を除いたあとの)は，それと引き換えに支払われる価値よりも大きな価値を創造することなく，ただ賃銀の価値だけを再生産する」ということになり，したがって「すでにこのことからだけでも，もし諸商品の価値がそれに含まれている労働によって規定されるとすると，利潤は説明できなくなり，むしろ他の源泉から説明されなければならない，ということは明白である」(同上，第3分冊20-21ページ)という結論になる。

　このようにしてマルクスは，「労働の価値」に等しい商品の価値以上にその価格を名目的に高めて資本家に「利潤」を獲得させるのは，労働者以外の「他の源泉」，すなわち地主をはじめとする不生産階級等からの有効需要であり，したがって彼はマルサスの剰余価値論を，流通過程から獲得される重商主義の「譲渡に基づく利潤」と同等視した。

　問題は，マルサスがはたしてそのように一義的に考えていたのか，ということである。

　本篇の序説でも指摘したようにマルサスは，アダム・スミスの生産的労働と不生産的労働との規定をほぼ忠実に踏襲し，そして『経済学原理』(初版)の第1章「富の定義および生産的労働について」，第2節「生産的労働およ

び不生産労働について」において,「アダム・スミスの見解を採り入れる私の理由をすすんで与えようと思う」(*Principles*, 1st., p. 30, *Works*, Vol. 5, p. 30, 岩波文庫版『経済学原理』上52ページ) と述べている。アダム・スミスの見解とは,言うまでもなく,資本と交換され,そして剰余価値を含んだ物質的な商品を生産する労働を生産的労働,収入と交換され,そして,剰余価値を生産しない労働を不生産的労働とするものである。<sup>(1)</sup>

マルサスは,「人間に有用ないっさいの物質物をもって富と考えるアダム・スミスは,生産的労働をもって,そうした物質物の生産か,またはその増加価値 (increased value) において実現される労働を意味させている」(ibid., p. 30, *Works*, Vol. 5, p. 29, 同上, 上51ページ) と述べている。

しかもマルサスは,生産的労働を支出する人々を,「もし貯蓄が資本の増加の直接的原因であると認められるならば,富の増進に関するすべての議論において,この増進を早めるのに極めて重要な役割を演じているように思われる一群の人々」(ibid., pp. 31-32, *Works*, Vol. 5, p. 31, 同上, 上, 53ページ) である, と指摘している。

したがって当然ながら,彼は「年々の生産物と消費との均衡」(ibid., p. 34, *Works*, Vol. 5, p. 34, 同上, 上55ページ) を考慮しつつ,「もし一定の期間において一国の生産物がその消費を越えるならば,その資本をふやす手段は与えられるであろう……。もし右の期間の消費が生産物とまったく等しいならば,資本をふやす手段は与えられることなく,したがって社会はほとんど停止してしまうであろう。もし消費が生産物を越えるならば,それに続く各期間毎に社会への供給はいっそう悪くなるであろう……」(ibid., p. 34, *Works*, Vol. 5, p. 34, 同上, 上55ページ) と述べ,そして国家の経済にこのような違いをもたらす原因は,その国に,生産的労働者,あるいは不生産的労働者が多いか少ないか,によることを,次のように指摘している。

> もし社会の進歩的,停止的,または下降的状態がその均衡に左右されるものであるならば,この均衡を順調にするのにもっぱら力を貸す人々<sup>(2)</sup>を,秤の反対側を重くするのに主に力を貸す人たち<sup>(3)</sup>と,区別するのは確かに重要であるにちがいない。このような区別がなければ,われわれは,なにゆえにある国民が繁栄しているのに外の国民が衰退しているのかの

原因を追究することはできないであろう。また，宮廷の仕臣や多すぎる貴族が勢力を占めている国と比べて，商工業者の多い国の富がまさっていることを，われわれは，はっきりと説明することができないであろう（ibid., p. 34, *Works*, Vol. 5, pp. 34-35, 同上，上 56 ページ）。

マルサスはこのように，生産的労働者が国富を増加させることを述べたうえ，改めてそれは重農主義者が考えるように農業労働だけによるものではないことを指摘し，「農業労働者の数は，それのみでは国富を規定しうるものではない。われわれは明らかに，商工業の資本および熟練の成果にも言及するところのある生産性の定義を求めている。そしてわれわれが，これらのもっとも重要な結果を生み出す労働をもって富を生産するものと考え」（ibid., pp. 36-37, *Works*, Vol. 5, p. 36, 同上，上 58 ページ）る，と指摘しつつ，彼は生産的労働と不生産労働との区別こそがスミスの経済学の基礎であることを強調し，次のように述べている。「この区別は，もしそれが否定されると，彼がその上に構築した上層建築が大地に倒壊してしまうに違いないほどに，明らかに，アダム・スミスの著作の隅の礎石（corner-stone）であるとともに，彼の推論の主体が依拠している基本である，と考えなければならない……」（ibid., p. 37, *Works*, Vol. 5, p. 37, 同上，上 59 ページ）と。

ただ彼は，『原理』の第 2 版や『諸定義』等では行っていないが，『原理』の初版において，スミスの生産的労働と不生産的労働との区別を，「より多く生産的，および，より少なく生産的という言葉に置き換えるであろう」（ibid., p. 38, *Works*, Vol. 6, p. 362, 同上，上 60 ページ）と述べている。マルサスによればこのような「考察方法は，おそらく，特定の点においては，アダム・スミスの方法にまさる若干の利点をもつであろう。それは，労働を二種類にのみ分け，両者の間に厳密な区別の線を引くことをしないで，有用で，かつ，かなり正確な生産性の等級（scale）を確定する……」（ibid., p. 39, *Works*, Vol. 6, p. 362, 同上，上 62 ページ）ことを可能にするからである。

それはとにかくとしてマルサスは，スミスのいわゆる不生産的労働を含む，より少なく生産的な労働について，次のように指摘している。

　　富を生産することもっとも少ない労働は，その成果が交換価値においてこのような労働に支払われた価値に等しいだけで，したがって実際に用

いられた労働者以外は社会の外の階級を扶養することなく，ほとんど，または，まったく資本を更新することなく，また，将来の生産をたやすくするような種類の蓄積に直接かつ有効に向かって行くことも最も少ないものであろう。この最後の生産的労働の区分のなかには，もちろんアダム・スミスのいわゆる不生産的労働者のすべてが，見いだされるであろう (ibid., p. 39, *Works*, Vol. 6, p. 362, 同上，上 62 ページ)。

これに対してマルサスは，より多く生産的な労働については，「労働者自身のほかに社会の他の諸階級を扶養する，より生産的な種類の労働」(ibid., p. 40, *Works*, Vol. 6, p. 363, 同上，上 63 ページ) と呼んで，それを剰余価値を生産する労働であることを示し，そしてこれを，すでに見たように，より少なく生産的な労働が，「実際に用いられた労働者以外は社会のほかの階級を扶養することがない」こと，すなわち，剰余価値を生産しない労働と対比させている。

同様に，マルサスは，「自由競争価格で売られる」「さまざまの種類の労働の生産物」を生産する労働が「労働の価格」を越える剰余価値を生みだすことについても，次のように述べている。「たとえば，すべての労働は，……さまざまの種類の労働の生産物が，自由競争価格で売られた場合に，それに投下された労働の価格を価値において越える程度に比例して価値を生産するのだと言いえよう」(ibid., p. 38, *Works*, Vol. 6, p. 362, 同上，上 60 ページ) と。

引き続き彼は，賃銀，利潤および地代を生む農業労働と，賃銀および利潤を生む「その働きが資本，または，以前の労働の成果に助けられること最も多い労働」等が剰余価値を生みだすことについて，次のように明らかにしている。

> この原理に従えば，農業労働が一般的に最も生産的なものとなろう。なんとなれば，実際に使用されているほとんどすべての土地の生産物は，ただたんにそれに用いられた労働者に支払うのに十分な交換価値をもつだけでなく，農業者が前払いした資本の利潤，および，地主が貸付けた土地の地代を支払うに足りるだけのものをもっているからである。農業労働に次いで，その働きが資本，または，以前の労働の成果に助けられること最も多い労働が，一般的に最も生産的なものとなるであろう。と

いうのは，以上のすべての場合において，生産された交換価値が生産に
投下された労働の価値を越えること最も多く，そして，利潤という形態
で最も多くの追加的人数を維持し，資本の蓄積への傾向が最も大きいで
あろうからである（傍点は引用者）(ibid., p. 38, *Works*, Vol. 6, p. 362, 同上，
上60ページ)。

　なおマルサスは，『原理』第2版，第1章第2節「生産的労働について」
においても，「一国の物質的な資本を維持し，回復し，または増加しうるも
のは，アダム・スミスの生産的労働だけである」と述べつつ，生産的労働と
は「物質的なものの生産に，あるいは，価値の増加に実現される労働」(ibid.,
2nd., p. 36, *Works*, Vol. 5, pp. 30-31, マルサス著，依光良馨訳『経済学原理』第2版，
上50ページ）であって，それが「利潤」や「剰余」を生産することを，次の
ように明らかにしている。

　　利潤と呼ばれるものの大きな源泉と，通例，富と呼ばれるものの大部分
　　とは，アダム・スミスが生産的労働と呼んだものを維持するために，物
　　質的な資本を使用することから直接に得られるものである，ということ
　　は認められなければならない (ibid., 2nd., p. 39, *Works*, Vol. 5, pp. 31-32, 同上，
　　上 51-52 ページ）。

　　生産的労働者は，彼ら自身のための富と蓄積手段とを獲得すると同時に，
　　資本の利潤で生活するところの社会の極めて重要な他の階級に大きな剰
　　余（surplus）を付与するのである。アダム・スミスのいわゆる生産的労
　　働と個人的奉仕に従事している人々とを異なった観点に置くのには，こ
　　の区別だけでまったく十分である (ibid., 2nd., p. 41, *Works*, Vol. 5, p. 34, 同上，
　　上55ページ）。

　以上筆者は，マルサスの『経済学原理』の初版および第2版において，彼
が生産的労働をどのように考えていたかを示す，彼の文章をいくつか引用し，
検討してみた[4]。それらでは，彼が，資本主義社会においては，国富を増加さ
せるところの，物質的な商品を生産し，かつ，それらを生産する労働者がそ
の商品に自分たちの「労働の価値」以上の価値を付け加える労働を，生産的
労働と規定している。これらの点でマルサスは，その基本において，アダム
・スミスの規定を比較的忠実に踏襲していたといってよい，と筆者は考える[5]。

第2章　アダム・スミスの生産的労働論に対するマルサスの評価　185

注

(1)　アダム・スミスの生産的労働と不生産的労働についての見解は,『国富論』(*An Inquiry into the Nature and Causes of the Wealth of Nations*, 1776) の第 2 篇「資財の性質, 蓄積および用途について」, 第 3 章「資本の蓄積について, すなわち, 生産的労働と不生産的労働について」を参照せよ。

(2)　いうまでもなく, 生産的労働者のことである。

(3)　不生産的労働者のことである。

(4)　マルクスは,『剰余価値学説史』の第 19 章「T.R. マルサス」において, ただ 1 カ所, 簡単にマルサスの生産的労働論を評価しているところがある。そこでは「正しいのは生産的労働者の次のような説明である。生産的労働者とは, 直接に『彼の雇い主の富を』増加させる者である」(〔マルサス〕『経済学原理』,〔ロンドン, 1836 年〕, 47 ページ)(傍点はマルクス)(『マルクス・エンゲルス全集』第 26 巻, 第 3 分冊 33-34 ページ) と述べられている。

(5)　マルサスは,『諸定義』の第 7 章「『経済学原理』におけるマカロック氏の, 術語の定義と適用について」の前半で, スミスが規定した生産的労働と不生産的労働との区別をマカロックが不明確にしようとしていると言って, 強く批判している。もともとマルサスは, 生産的労働と不生産的労働とについての「スミスのこの分類が諸国民の富の原因を説明するうえに有用であることは, 極めて明白顕著なのである」(傍点はマルサス)(*Definitions*, p. 79, *Works*, Vol. 8, p. 40,『諸定義』64 ページ) と考えていたので, この区別を理論的に曖昧にしているマカロックに対して,「彼は, 物的対象物を非物的対象物と混同し, 生産的労働を不生産的労働と混同し, 資本を収入と混同し, 労働者の食料を労働者自身と混同し, 生産を消費と混同し, また労働を利潤と混同するにいたっている」(ibid., pp. 69-70, *Works*, Vol. 8, p. 36, 同上, 57 ページ) と厳しい態度を示している。

# 第 3 章
# 『経済学原理』におけるマルサスの剰余生産物論と剰余価値

　前章で見たアダム・スミスの生産的労働に対するマルサスの以上のような見解は,『経済学原理』の他の章や『価値尺度論』,『経済学における諸定義』等のいくつかの説明において実証されている。ここでは特に『原理』における剰余生産物論と剰余価値論とを見てみよう。

　まず彼は,『原理』(初版), 第 3 章「土地の地代について」の第 1 節「地代の性質および原因について」において, 地代の生成を論じつつ, その原因を三つ挙げて, それらの「第一に, そして主に, 土地の性質であるが, それは土地に用いられる人たちを維持するのに必要なものよりも, より多くの生活必需品を土地が生み出すようになしうるものである」(*Principles*, 1st., p. 139, *Works*, Vol. 5, p. 113,『原理』上 195 ページ) と述べ, 農業においては剰余生産物が生み出されることを明らかにしている。

　引き続きマルサスは, 地代は農業における剰余生産物の中から支払われることを考慮しながら, 農業労働者を維持するのに必要なもの以上の剰余生産物の生産について述べている。それらのうち, このことについて最も分かりやすい例証から, 紹介してみよう。すなわち, ある家族が他の 5 家族を扶養するに足る剰余生産物を生産することについて, マルサスは次のように述べている。

　　もし活動的で勤勉な 1 家族が, たんに自分自身だけでなくさらにほかの 5 家族に対しても食物や衣服, 住居および燃料の原料とを作り出させるように彼らが耕作しうる一定部分の土地を所有しているとするならば, 人口の原理によって, もし彼らがその剰余生産物 (surplus produce) を適当に分配するならば, 彼らはまもなくほかの 5 家族の労働を支配しうる

であろうし，また彼らの土地生産物の価値は間もなくそれを生産するために投下された労働の価値の5倍に値するであろう（ibid., pp. 142-143, *Works*, Vol. 5, p. 115, 同上，上 199 ページ）。

さらに続けて，マルサスは，地代を論じた『原理』の同章，同節において剰余生産物の生産に触れ，次のように明らかにしている。

もし大地の土質が，人間の勤勉がどのようによく指導されようとも，その生産物を得るのにその労働と注意とを必要とした人々を維持するのにやっと足りる以上のものを生産しえないというものであったならば，この場合においては，食物および粗生産物は明らかに今よりもっと希少であり，そして土地は同じく特定の所有者によって独占されていたであろうけれども，しかも地代も，高い利潤および高い賃銀の形における土地のある本質的な剰余生産物（surplus produce）もありえなかったであろうことは，まったく明らかである（ibid., p. 140, *Works*, Vol. 5, p. 114, 同上，上 196 ページ）。

一定部分の土地の生産物がどんな方法で現実に分割されようとも，すなわち全部が労働者および資本家に分配されようとも，または一部分が地主に与えられても，このような土地が地代を生み出す能力（power）は，その肥沃度に，または土地がそれに投下された労働を維持し資本を維持するのに厳密に必要なもの以上を生産するようにされうる一般的剰余（general surplus）に，正確に比例している。もしこの剰余が 1, 2, 3, 4, または 5 であるならば，そのときには地代を生み出すその能力は 1, 2, 3, 4 または 5 であろう(1)（傍点はマルサス）（ibid., pp. 140-141, *Works*, Vol. 5, p. 114, 同上，上 197 ページ）。

土壌の性質，すなわち耕作に用いられる人々の維持に必要とされるよりもより大きな部分の生活必需品を生産する土壌の能力は明らかにこの地代の基礎であり，地代増大の限界でもある（ibid., p. 151, *Works*, Vol. 5, p. 121, 同上，上 214 ページ）。

マルサスは，同じく第3章第7節「地主を彼の土地を賃貸するに当たって誤らせ，彼自身および国の両者に害を与えるにいたる諸原因について」において，より一般的に資本の「利潤」をも「剰余」と呼んでいる。まず彼は同

節の冒頭において次のように述べている。

> 一国が高度の改良の状態に向かって進歩しているときには，地主の絶対的な富も，定立された諸原理によれば，次第に増大してゆくべきものである。もっとも，社会における彼の相対的な境遇と勢力とは，さらにいっそう重要な剰余（surplus）——資本（stock）の利潤で生活するものの逓増的な数と富とによって，むしろ恐らくは減少するであろうけれども（ibid., p. 199, *Works*, Vol. 5, p. 155, 同上，上 295 ページ）。

そして彼は，この引用文中の「さらにいっそう重要な剰余」に特に注をつけ，次のように説明している。

> 私は以前に，利潤は剰余（surplus）と呼んでさしつかえないということを暗示した。しかし，剰余であろうがなかろうが，それは疑いもなしに蓄積の主な源であるから，富のもっとも重要な源である（ibid., p. 199, *Works*, Vol. 5, p. 155, 同上，上 295 ページ）。

マルサスの剰余生産物論および剰余価値論はこれら以外においても知ることができる。彼は同じく第 7 章「富の増進の直接原因について」の第 2 節「富の継続的増大に対する一刺激と考えられる人口について」において，マルサスは「労働を唯一の所有物とするもの」によって「獲得されたときの生産物が，それを獲得した労働よりもより大きな価値をもたないかぎり，どんな生産的労働も決して需要されないであろう」（ibid., p. 348, *Works*, Vol. 6, p. 251, 同上，下 153 ページ）と述べ，また同章の第 3 節「富の増大に対する一刺激と考えられる蓄積，すなわち資本に追加するための収入からの貯蓄について」の中で，農業者が雇用する「彼の労働者が生産したものの剰余」に触れ，次のように明らかにしている。

> 自分の労働者たちにただ食物や衣服を与えるだけのために自分の土地を耕し続けることは，農業者にとってなんの役にも立たないことであろう。もし彼が彼の労働者が生産したものの剰余（surplus）を自分で消費することもなく，またそれを彼の子孫にうけつがせるような形で実現することもできなければ，彼は自分自身のためにもまたは家族のためにも，何事もしていないことになるであろう（ibid., p. 364, *Works*, Vol. 6, p. 261, 同上，下 177-178 ページ）。

同じことは，同章，同節の他の箇所でも知ることができる。たとえば「市場が変動し収穫が変動するので，農業者の利潤が生産物の分配によれば最高でなければならないまさにそのときに，すなわち，労働者に支払われたものを越える生産物の超過（excess of produce above what was paid to the labourer）が比例上最大であるときに，農業者の利潤は最低になることもあろう」（ibid., p. 368, *Works*, Vol. 6, p. 394, 同上，下 184-185 ページ）という彼の文章の中に，「労働者に支払われたものを越える生産物の超過」という表現が見られ，またこの引用文の直前の文章に付けられた彼自身の注の中に，「食物の獲得に消費された以上にでる生産物の超過（excess）」（ibid., p. 368, *Works*, Vol. 6, p. 394, 同上，下 185 ページ）という同じ趣旨の表現がある。
　マルサスはさらに，『原理』第 2 版の第 2 章「価値の性質，諸原因および尺度について」における第 5 節「交換価値の尺度と考えられる一商品が支配する労働について」の中で，1 年に 18 または 20 クォーターの小麦を稼ぐアメリカの農業労働者と 10 クォーターの小麦しか稼がないイギリスの農業労働者との穀物賃銀を比較しつつ，彼らの生産物はむしろ彼らの賃銀と同じ額であってはならず，それ以上の剰余生産物，すなわち「利潤」を生産しなければならないことについて，次のように述べている。

　　ある国の労働者は，彼らが自らその雇用者のために生産することができるものの価値と等しい高さの価値をもった生産物の総額を，引き続き支払われうる，ということは，事の性質上，まったく不可能である。というのは，もしも彼らがそれだけ支払われるとすれば，その雇用者は彼らをそのように雇うことによって常に損失を招くであろうからである。したがって上述のように支払われるアメリカの労働者は，18 または 20 クォーター以上のかなりの額を生産できるに違いない。というのは，合衆国においては利潤が高いことを知っているからである。（*Principles*, 2nd., p. 106, *Works*, Vol. 5, p. 87, 依光訳『原理』上 145 ページ）。

　しかもマルサスは，「労働を唯一の所有物とする」賃銀労働者が，どのような場合に雇用されるのかに触れ，「獲得されたときの生産物が，それを獲得した労働よりももっと大きな価値をもたない限り，どんな生産的労働も決して需要されないであろう」（ibid., 1st. p. 348, *Works*, Vol. 6, p. 251, 『原理』下 153

ページ）と指摘し，そしてここにおいても，彼らによって生産された生産物の価値が，それらを生産した労働者の賃銀以上の価値を含むとき，マルサスは彼らの労働を生産的労働と呼んでいるのである。

最後にマルサスは，資本家はなぜ投資するのかについて，労働者のためというよりは，自分自身が現在ならびに将来に使用したいものを購入できる「価値の超過」の創造のためである，と次のように述べている。

> 何ぴとも，自分のために働いてくれる人々のつくりだす需要のためにだけ，資本をけっして使う者ではないであろう。彼が自分自身現物で欲求するか，または彼が現在か将来かの使用のために欲しいと思う何かと有利に交換しうる，彼らが消費するものを越える価値の超過を彼らが生産しないかぎり（unless they produce an excess of value above what they consume），彼の資本は彼らの維持に用いられないことは，確かに明らかなことである。なるほど，このより以上の価値が創造され（this further value is created），……（ibid., pp. 471-472, *Works*, Vol. 6, p. 322, 同上，下 336-337 ページ）。

ここでもマルサスは，労働者が消費するものを越える価値の超過分を労働者が生産する，とか，このより以上の価値が創造される，と述べている。これは文字どおり剰余価値の生産を意味するものであろう。

注
(1) マルサスは，この引用文に見られる「一般的剰余」という語を，他でも使用している（ibid., p. 151, *Works*, Vol. 5, pp. 121-122,『原理』上 214 ページ）。なお本文の，この引用文に続いてマルサスは，農業における剰余生産物が剰余価値たりうるためには，これに対する有効需要が必要であることを，次のように指摘している。

> なお，この剰余（surplus）は必要でかつ重要であるけれども，もしそれが，それを消費すべき人口をふやし，また，そのかわりに生産される物品によって，それに対する有効需要をつくりだす能力をもつことがないならば，その剰余が労働およびその他の商品の比例的分量を支配することを可能にしてくれる価値を，確実にもつことはないであろう（ibid., p. 141, *Works*, Vol. 5, p. 114, 同上，上 197 ページ）。土地の肥沃度は，耕作者の欲求を越える必要品の剰余量（surplus quantity）を生みだすことによって，地代を生む能力を与えてくれる。そして適当に分配されたときには，生活の必需品に付きものの特有な性質が，それを需要する人口を生みだすことによって，この剰余（surplus）に価値を与える有力な，かつ永続的な傾向をもっている（ibid., p. 144, *Works*, Vol. 5, p. 116, 同上，上 201 ページ）。

# 第4章
# 『価値尺度論』および『経済学における諸定義』における
# マルサスの剰余価値論

　マルサスは彼の『価値尺度論』においても,「労働の価値の必然的不変性」(necessary constancy of the value of labour) (*Measure*, p. 32, *Works*, Vol. 7, p. 196,『価値尺度論』36 ページ) を示そうとする彼の論証過程の中で,彼の剰余生産物論と剰余価値論とを明らかにしている。

　よく知られているようにリカードゥは,商品の価値はそれを生産する労働者の投下労働量によって規定されることを明らかにしたが,マルサスはこれを誤りであると批判し,そして彼自身の言うことによれば,アダム・スミスとは異なった方法において,「諸商品が支配する労働をそれらの自然価値および交換価値の標準的尺度と見なしてもよい」(ibid., p. v, *Works*, Vol. 7, p. 180, 同上, 10 ページ) と考えて,いわゆる支配労働価値論を明らかにしたのである。

　彼は,他の物を使用せずに労働だけが生産に関係するような場合には,投下された労働量がその商品の価値を規定するということはありうるが,労働のほかに固定資本 (=「蓄積労働」) が使用されるようになると,「諸商品の交換価値は,それに現実に投ぜられた蓄積労働と直接労働に,一切の前払いに対して労働で見積もった利潤の変化量を加えた結果得られた労働量によって正しく測定される」のであって,しかも「この労働量は,……諸商品が支配する労働量と必然的に等しくなければならない」(ibid., p. 15, *Works*, Vol. 7, p. 188, 同上, 23 ページ) と述べている。

　そして彼は,その場合このような「諸商品が支配する労働量」を,「価値の尺度としての労働」(ibid., p. iv, *Works*, Vol. 7, p. 179, 同上, 7 ページ) として理解し,さらに彼は,その労働は価値をもち,また,それがもつ「労働の不変的価値」(the constant value of labour)(ibid., p. 44, *Works*, Vol. 7, p. 202, 同上, 46 ペ

ージ）についても論ずるのである。そして彼は、「労働の価値」はなぜ不変であるのかの論証の中で、彼の剰余生産物論と剰余価値論とに触れているのである。

　それではマルサスは、なぜ「労働の価値」が不変だと考えたのであろうか。彼は要するに、「労働者が貨幣または必需品をあるときは多く、あるときは少なく取得する場合に、変化するのは労働の価値ではなくて、アダム・スミスの言うように『ある場合に安く、他の場合に高いものは財貨である』」(ibid., pp. 32-33, *Works*, Vol. 7, p. 196, 同上、36 ページ) と考えたのである。

　たとえば彼は、ある労働者の賃銀が小麦で支払われる場合を想定している。そして彼は、その小麦は、肥沃度の高い土地においてより少ない労働量によって生産されたから、低い価値しか持っていないと思われるけれども、「販売のさいの比較的大きな利潤率で埋め合わされ」るので、小麦の価値は同じであり、したがってこの小麦が支払われる労働者の「賃銀の価値は同じままにおかれる」(ibid., p. 26, *Works*, Vol. 7, p. 193, 同上、31 ページ) と述べている。

　反対に、土地の肥沃度が低く、より多くの労働によって生産された小麦は比較的小さな利潤率によって埋め合わされるから、その小麦の「価値」に変わりはなく、賃銀の「価値」も同じである、と彼は考えるのである。この点について、彼は次のように述べている。

　　かりに 100 クォーターの穀物が、相異なる時期の社会において 7 人、8 人、9 人、といった数を異にする使用人の労働で得られ、それぞれ年に 10 クォーターの割合で支払われるとすれば、100 クォーターの価値、または、前払いされた労働に、このような前払いに対する利潤を加えたもので計った、被雇用人 1 人の賃銀の価値は明らかにいつも同じでなければならない。

　　初期の社会において、土地がきわめて肥沃で、地代をほとんどまったく支払わない土地にわずか 7 人の労働が 100 クォーターの穀物を生産するのに必要であったならば、前払いは、労働の形では 7 人分、穀物の形では 70 クォーターであり、かつ回収額は 100 クォーターであるから、利潤率は 42% 7 分の 6 であろう。そして 7 人分の労働の前払いは 42% 7 分の 6 の利潤分だけ増加して、10 人分の労働、すなわち全収穫が支配

する労働量に等しくなるであろう。よりいっそう時代が進展して，最後に耕作圏内に入った土地の肥沃度が比較的低く，8人分の労働が100クォーターの収穫をあげるに必要であったならば，前払いは，労働の形では8人分，穀物の形では80クォーターであるから，利潤率は25%であろう。そして8人分の労働は25%だけ増加して，10人分の労働とまさしく一致するであろう。これと同じ原理で，もしもこれより後の時期に，100クォーターを生産するのに9人が必要であるとすれば，利潤率は11%9分の1であり，使用労働量は利潤分だけ増加して10人分の労働とやはり等しくなるであろう（ibid., pp. 26-27, *Works*, Vol. 7, pp. 193-194, 同上，31-32ページ）。

この引用文では，見られるように，各々70，80，90クォーターの穀物賃銀が支払われている7人，8人，9人の労働者が，それぞれ100クォーターの小麦を生産することが明らかにされており，さらに彼は，各穀物賃銀の分量に対する30，20，10クォーターという剰余生産物の割合を「利潤率」で示している。

なおマルサスは，これらについて，「いずれかの生産物の価値が労働と利潤に分解されるとすれば，このような生産物のうち労働に帰する割合が増加するにつれて，利潤に帰する割合がこれと同じ程度で減少しなければならないし，労働に帰する割合が減少するにつれて，利潤に帰する割合がこれと同じ程度で増大しなければならないということは，例外の余地なき一般的命題として断言してもよい」（傍点はマルサス）（ibid., pp. 28-29, *Works*, Vol. 7, p. 194, 同上，32-33ページ）と指摘し，この文章に注をつけてリカードゥに言及しつつ，次のような注目すべきことを明らかにしている。

この命題は，リカードゥ氏が，その利潤についての章(1)（第3版，128ページ）の中で，次のような言葉できわめて明瞭，巧みに表しているところと本質的に同じである。すなわち「あらゆる国，あらゆる時代において，利潤は，地代を生じない土地を耕し，または地代を生じない資本を用いて労働者に必需品を供給するに必要な労働量に依存する」と。この命題は，利潤変動の究極の原因を述べたものとしては不完全であるものの非常に重要な真理を含んでいる。この真理から正しく引きだされることは，

労働の価値の不変（the constant value of labour）であると私には思われるが，リカードゥ氏は，これと正反対な推論のうえに氏の体系をうちたてた。けれども，私のみるところでは，氏は，その陥ったかもしれない誤謬を，同時にこれをしりぞける手段ばかりでなく，経済学を進歩せしめる手段をも提供して，十分につぐなっている（ibid., p. 29, *Works*, Vol. 7, p. 194, 同上，33 ページ）。

マルサスは引き続き，同趣旨のいくつかの例について明らかにした後，たとえば「かりに X と Y という二つの可変量よりなる価値が A という不変の価値に等しいとすれば，X と Y がこうむる変動の一切をつうじて，X の取得するところの価値はすべて Y の失うところとならねばならず，また Y の取得するところの価値はすべて X の失うところとならねばならないことになる。この命題の逆もまた真でなければならない」（ibid., p. 31, *Works*, Vol. 7, p. 195, 同上，35 ページ）と述べ，「どんな物でも，その価値が二つの要素からなっていて，この要素のうち一方の価値が増加すると，これとまさしく同程度に他の価値が減少するといった性質をもつことが明らかにされるならば，このような物は不変の価値をもつはずである」（ibid., p. 31, *Works*, Vol. 7, p. 195, 同上，34-35 ページ）と指摘している。

そしてまた彼は，このような考えを次のように要約している。

> 要するに，異なった諸事情のもとで，一定数の使用人の賃銀を形成する可変量の生産物の価値は，上に述べたように変化する労働と利潤という二要素から構成されているものであるから，不変でなければならず，したがって適切に標準尺度として提案されてよい（ibid., p. 32, *Works*, Vol. 7, p. 196, 同上，35 ページ）。

以上が，マルサスの意味する「労働の価値の必然的不変性」の根拠である。これがはたして理論的に正当であるかどうかはともかくとして，すでに見たように，労働者に賃銀として支払われる穀物，あるいは「商品一般（commodities in general）」（ibid., p. 29, *Works*, Vol. 7, p. 195, 同上，33 ページ）の価値が労働と利潤に分解されるかぎり，それらの物の分量が多くても少なくてもそれらの「価値」は不変であるから，これが支払われる「労働の価値」も不変である，というのが，彼の考えであった。

そしてその場合，マルサスの考えの中では，リカードゥの，労働価値論に基づく賃銀と利潤との相反関係も，自分の「労働の価値」の不変性を証明するために，正当なものとして評価されているのである。[(2)]

　さて，改めてこれらを検討してみると，これらにおいてわれわれが理解できることは，マルサスは，労働者が賃銀で購入する生活資料の価値は，それらを生産した労働者の賃銀以上の「利潤」を含んでいる，ということであろう。そしてこのことは，さらに彼の次のような例証を見るときに，より確実になるのである。

　この表をマルサスは次のように説明している。

　　第1欄は，一定数の使用人の労働によって収穫される穀物の変化量で，土地の肥沃度の変化を示す。

　　第2欄は，労働と比較しての生産物の需給状態によって決定される各労働者の穀物年賃銀を示す。

　　第3欄は，労働者に対する支払い率に従い，第1欄の生産物を得るの

労働の普遍的価値とその諸結果を

| 1 | 2 | 3 | 4 | 5 |
|---|---|---|---|---|
| 10人が生産する穀物量，または土地の種々な肥沃度 | 需給によって決定された，各労働者の穀物賃銀 | 穀物賃銀の形での前払い，すなわち10人の労働を支配する可変的生産物 | 前述の事情のもとにおける利潤率 | 前述の事情のもとで10人の賃銀を生産するに要する労働量 |
| クォーター | クォーター | クォーター | パーセント | |
| 150 | 12 | 120 | 25 | 8 |
| 150 | 13 | 130 | 15.38 | 8.66 |
| 150 | 10 | 100 | 50 | 6.6 |
| 140 | 12 | 120 | 16.66 | 8.6 |
| 140 | 11 | 110 | 27.2 | 7.85 |
| 130 | 12 | 120 | 8.3 | 9.23 |
| 130 | 10 | 100 | 30 | 7.7 |
| 120 | 11 | 110 | 9 | 9.17 |
| 120 | 10 | 100 | 20 | 8.33 |
| 110 | 10 | 100 | 10 | 9.09 |
| 110 | 9 | 90 | 22.2 | 8.18 |
| 100 | 9 | 90 | 11.1 | 9 |
| 100 | 8 | 80 | 25 | 8 |
| 90 | 8 | 80 | 12.5 | 8.88 |

に必要な，穀物賃銀の形での，生産物の可変的な前払いを示す。

第4欄は，第1欄の生産物が第3欄の労働者に支払われる生産物をこえる超過分と，この前払いとの比で，普通に決定される利潤率を示す。

第5および第6欄は，一定数の使用人の変化する穀物賃銀を生産するに要した労働量と，同じく労働量で見積もった利潤を示す。読者は，利潤と賃銀のこの計上方法からして，当然これらの二つの欄が，第7欄に現れる労働の不変量と不変的価値とを形成しなければならないことを，直ちに了解されるであろう。

第8および第9欄は，事情の変化を仮定した場合の，一定量の穀物価値，ならびに，一定人数の生産物の価値を示す（ibid., pp. 36-37, *Works*, Vol. 7, pp. 198-200, 同上，39 ページ）。

この表は改めて繰り返すまでもなく，種々の異なった肥沃度をもつ一定の広さの耕地において，各農業資本家に雇用された各々10人の農業労働者が，自分たちに支払われた穀物賃銀以上の剰余生産物および剰余価値を生産する

例証する表

| 6 | 7 | 8 | 9 |
|---|---|---|---|
| 労働の前払いに対する利潤量 | 一定数の人々の賃銀の不変価値 | 仮定された種々な事情のもとにおける，穀物100クォーターの価値 | 仮定された事情のもとにおける10人の労働の生産物の価値 |
| 2 | 10 | 8.33 | 12.5 |
| 1.34 | 10 | 7.7 | 11.53 |
| 3.4 | 10 | 10 | 15 |
| 1.4 | 10 | 7.14 | 11.6 |
| 2.15 | 10 | 9.09 | 12.7 |
| 0.77 | 10 | 8.33 | 10.8 |
| 2.3 | 10 | 10 | 13 |
| 0.83 | 10 | 9.09 | 10.9 |
| 1.67 | 10 | 10 | 12 |
| 0.91 | 10 | 10 | 11 |
| 1.82 | 10 | 11.1 | 12.2 |
| 1 | 10 | 11.1 | 11.1 |
| 2 | 10 | 12.5 | 12.5 |
| 1.12 | 10 | 12.5 | 11.25 |

例を示している。

　第1欄はそれぞれ，その総生産物量を示しており，そしてそれらは各々，第3欄で示された穀物賃銀総額が支払われた10人の農業労働者によって生産されたものである——第2欄のそれは1人当たりの穀物賃銀を示している——。したがって，第1欄の数量から第3欄のそれを引けば，それぞれの土地種類における剰余生産物が示され，またその剰余生産物を，各々10人の労働者に支払われた穀物賃銀総額（＝投下された農業資本）で除したものを，第4欄でマルサスは，それぞれの「利潤率」と考えている。

　しかもその場合，各土地種類において雇用された10人の労働者の穀物賃銀総額がそれぞれいかに異なろうとも，それらはすべてその土地で労働者により生産されたものであって，それ自体，「価値が労働と利潤とに分割される」のである。マルサス自身の言葉を借りれば，「この表で例証される第一の，かつもっとも重要な事実は，価値が労働と利潤とに分割されることと，利潤がつねに計上される方法からして，一定数の使用人の賃銀を生産するのに必要とされる労働量に，これらの前払いに対して労働で見積もった利潤を加えたものは，つねに賃銀が支配する労働量と正確に同じでなければならない，ということ，また相合してつねに，第7欄に現れている不変量を形成しなければならない，ということである」(ibid., p. 39, *Works*, Vol. 7, p. 200, 同上, 41-42ページ）のであって，この表の第1列目の例で説明すれば，次のようになる。

　すなわち，10人の労働者に支払われた賃銀である120クォーターの穀物は，「労働と利潤とに分割される」のであって，その「労働」に対する「利潤」は，すでに見たように，25％であるから，前者は120クォーターのうち，その5分の4の96クォーターを占め，また後者は5分の1の24クォーターを表している。したがって，これを労働量で示せば，1人当たりの穀物賃銀は12クォーターであるから前者は8，すなわち第5欄のそれを示し，また後者は2，すなわち第6欄のそれを示している。そしてこの合計は10，すなわち第7欄のそれを示している。

　しかも，この表の第2列目以下の各数列を見て，たとえ労働者1人当たりの穀物賃銀の分量が増加し，また減少しても，それに応じて，各「利潤率」

が減少，あるいは増加するために——第5欄と第6欄の数量を参照せよ——，その合計は，第7欄におけるようにすべて10になるのであって，つねに不変性を保つのである。これがマルサスのいわゆる「労働の不変的価値」なのである。

さらに彼は，第9欄において，「仮定された事情のもとにおける，10人の労働の生産物の価値」を示している。この欄においてマルサスは，その第1列目の数の12.5は，第3欄における第1列目の労働者の穀物賃銀120クォーターが，第7欄で示されているように，その不変的価値（＝「労働の価値」）の10を示しているから，したがって，さらに剰余生産物30クォーターを含めたところの，総生産物150クォーターの価値であることを明らかにしているのである。それゆえに，この2.5は，当然ながら，この穀物の剰余価値であることを示している，と言ってよいであろう。この第9欄の第2列目以下の数字もすべて同様である。

以上が『価値尺度論』に見られるマルサスの剰余生産物論，および，剰余価値論である。[(3)]

なおすでに本篇の序説でも触れたように，彼は，『経済学における諸定義』においても，労働者が商品を生産するとき，「利潤」は「労働の価値」（＝賃銀）とともに，彼らの労働によって作り上げられたものである，という考えを明らかにしている。そしてこのことは，すでに本篇の第2章と第3章で知ったように労働者が自分の賃銀部分の価値以上の価値を「生産する」とか「創造する」とマルサスは述べているから，決して奇異な感じを与えるものではない。例えば彼は，『諸定義』の第7章「『経済学原理』におけるマカロック氏の，述語の定義と適用について」の中で，次のように述べている。

(I) さて，もしもわれわれが，どちらにも100日分の労働が使用され，しかも一方はただちに市場にもたらされるであろうが，他方は1年かかって市場にもたらされる二つの商品を比較するならば，この二商品はそれらに投じられた労働の分量にしたがって相互に交換されるだろうといえないことは明白である。これに反し，この二商品はそれらに投じられた労働および利潤の量にしたがって（according to the quantity of labour *and of profits* worked up in them）相互に交換されるであろう。そして一方は利

潤として，じっさいに使用された労働に 10 日分の労働の価値が加えられるが，他方にはなんの利潤もないためその価値はじっさいに使用された労働に比例するにすぎないからして，一方は他方にくらべて 10% 大きい価値をもつであろうと明白にいうことができるであろう（イタリックはマルサス）(*Definitions*, p. 111, *Works*, Vol. 8, p. 54,『諸定義』85-86 ページ)。

この文章の意味は，等しい労働量を含んだ二商品であっても，生産されてから市場に搬出される時間が長ければ，一方の商品が含む利潤の量が他の商品のそれよりも大となってその「価値」も大となる，ということだけなのであるが，この中に，欧文を付した「この二商品はそれらに投じられた労働および利潤の量にしたがって」というように訳された文章がある。この訳文では原書の意味が必ずしも明確になっていないのであるが，欧文の意味では，それらの商品において労働の分量（＝賃銀）と利潤の量との両方が作り上げられた（worked up）ものであることが明らかになっているのである。

引き続きマルサスは『諸定義』において，次のように述べている。

(II) また一般に，われわれの身辺の出来事をほんのすこしでも検討してみれば，まず諸商品は，地代と租税を控除すると，それらに投じられた人間労働の分量にしたがって通常相互に交換されるものではないことが確認される。さらに右と同様に控除された諸商品は，それらに投じられた人間労働および利潤の量にしたがって（according to the quantity of human labour *and of profits* worked up in them）通常相互に交換されるものであること，またそれらに投じられた人間労働の分量に，前払いにたいするその前払い期間分の利潤を加えたもの（the quantity of human labour worked up in them, with the profits upon the advances for the time that they have been advanced）は，このように構成された商品が通常支配する同一種類の人間労働の分量によって正しくはかられることが，同じ検討から確認されるであろう（イタリックはマルサス）(ibid., p. 111, *Works*, Vol. 8, p. 54, 同上，86 ページ)。

この文章でも前半の欧文の部分を見ると，マルサスは，商品に含まれている「利潤」は「労働」（＝賃銀）部分とともに，作り上げられたもの，と考えていたことがわかる。

『諸定義』には，これと同じ表現を用いている文章が外にもいくつか存在する。例えばマルサスはサミュエル・ヴェイリーを批判したそれの第8章「『価値の性質，尺度および原因にかんする批判的論文』の著者の，述語の定義と使用について」の中で，自分の『価値尺度論』における「不変の価値」の基礎となる諸前提に触れつつ，次のように述べている。

　(III)　大多数の商品の自然で必要な供給条件，言いかえると，それらの基本的生産費は，その生産に必要な蓄積労働および直接労働に，前払い総額に対する前払い期間分の通常利潤を付け加えたものであること。また相異なった時期の諸商品の通常価値は，最も慣習的な用語法にしたがうと，それらの時期における基本的生産費，すなわちそれら諸商品に投じられた労働および利潤によって (by the labour and profits worked up in them) 決定されること。この二つが右の諸前提なのである（ibid., pp. 191-192, *Works*, Vol. 8, p. 88, 同上，142ページ）。

　この引用文の中の欧文のところでも，マルサスは，諸商品の基本的生産費を構成する「労働」（＝賃銀）と「利潤」とが，ともに作り上げられたものである，と考えていたことがわかる。

　これに類する文章は，これにとどまらない。『諸定義』の同じ第8章の中でマルサスは，「労働の価値」の不変性を証明する，彼の『価値尺度論』における前述の表に言及しつつ，次のように述べている。

　(IV)　リカードゥ氏は，労働賃銀の価値が社会の進歩につれて必然的に騰貴するにちがいない，とくりかえし説いた。じっさい氏はその利潤理論を，労働の価値の騰落の上に築いているのである。表は次のことを示している。すなわち賃銀の価値が，それに投じられた労働によって，つまり価値の一要素によってはかられるならば，リカードゥ氏は正当であり，そして賃銀の価値は，一段と劣等な土地が耕作されるにつれて，事実騰貴するであろうということ。ところが賃銀の価値が，それに投じ・・・られた労働および利潤によって，つまり価値の基本的な二成分によってはかられるならば (by the labour and *profits* worked up in them, that is, by the two elementary ingredients of value), 賃銀の価値は依然として同じであろうということである（イタリックはマルサス）（ibid., p. 195, *Works*, Vol. 8, p. 90, 同上，

144ページ)。

　この文章でも，欧文のところを見ればわかるように，「賃銀の価値」を構成する，その「基本的な二成分」の「労働および利潤」が，ともに作り上げられたものであることを，マルサスは明らかにしている。

　しかし，この外に，これらと表現が異なる，次のような文章もある。たとえば，

　　(V)　いま一商品の支配する労働量が，その商品に投じられた労働量に，前払いにたいする利潤を加えたもの（the quantity of labour worked up in it, with the profits upon the advances）を正しく表し，したがって自然にして必要な供給条件，すなわち価値を決定する基本的生産費を事実上表し，……（ibid., pp. 193-194, *Works*, Vol. 8, p. 89, 同上，143-144 ページ)。

　　(VI)　私は，一商品の支配する労働の通常量が，それに投じられた労働量に利潤を付加したもの（the quantity of labour worked up in it, with the addition of profits）を表示し，かつ測定せざるをえない，という叙述にこれまで出会ったことがなかった。しかしながら，私の注意がこの真理に強く引かれると，一商品が通常支配するだろう労働は，新しい見地であつかわれることとなったのである。それまでは労働を，交換にさいして与えられるすべての物のうちで最も一般的な，かつ最も重要なものとして，またしたがって，ある一対象物のもつ一般的購買力の最良の尺度として考えていた。だが一商品の支配する労働が，一商品に投じられた労働に利潤を加えたもの（the labour worked up in a commodity, with the profits）を表示することによって，その供給の自然にして必要な諸条件，すなわちその基本的生産費を表示するということを知るようになってからは，尺度としての重要性が，私には大いに増したように思われたのである（ibid., pp. 196-197, *Works*, Vol. 8, p. 90, 同上，145-146 ページ)。

　これらの引用した文章，すなわち (V) と (VI) の中の欧文の部分，ならびに (II) の後半の欧文の部分を見ればわかるように，マルサスは，彼のいわゆる「基本的生産費」等を考える場合，それは一商品において，「利潤」と「一緒に（with）」作り上げられた「労働の分量」（＝賃銀）から成り立つことが明らかにされている。

翻訳されたマルサスの，これらの文章は，必ずしも正確に欧文の意味を表現しているものとも思えず，これらはむしろ，すでに見た，「労働の分量」と「利潤の分量」とがともに商品において作り上げられたものである，という彼の考えと，同じ意味をもつものであろう。このことは，その前半の欧文と後半の欧文とが同等な意味を持つものとして表現されている，(II) の文章を見れば理解できるであろう。
(4)

注
(1)　D. リカードゥ『経済学および課税の原理』(第3版, 1821年), 第6章「利潤について」。
(2)　なおこの際，マルサスの賃銀論に簡単に触れておきたい。まず彼は，第一に，「アダム・スミスが次のように言うときには事実上まったく正しい，『労働の貨幣価格は，二つの事情によって，つまり労働に対する需要と，生活必需品および便宜品の価格によって，必然的に規制される』」(*Principles*, 1st., p. 243, *Works*, Vol. 5, p. 179, 『原理』下12ページ) と述べている。
　　しかし彼は，賃銀は労働に対する需要と供給によって規制されることについても次のように明らかにしている。「需要および供給の原理は，諸商品の価格と同じく，労働の価格の，ただ一時的にだけでなく，永続的にも，主要な規制者である。また生産費は，ただそれが労働の，または諸商品の永続的供給の必要条件であるというだけの理由で，それらの価格に影響をおよぼすにすぎない」(ibid., p. 241, *Works*, Vol. 6, p. 383, 同上，下10ページ)。
(3)　『価値尺度論』における上述の「労働の不変的価値とその諸結果を例証する表」から，橋本比登志氏は，堀経夫氏の解釈ならびに，150クォーターが10人の労働者によって生産されたのだから，その価値は12.5ではなく10である，とする「在来の研究」を批判され，次のように述べている。「マルサスは120が10で生産され，30は資本が生産し，これは120の支配・投下労働量で以って計れば2.5に等しいというのである。だからマルサスは生産過程における利潤の発生と流通過程での実現を論じているのであり，10のものの12.5での販売ではなく，12.5のものの12.5での販売，すなわち等価交換を論じているのである」(関西学院大学『経済学論究』第15巻第1号, 1961年, 158ページ)。
　　マルサスに対するこの評価は基本的に正しく，「在来の研究」に対し橋本氏が，マルサスは生産過程における利潤の発生と流通過程での実現を論じている」と指摘されたことは，正当であると言ってよい。
　　ただマルサスの価値論は，本来的には需要供給論と理解されることが多かったために，必ずしも明確なものではないが，すでに見たように，彼がアダム・スミスを評価しつつ，生産的労働とは物質的な生産物を生産し，かつ増加された価値をもたらす労働である，と述べていることから判断すると，上述した表における第1欄の総生産物から，第3欄における10人の農業労働者の穀物賃銀を差し引いた剰余生産物は，そ

れらの農業労働者たちが生産したものと考えてよいであろう。ただし，この剰余生産物が 2.5 の「価値」をもつかどうかは，本篇の第 3 章の注 1 で見た，この剰余生産物に対する有効需要がどのくらい存在するか，にかかっているのであって，この表ではそれが存在することが前提とされている，と筆者は考えている。

(4) マルサスは『諸定義』では，商品の「価値」あるいは「基本的生産費」は，すでに見たように，1. the quantity of labour *and of profits* worked up in them によること，あるいは，2. the quantity of labour worked up in it, with the profits upon the advances によること，などを指摘している。この場合，them あるいは it が，言うまでもなく諸商品，あるいは商品を指しているのであるが，それはともかく，すでに本文でも指摘したように，これらの欧文の，両文章は同じ意味をもっている，と筆者は考えている。

マルクスが『剰余価値学説史』の第 19 章でマルサスの剰余価値論を分析する時，すでに触れたように，『諸定義』からの引用文がいちばん多いのであるが，その場合，それらの引用文の中に，上の 2. の欧文が含まれているものが 4 例あるが，1. の欧文が含まれているものは，一つもない。例えば，『マルクス・エンゲルス全集』第 26 巻，第 3 分冊 7, 8, 9, 26 の各ページを参照せよ。

またマルクスは，『学説史』の第 19 章においてマルサスの剰余価値論を批判する場合，『諸定義』の第 6 章に付されたジョン・ケーズノブの「補論」(supplementary remarks) からも次の文章を引用している。

　　利潤は諸商品がお互いに交換される割合には依存せず（というのは，利潤が種々に変動しても同一割合が維持されるであろうということがわかるので），労賃となるところの，すなわち原価 (primecost) を償うのに必要であるところの，またあらゆる場合に，一商品を獲得するために購買者によって払われる犠牲（すなわち彼が与える労働の価値）がそれを市場にもたらすために生産者によって払われる犠牲を超える程度によって決定されるところの，割合に依存している」(*Definitions*, by J. Cazenove, 1853, p. 46, 小松芳喬訳，実業乃日本社，1944 年，300 ページ)。この文章は，利潤とは，商品の購買者が，それを生産した者の賃銀の額を超える価格で商品を購入することから生み出されることを示しており，「譲渡に基づく利潤」を意味するものであるが，これはあくまでもケーズノブの見解を示したものであって，マルサスのそれではない。この点については，同上，第 26 巻，第 3 分冊 18-19 ページ参照。

## む　す　び

　以上，マルサスの剰余価値論を重商主義者の「譲渡に基づく利潤」と同等視したマルクスの考えに対して，物質的な商品を生産し，かつ「労働の価値」を超える，より多くの価値を生み出す労働が生産的労働と考えたマルサスの見解，さらに，農業労働者の労働が彼らの賃金の価値を超える剰余生産物を生産し，またそれに対する有効需要によるところの剰余価値の創出，および，それらの，農業生産以外の生産部門への適用——これらはもっぱら『経済学原理』において明らかにされている——，そして『価値尺度論』の「労働の不変的価値とその諸結果を例証する表」における剰余生産物論と剰余価値論，最後に『経済学における諸定義』における商品の「価値」あるいは「基本的生産費」は，商品において，ともに作り上げられた (worked up)「労働の量」(=賃銀) と「利潤の量」から成り立つこと，などを見てきた。

　これらのことから，マルサスの剰余価値論をわれわれはどのように評価したらよいであろうか。

　いま改めてマルサスを，剰余価値範疇の形成史上から見直した場合，すでに触れたように「彼（マルサスのこと——引用者）は議論の中では重金主義の無内容な観念——譲渡に基づく利潤——に逆戻りし，……こうして，マルサスはリカードゥを凌駕するどころか，議論の中では経済学を再びリカードゥよりも前に，スミスや重農学派よりも前にさえ押しもどそうとしている」という，彼に対するマルクスの厳しい批判は基本的に改められなければならず，またマルサスは，当然ながらフランスの重農学派よりも後に位置する存在になるであろう。

　またマルクスは，マルサスの功績について，「マルサスの三つの著書（『価値尺度論』，『経済学原理』，『経済学における諸定義』——引用者）における独自な功績は，次の点にある。すなわち，——リカードゥは，価値の（それに含まれている労働時間の）法則に従う諸商品の交換から，資本と生きている労働とのあいだの，一定量の蓄積された労働と一定量の直接的労働とのあいだの，不等な交換がどのようにして生ずるか，ということを実際には展開して

いないし，したがって（彼は労働能力とではなく，直接に労働と交換させていることによって）剰余価値の源泉を実際には不明確なままにしているのではあるが——マルサスは資本と賃労働とのあいだの$\overset{\cdot\cdot\cdot}{不等}$な交換を強調している，という点である」（傍点はマルクス）（『マルクス・エンゲルス全集』第26巻，第3分冊5ページ）と述べている。

しかし，マルクスがマルサスの功績として，「マルサスは資本と賃労働とのあいだの不等な交換を強調している」点をあげている，とは言っても，マルサスは「労働の価値」を超える「利潤」は，ただ単に「価格のこのような一般的な名目的な引き上げ」（同上，第3分冊13ページ）による，とマルクスは考えていたのであるから，当然ながらこのような考えからは，「それによって社会が全体として豊かになると言うのはどのようにしてなのか，また，それによって現実の剰余価値または剰余生産物が生ずると言うのはどのようにしてなのか，それは絶対に理解できない。これは，ばかげた愚かな考えだ」（同上，第3分冊13ページ）という彼の結論が生まれるのである。

すでに知ったように，マルサスは『原理』においてアダム・スミスの生産的労働の概念をほぼ踏襲し，農業労働ばかりでなく他の生産部門において使用される労働について，「生産された交換価値が生産に投下された労働の価値を超えることもっとも多く，そして利潤という形態でもっとも多くの追加的人数をやしない，……」と述べ，また「労働者に支払われたものを超える生産物の超過」とか，「利潤は剰余と呼んでさしつかえない」などと指摘している。そしてまた，彼は，これもすでに知ったように『価値尺度論』において，「労働の不変的価値とその諸結果を例証する表」を用いつつ，剰余生産物論と剰余価値論を明らかにし，さらに『諸定義』においても，彼は，the quantity of labour *and of profits* worked up in commodities という表現を使用しつつ，マルサスは商品の「基本的生産費」を形成する「賃銀」と「利潤」とは，ともに労働者によって作り上げられたもの，と考えていた。だからこそマルサスが，彼の『経済学原理』において賃銀とともに利潤や地代が「創造された」ものである，とする次の文章，すなわち「多額の地代，利潤および賃銀という形で，ひとたびある国に大きな所得が創造された（created）時には……」（*Principles*, 1st., p. 406, *Works*, Vol. 6, p. 284, 同上，下239ページ）という

文章を書き残すことができたのである。

したがってマルサスが,「地代,利潤,および賃銀の合計から成り立つ (consists of) 国民所得」(ibid., p. 454, *Works*, Vol. 6, p. 312, 同上, 下 309 ページ) というときには,地代や利潤はマルクスが指摘するような「譲渡に基づく利潤」とは考えられない。ただし「労働の価値」を超える,剰余生産物に含まれた「利潤」とは,支出された労働者の労働量によって生産されたものではあるが,投下された資本の大きさに比例するものであって,その分量は,「不変的価値をもつ労働」をどれだけ支配するのかによって測定される,というのが,マルサスの見解なのである。

# 第4篇

# マルサスの有効需要論と剰余価値

# 第九章

## 序　説

　すでに前篇の序説でも触れたように，マルクスの『剰余価値学説史』は，通常，『資本論』の第4巻と考えられ，1862年1月からちょうど1年半ほどかかって書き上げられたものである。その内容はイギリスの重商主義者サー・ジェームズ・スチュアートから始まってフランスの重農主義の創始者 F. ケネーや，イギリスの古典派経済学者アダム・スミス，D. リカードゥ，それにリカードゥ派社会主義者たち等，多くの経済学者の学説が分析され，おおむね剰余価値理論は経済学史的に見ていかに形成されてきたものなのか，という観点から追究されたものである。これも前篇の序章で述べたことであるが，『人口論』で有名な T.R. マルサスもその第19章で取り上げられてはいる。しかしその取り上げられ方は，他の経済学者たちとはまったく異なり，「彼（マルサスのこと——引用者）は議論の中では重金主義の無内容な観念——譲渡に基づく利潤——に逆戻りし，総じて最も不快な混乱に巻き込まれている。こうして，マルサスはリカードゥを凌駕するどころか，議論の中では経済学を再びリカードゥよりも前に，スミスや重農学派よりも前にさえ，押し戻そうとしているのである」（『マルクス・エンゲルス全集』第26巻，第3分冊7ページ）[1]というマルクスの批判からもわかるように，マルサスは正当な剰余価値論の破壊者として分析されているのである。

　『剰余価値学説史』第19章におけるマルクスのマルサス剰余価値論批判の論点は二つあるように思われる。

　その第一は，前篇でも触れたように，マルクスが「マルサス氏は，資本としての商品の価値増殖的利用を商品の価値に変えてしまう」（同上，第3分冊12ページ）と述べている点であり，さらにマルクスは具体的に次のように指摘している点である。

　　マルサスが理解していないことは，一商品に含まれている労働の総量と，その商品に含まれている支払労働の量との相違である。まさにこの差額こそが利潤の源泉を形成するのである。だが，さらにマルサスは，必然的に，利潤を次のことから導き出すに至っている。すなわち，売り手は，

商品を，それが彼に費やさせたものを表わす価格よりも高く売る（事実，資本家はそうしたことをする）というだけでなく，その商品に費やされたものを表わす価格よりも高く売るということである。こうして彼は，譲渡に基づく利潤という俗流的見解に立ち返り，売り手が商品をその価値よりも高く（すなわち，それに含まれているよりも多くの労働時間で）売ることから剰余価値を導きだすに至っている。彼がこうして一商品の売り手としてもうけるものを，彼は，他の一商品の買い手として失うのであり，そして絶対に理解できないのは，価格のこのような一般的な名目的な引き上げによっていったい何が「利益になる」と言われるのか，ということである。特に，それによって社会が全体として豊かになると言うのはどのようにしてなのか，また，それによって現実の剰余価値または剰余生産物が生ずるというのはどのようにしてなのか，それは絶対に理解できない。これはばかげた愚かな考えだ（傍点はマルクス）（同上，第3分冊12-13ページ）。

　マルサスを批判するマルクスの考えの第二の論点は，生産された商品の価値のうち，労働者の賃銀を超える剰余価値は，地主を先頭とする不生産的消費者などによる有効需要の増大によってその商品の名目的な価値が増加し，それによって生みだされる，ということである。例えばマルクスは，この点について，次のように述べている。「マルサスの諸結論は，価値に関する彼の根本理論からまったく正確に引き出されている。だが，この理論はこの理論で，当時のイギリスの状態，地主制度，『国家と教会』，年金受領者，徴税官，十分の一税，国債，株式投機者，小役人，牧師および召使（『国民の支出』）の弁護という彼の目的に不思議に適合していた」（同上，第3分冊57ページ）と。

　同様に，マルクスは，次のようにも述べている。
　　資本家が彼の利潤を実現することが〔できる〕ためには，そして商品を「その価値どおりに売ることが」〔できる〕ためには，売り手になることのない買い手が必要である。このことから，地主，恩給生活者，冗職者，牧師などの必要性が出てくるのであり，彼らの召使や従者たちも忘れてはならないことになる。……以上のことから当然出てくる帰結は，売り

手が市場すなわち彼らの供給に対する需要を見いだすことができるように，不生産階級を最大限に増加させるということにとっての彼の弁護論である。こうして，さらに明らかになることは，この人口論のパンフレット作者が，不断の過剰消費と，怠け者による年々の生産物の最大限の取得とを，生産の条件として説いている，ということである（傍点はマルクス）（同上，第3分冊15ページ）。

これら二つの論点のうち，第一の論点については，本書の第3篇で，マルサスの剰余価値論はマルクスが批判するような，重商主義者の「譲渡に基づく利潤」と同じではない，という疑問を筆者は提出した。筆者はその場合，マルサスの『経済学原理』（初版，1820年，第2版，1836年）や『価値尺度論』(1823年)，そして『経済学における諸定義』(1827年)(2)などから，アダム・スミスの生産的労働論を正当視するマルサスの，基本的に正しい剰余価値に関する彼の考えを論証した。

しかし，この第4篇では，マルサスの剰余価値論についての，マルクスによる上述の第二の論点に筆者の疑問を提出してみたい。すなわち，マルサスにおける剰余価値論は，地主などの不生産的消費者による有効需要の増大によって諸商品の名目的な価値上昇が生じ，それによって生み出されるものである，という点についてである。

すでに第3篇でも触れたようにマルサスは，物質的商品を生産し，かつ剰余価値を生みだす労働を生産的労働と考えたアダム・スミスにほぼ同意していた。したがってマルサスには，不生産的消費者たちによる有効需要の増大によって，商品の名目的価値が上昇し，それが剰余価値を生みだす源泉である，という論理は存在しなかった。彼が考えたのは，賃銀労働者によって生産された賃銀を超える地代，利潤などの剰余生産物部分が，不生産的消費者たちによる有効需要の増加によって，いかにして剰余価値部分に転化するのか，ということであって，その面からもマルサスの経済学における彼の有効需要の理論の重要性が指摘されるのである。

以下この点を，もっぱら『経済学原理』（初版）(3)を使用して証明してみたい。

注

(1) マルクスの『剰余価値学説史』の原書と訳書については，本書の「凡例」の 2. を参照せよ．
(2) マルサスの著書については第 3 篇序説の注 2, 3, 4 を参照せよ．
(3) 本書の原書名は第 3 篇序説の注 2 を参照せよ．なお，引用に際しては，*Principles*, 1st., 岩波文庫版『原理』上・下，と書いて各々のページ数を示すことにする．

# 第1章
# マルサスにおける商品の必要価格の三構成要素と剰余価値

　マルサスは，商品の価格は三つの構成要素から成り立つと指摘し，次のように述べている。
　　……交換のできる商品の価格は，三つの部分からなるものと考えられよう――すなわち，その生産に投ぜられた労働の賃銀を支払うもの，それによってこういう生産がたやすくされる資本の利潤を支払うもの，および土地の地代を支払うもの，または地主によって提供される原料および食物に対する報償がそれである。――これらの構成要素のおのおのの価格は，全体の価格を決める原因とまったく同じ原因に決められる（*Principles.*, 1st., pp. 82-83, 同上，上 119 ページ）。

　マルサスはさらに，「これらの条件を満たす価格は，まさにアダム・スミスが自然価格と呼んだところのものである」（ibid., 1st., p. 83, 同上，上 119 ページ）と指摘し，そしてこのようなスミスの自然価格をマルサスは同じ箇所で必要価格（necessary price）と呼び，さらに必要価格とは商品を規則正しく市場にもたらすのに必要な価格と呼び，またその価格への「需要と供給に対する通常の，かつ平均の関係によって規定され」るのであるが，これに反し「市場価格とは需要の供給に対する異常なかつ偶発的な関係に依存する」（ibid., 1st., p. 84-85, 同上，上 122 ページ）と指摘するのである。
　それでは，マルサスのいわゆる商品の必要価格の三つの構成要素，すなわち賃銀，地代および利潤はそれぞれどのようにマルサスによって把握されていたのであろうか。
　まず第一に彼の賃銀論について見てみよう。マルサスの賃銀の基礎的見解については，一般的に言ってアダム・スミスのそれを踏襲していたと言って

よい。例えばマルサスは、「アダム・スミスは次のように述べるときには実際的にまったく正しい、すなわち『労働の貨幣価格は、二つの事情によって、すなわち労働の需要と、生活必需品および便宜品の価格によって、必然的に規制される』」(ibid., 1st., p. 243, 同上、下12ページ) と。またマルサスは、スミスがさまざまな種類の労働の支払いに不規則性を与えるものとして「正しくもそのせいである」とした五つの原因、すなわち「1. 職業そのものの快、不快、2. その習得の難易および習得費の大小、3. それらの職業における就業の恒久性の有無、4. その職業の従事者に置かれるべき信任の大小、および5. それらの職業における成功の可能性の有無」(ibid., 1st., pp. 243-244, 同上、下12-13ページ) を挙げている。さらにマルサスは、「ある国の労働の自然価格または必要価格は、『その社会の現実の事情のもとで、労働者の平均的需要を満たすに足りる、平均的供給をひきおこすのに必要な価格』であると私は定義したい」(ibid., 1st., p. 247, 同上、下18ページ) と述べている。

　それでは、労働に対する需要の増加は何によって決定されるとマルサスは考えていたであろうか。マルサスによれば「これは、国の資本と収入との全価値が年々増加して行く比率によって引き起こされ、かつこれに比例している」(ibid., 1st., p. 261, 同上、下34ページ) のであり、要するに、「国の資本と収入との全価値」が労働に対する需要を生みだすのである。このうち「収入」については言うまでもなく、利潤や地代などの剰余価値を意味し、生産諸部門内での利潤からの資本蓄積に伴う生産的労働者の雇用を除けば、もっぱら不生産的消費者の雇用を意味するものであろうが、「資本」のほうについては、マルサスは「労働にたいする需要は、固定資本ではなく流動資本の増大にのみ比例しうると、しばしば考えられている。そしてこのことは、個々の場合には疑いもなく真実である。しかし国民全体についてはこの区別をする必要はない」(ibid., 1st., p. 261, 同上、下35ページ) と述べ、独特な見方をしている。この引用文において、「個々の場合には疑いもなく真実である」のところにマルサスは「バートン氏による労働階級の状態についてのすぐれたパンフレットをみよ」という注をつけているが、それはともかく、投下された資本のうち固定資本の割合が大となって再雇用の場のない「節約された労働」が存在する場合には、おそらく労働者の側からの有効需要が減退し、「それは年々

の生産物の価値を減少せしめ，そして資本および収入の両者をおくらせる」のであるが，しかし「一般に，固定資本の使用は流動資本が豊富になるのにきわめて好都合である」のであって，「もし生産物にたいする市場がそれに比例して拡大されうるならば，一国の資本および収入の総価値はそれによって大いに増大され，そして労働にたいする大きな需要が創造されるのである」(ibid., 1st., p. 262, 同上，下 37 ページ) とマルサスは指摘している。これらの後者の例証としてマルサスは，特に，マンチェスターやグラスゴーにおける過去 40 年間の「綿業における労働需要」の増大に求めている。したがって，「一般的には，実際に起こるように思われる固定資本の採用が，労働需要を減少させるであろうと心配する必要は，ほとんどない」(ibid., 1st., p. 26, 同上，下 41 ページ) とマルサスは断定している。

　次にマルサスの地代論を見てみよう。マルサスは，地代はなぜ生ずるのかについて，土地の有限性と土地の肥沃度の相違を挙げ，次のように述べている。「土地そのものの広さは限られており，しかも人類の需要によっては拡張することができない。土壌が不均等なため，社会の初期においてさえ，最良の土地の比較的希少がおこっている。そしてこの希少は，疑いもなく，正しく地代と呼ばれるものの原因の一つである (ibid., 1st., p. 139, 同上，上 195 ページ) と。引き続きマルサスは地代発生の原因について，次のように述べている。

　　生産費以上にでる粗生産物の価格の超過の原因は三つあるということができる。

　　　第一に，そして主に，土地の性質であるが，それは土地に用いられる人たちを維持するのに必要なものよりも，より多くの生活必需品を土地が生みだすようになしうるものである。

　　　第二に，適当に配分されるときにはそれ自身の需要をつくりだし，または生産される必需品の分量に比例して需要者の数をますことのできる，生活必需品に特有な性質である。

　　　第三に，自然的にも人為的にも，肥沃な土地が比較的に希少なことである (ibid., 1st., pp. 139-140, 同上，上 195-196 ページ)。

　マルサスがこう述べた後に，土地がいかにして地代を生みだすのかについ

て，次のように述べている。

　　……土地が地代を生みだす能力（power）は，その肥沃度に，または土地がそれに投下された労働を維持し資本を維持するのに厳密に必要なもの以上を生産するようにされうる一般的剰余（general surplus）に，正確に比例している。もしこの剰余が1，2，3，4，または5であるならば，そのときに地代を生みだすその能力は 1，2，3，4，または5であろう（傍点はマルサス）(ibid., 1st., pp. 140-141, 同上，上 197 ページ）。

ここでマルサスは，地代である剰余生産物がそれに対する有効需要が存在しなければ，それは剰余価値となることはできないという，次のような重要な指摘を行っている。

　　この剰余は，必要でかつ重要であるけれども，もしそれが，それを消費すべき人口をふやし，また，それと交換されるために生産される物品によって，それにたいする有効需要をつくりだす能力をもつことがないならば，その剰余が労働およびそのほかの諸商品の比例的分量を支配することを可能にしてくれる価値を，確実にもつことはないであろう（ibid., 1st., p. 141, 同上，上 197 ページ）。

なおマルサスは，地代の大いさについて，「土地の地代は，全生産物の価値のうち，このときの，農業資本の通常普通の利潤率で測ったところの，投下資本の利潤を含んだ，その種類のなんであるかを問わず，その耕作に属するいっさいの出費の支払いの後に，土地の所有者に残る部分であると定義することができる」(ibid., 1st., p. 134, 同上，上 189 ページ）と述べ，また，これを簡単に，「地代は実際の耕作費を越える，生産されたものの分量ならびに交換価値の二つの超過（excess）である」(ibid., 1st., p. 156, 同上，上 223 ページ）とも指摘している。ここでは，農業における剰余生産物を剰余価値として把握している。

しかもなおマルサスは，差額地代論を主張するリカードゥを思い浮かべながら，「こうした等級（土地の等級のこと——引用者）は，地代の本源的な形成にも，またはそのあとの規則的な騰貴にも，厳密に言えば必要ではない」(ibid., 1st., p. 186, 同上，上 275 ページ）ことを明らかにしつつ，最劣等地にも地代は存在し，また地代は穀物価格の一構成要素になることについて，次の

ように述べている。

> この価格（穀物の自然価格または必要価格のこと——引用者）は平均的には，少なくとも，現実に耕作されている最劣等地におけるその生産費ならびにその自然的状態におけるこうした土地の地代に，等しいものでなければならない。……それゆえに，その自然的状態における土地の地代は明らかにあらゆる耕作物の価格の極めて重要な一部分であるから，もしそれが支払われないならば，こうした生産物は市場にもたらされないであろう……(ibid., 1st., p. 191, 同上，上 286 ページ)。

さてここで，理論的に製造業者の利益を擁護しているリカードゥに対して，地主階級のそれを擁護しようとしているマルサスの考えをのぞいてみよう。

マルサスは『経済学原理』の第 3 章「土地の地代について」の第 8 節の冒頭において，地主の利害と，国家や人民のそれとは一致する，と次のように述べている。

> アダム・スミスによって，土地所有者の利害は国家のそれと密接に関連しており，そして前者の繁栄または苦境は後者の繁栄または苦境を意味する，と述べられている。本章で定立された地代理論は，この叙述を力強く確証するように思われる。もし土地におけるある一定の自然的資源のもとにおいては，土地所有者の利益に役立つおもな原因が，資本の増大，人口の増大，農業上の改良，および通商の繁栄によって引き起こされる粗生産物に対する逓増的需要であるならば，地主の利害を国家および人民のそれと別個のものと考えることは，ほとんど不可能であるように思われる (ibid., 1st., pp. 204-205, 同上，上 301 ページ)。

そしてまた，「社会の進歩につれて，地代の形で主に地主に帰属する土地の剰余生産物 (surplus produce of land) から，社会が引き出す極めて大きな利益が，まだ十分に理解されかつ認められていないということは，むしろ驚くべきことのように思われる」(ibid., 1st., p. 226, 同上，上 334 ページ) と述べつつ，地代が大きければ社会が豊かになる，と次のように指摘している。

> もしこの最終的剰余（地代のこと——引用者）が小さいものであれば社会の大部分の労働は，彼らの額に汗してただ生活必需品の獲得にたえず従事しなければならないし，社会は便宜な奢侈品および余暇を与えるこ

ともっとも少ないに違いない。これに反して，もしこの剰余が大きいものであれば，製造品，外国の奢侈品，技芸，文学および閑暇は 豊かになるであろう（ibid., 1st., pp. 229-230, 同上，上 340 ページ）。」

これらの引用文で示されているマルサスの意図は，リカードゥによる収穫逓減の法則と結びついた差額地代論では，社会の発展とともに，穀物価格の騰貴と農業における生産性の低下による地代増加によって，地主の利益は製造業や人民のそれに相反するが，しかしマルサス自身は，すでに見たように，農業の生産力の発展に比例してマルサスのいわゆる一般的剰余が増加すれば，地代もそれに比例して増加する，と考えていたから，農業労働の軽減や穀物価格の低下が生ずるばかりでなく，地主の地代による有効需要の増加によって，「製造品，外国の奢侈品，技芸，文学および閑暇は豊かになる」ことになり，したがって地主の利益は製造業や人民のそれに反しない，ということであろう。

それでは最後に，マルサスのいわる商品の必要価格，あるいは自然価格の三構成要素の一つとしての「利潤」について検討してみよう。

マルサスはまず，「国民所得のうち，その資本の使用に対する報酬として資本家に帰属する部分を論ずるに当たって，それを資本の利潤という名称で呼ぶのが普通である」（ibid., 1st., p. 293, 同上，下 77 ページ）と述べている。また彼はひきつづき，「資本の利潤は，商品の生産に必要な前払いの価値と生産された時の商品の価値との差額から成っている」のであり，したがって「利潤率とは，前払いの価値と生産された商品の価値との差額が，前払いの価値に対してとる比例のことである」（傍点はマルサス）（ibid., 1st., p. 294, 同上，下 78 ページ）と指摘している。

マルサスはこう明らかにした上で，「社会が進歩してやまないとき，もし地域が限られているか，または土壌の質に違いがあるかするならば，土地の耕作に用いられる労働の生産力が次第に減少していくに違いないことは，まったく明らかである」と収穫逓減の法則に類似した考えを示しつつ，ひきつづき「そして一定量の資本および労働の生みだす報酬はいよいよ小さくなるであろうから，労働と利潤との間に分けられる生産物も明らかにいよいよ小さくなるであろう」（ibid., 1st., p.298, 同上，下 83-84 ページ）と述べている。

しかもマルサスは，このように「土地の耕作に用いられる労働の生産力が次第に減少していく」につれて，「一定量の資本と労働」とが生みだす「利潤と労働」の配分される生産物が減少していくなかで，さらにそれが進行していくと，「利潤と労働」に配分されるべき生産物のうち，労働者の生理的欲求は同じなのであるから，労働者の穀物賃銀の占める割合が大となり，したがって，「利潤率は，資本の蓄積が停止してしまうまで，規則正しく下落しつづけるであろう」と，次のように注目すべきことを指摘している。

　　もし，労働の能力が減少するにつれて，労働者の肉体的欲求もまた同じ比例で減少すれば，そのときには総生産物のうち同じ分け前が資本家に残され，しかも利潤率は必ずしも下落しないであろう。しかし労働者の肉体的欲求はつねに同じままである。そして，社会が進歩するにつれて，労働に比較した食料品の希少が逓増していくから，これらの欲求は一般的に十分に満たされることいよいよ少なくなり，そして労働の実質賃銀は次第に下落するけれども，しかも，それを越えない一つの限界があり，そして恐らくはさほど遠くないところにあることは明らかである。労働者にとっては，彼自身とたんに停止的人口を維持するにすぎないような家族を扶養するために，ある分量の食物を支配することが絶対に必要である。したがって，より多くの労働を必要とするより貧弱な土地がつぎつぎに耕作に引き入れられるならば，労働者個々の穀物賃銀は生産物の減少に比例して減少するということはありえないことであろう。総体のうち，比較的大きな比例が，必然的に労働者に帰属するであろう。そして利潤率は，資本の蓄積が停止してしまうまで，規則正しく下落しつづけるのである（傍点はマルサス）(ibid., 1st., pp. 298-299, 同上，下84ページ)。

そして，これにつづいてマルサスは，「こうした経過こそ，新しいかつより劣等な土地の耕作の進行またはさらに既耕地のいっそうの改良に用いられた，資本の蓄積が進行するさいの利潤および賃銀の必然的結果であろう」(ibid., 1st., p. 299, 同上，下84-85ページ) と述べている。

　なおこの場合マルサスは，農業ではなく，「産業活動である商工業——そこではこの生産力は必ずしも減少しないだけでなく，さらに極めてしばしば増大する——に用いられた資本の利潤はどうなるのか」と自問自答している。

マルサスは，「商工業では，これらの部分における産業活動の生産物の交換価値の下落」(ibid., 1st., p. 300, 同上，下 85 ページ) に言及し，次のように述べている。

> 穀物および労働の生産費は，避けがたい物理的原理から絶えず増大するが，他方，製造品および取引商品の生産費は，減少することもあり停止したままのこともあって，ともかく，穀物および労働の生産費よりはずっとおそく増大する。それゆえに，需要および供給のあらゆる原理によって，この後者の対象の交換価値は，労働の価値に比較して，下落するにちがいない。しかし，もし労働の交換価値が騰貴しつづけ，他方，製造品の交換価値が下落するか，同じであるか，またははるかに少ない程度に騰貴するならば，利潤は下落しつづけるに違いない。こうして，改良が進行するにつれて，いよいよ貧弱な土地が耕作に引き入れられるから，利潤率は最後に耕作される土壌の能力によって制限を受けなければならないように思われる (ibid., 1st., p. 300, 同上，下 85-86 ページ)。

マルサスからのこの引用文によれば，商工業でもその利潤率は，「最後に耕作される土壌の能力によって制限を受けなければならない」のであるから，その点では商工業における利潤率も農業における利潤率と同じであると思われる。しかし，この引用文から判断する限り，商工業における利潤率の低下の方が農業におけるそれよりも，若干著しいように筆者には思われる。

このような商工業における利潤率の低下が資本の蓄積の促進による，よりいっそうの生産力の発展によってさらに進展するならば，「一般的」な「供給過剰」に陥ると指摘し，またセーの法則を批判しながら，マルサスは次のように述べている。

> その国の不生産的労働者が，資本の蓄積によって生産的労働者に転換させられたために，異常な分量のあらゆる種類の商品が市場に明らかに存在するであろう。ところが労働者の数は全体として同じであり，そして地主および資本家のあいだの消費のための購買能力および意志は仮定によって減少するから，商品の価値は労働と比較して必然的に下落し，やがては利潤をほとんどゼロにまで低下せしめ，そしてしばらくのあいだ，それ以上の生産を妨げるようになるであろう。しかし，これこそはまさ

に供給過剰という言葉の意味するところであり，しかもこの場合には，それは明らかに一般的（general）であって部分的（partial）ではないのである。

　利潤にかんするこの新学説の主な創始者である，セー氏，ミル氏，およびリカードゥ氏は，この主題について彼らが採っている見解において，ある根本的誤りに陥っているように思われる（ibid., 1st., pp. 354-355, 同上，下163-164ページ）。

　以上のようにマルサスは，賃銀を超える地代を，すでに見たように彼のいわゆる「一般的剰余（general surplus）」，「剰余（surplus）」，「土地の剰余生産物（surplus produce of land）」，「耕作費を越える，生産されたものの分量ならびに交換価値の二つの超過（excess）」などの表現，ならびに利潤を，商品の生産に必要な前払いの価値と「生産された時の商品の価値との差額」その他の表現を行うことによって，マルクスが批判するように，マルサスの剰余価値が不生産的消費者たちの有効需要による，商品の価値のたんなる名目的な騰貴によって生みだされたもの，と述べることはできないのである。

# 第2章
# マルサスの有効需要論と
# 「全生産物の交換価値の増大」について

　すでに本篇の第1章で，マルサスのいわゆる商品の必要価格の三構成要素を検討した。その際に知ったように，彼は地代について，「地代は実際の耕作費を越える生産されたものの分量ならびに交換価値の二つの超過（excess）である」（*Principles*, 1st., p. 156,『経済学原理』上223ページ）と述べ，また利潤についても，「資本の利潤は，商品の生産に必要な前払いの価値と生産された時の商品の価値との差額から成っている」（ibid., 1st., p. 293, 同上，下77ページ）などと指摘している。地代の場合，この引用文では剰余生産物と剰余価値とが同等視され，また資本の利潤は，商品生産に必要な前払いと「生産された時の商品の価値との差額」という剰余価値そのものとしてマルサスには理解されていた。

　しかし，これらの場合，地代や利潤の形成とマルサスの有効需要論とは，いかなる関連をもっているのかについては，農業生産物も製造品も，ともにそれらに対する需要と供給とが等しい場合，のことが考えられているにすぎない。しかし，彼のいわゆる「需要と供給の大原理」（ibid., 1st., p. 310, 同上，下102ページ）によって，地代や利潤が決定されることをしばしば指摘しているマルサスは，はたして彼の剰余価値論が彼の有効需要論と理論的にどのような関連をもっていると考えていたのか，については，必ずしも明確ではない。しかし筆者にとっては，すでに第1章で引用した『経済学原理』の第3章「土地の地代について」で明らかにされた次の文章がそれを解く鍵を与えているように思われる。なぜならば，農業生産物に対する，人口増加による有効需要の増大，ならびに，製造品などの増加による商工業分野からの農業生産物に対する有効需要増大によって，農業における剰余生産物が剰余価

値に転化する，とマルサスは次のように述べているからである．再度，引用しておこう．

> この剰余（地代のこと――引用者）は，必要でかつ重要であるけれども，もしそれが，それを消費すべき人口をふやし，また，それと交換されるために生産される物品によって，それに対する有効需要をつくりだす能力をもつことがないならば，その剰余が労働およびそのほかの諸商品の比例的分量を支配することを可能にしてくれる価値を，確実にもつことはないであろう（ibid., 1st., p. 141, 同上，上 197 ページ）．

このように農業で生産された剰余生産物が，それに対する有効需要によって剰余価値に転化するというマルサスの論理は，農業以外の製造業でも貫徹している，と筆者には思われる．なぜならば彼は，利潤から資本の蓄積が行われる場合には，その前提としてその資本が生産している商品に対する有効需要が「資本の高い利潤」を生むことが必要であると，次のように述べているからである．

> 蓄積の能力と意志とを同時に与えるものは，まさしく，商品に対する需要と，その結果である商品の生産手段に対する需要とによって引き起こされた，資本の高い利潤である……．このような資本の生産物に対する適当な需要がないときに，収入を資本に転化しつづけることは，……むだである（ibid., 1st., pp. 374-375, 同上，下 193 ページ）．

すでに本篇の第 1 章で知ったように，マルサスの必要価格の形成を考える場合にも有効需要の存在を考慮しなければならないマルサスの経済学には，セーの法則を採用したリカードゥなどとは異なって，有効需要を生みだす諸要素の存在の検討が重要である．

マルサスは，『原理』の第 7 章「富の増進の直接原因について」のなかで，資本主義社会において「富の継続的増大に対する一刺激と考えられる……」あるいは「全生産物の交換価値を増大する手段と考えられる……」有効需要を増大させる要因を次のような八つばかり挙げている．すなわち，(I)「人口の増加」，(II)「蓄積，すなわち資本に追加するための収入からの貯蓄」，(III)「土壌の肥沃度」，(IV)「労働を節約する発明」，(V)「生産力と分配手段とを結合する必要」，(VI)「土地財産の分割によって引き起こされる分

配」，(VII)「国内商業および外国貿易によって引き起こされる分配」，そして (VIII)「不生産的消費者によって引き起こされる分配」等々が，これである。前章のマルサスの剰余価値論を補うために，これらを各項目ごとに概観しておこうと思う。

(I)　この項目では，マルサスの考えを結論的に取りあげれば，「大きな生産力をもっているこれらの国々において富の増進がきわめて緩慢であるとすれば，人口だけでは富に対する有効需要を創造しうるものではない」(ibid., 1st., p. 350, 同上，下 155 ページ) のである。

(II)　ここではマルサスは，地主や資本家が節倹，あるいは消費節約によって収入を資本に転化するならば，かえって有効需要を減少させる，と指摘している。例えばマルサスはこの点について，次のように述べている。「資本家自身，ならびに地主その他の富者について言えば，彼らは，仮定によれば，節倹家であり，そして彼らの日常の便宜品および奢侈品を減らして収入から貯蓄をなし，そして彼らの資本に追加するということには，意見が一致しているのである。このような条件のもとにおいて，私は問いたいと思う。生産的労働者の数の増大によってえられる商品量の増大は，おそらくその価値を生産費以下に下落させ，または少なくとも貯蓄の能力も意志も著しく減少させるような価格の下落を見ることなしには，購買者をみいだせるなどとどうして考えることができようか，と」(ibid., 1st., pp. 352-353, 同上，下 157 ページ)。あるいはまた，「もしある点以上に押し進められた収入の資本への転化が，生産物への有効需要を減少することによって労働階級を失業におとしいれるとすれば，節倹の習慣を過度に採用することは，はじめはもっともみじめな結果をともない，そして永続的には富と人口との著しい減退をともなうであろうことは，明らかなことである」(ibid., 1st., p. 369, 同上，下 186 ページ) と。なお，この文章中の「ある点」の意味は不明である。

(III)　「土壌の肥沃度」については，マルサスは，当時のアイルランドの製造業の不振に言及しつつ，それはアイルランドの製造業にとって資本の欠乏よりも需要の欠乏のほうが大であり，そして食料生産に費やす労働がたとえわずかであっても，それ以外の多くの労働時間が便宜品，奢侈

品の生産に用いられるわけでもないので，下層階級の人民に内国商品や外国商品を購入する意志と能力とを与えるような「人民の嗜好と習慣の変化が必要」(ibid., 1st., p. 401, 同上，下 227 ページ) であると述べている。そして「一般的に言えば，土壌の肥沃度はただそれだけでは富の永続的増大に対する適当な刺激ではない」(ibid., 1st., p. 401, 同上，下 228 ページ) と結論づけている。さらに，

(IV) 「労働を節約する発明」について，マルサスは，それについて明らかにしている『原理』第 7 章第 5 節の冒頭で，簡潔に，「労働を節約する発明は，発明に対する決定的な需要がある場合のほかは，かなりの程度まで行われることはまれである」(ibid., 1st., p. 401, 同上，下 229 ページ) と述べ，その例として，過去 30 年間のイギリスのマンチェスターやグラスゴウなどにおける綿製造業を挙げている。そしてそれらは，綿製品が当時のイギリスの内外で消費が著しく拡大されていたから可能だった，とマルサスは指摘している。

(V) 「生産力と分配手段とを結合する必要」については，マルサスは，国民所得を増加させるために，高い生産力を消費者たちの欲求に適応させるための交通手段である道路や運河の重要性を指摘している。例えばマルサスは，「われわれは，生産力がどんな程度に存在しようとも，それだけではそれに比例した程度の富の創造を確保するには十分でないことをみた。この力を十分に発揮させるためには，そのほかのなにものかが必要であるように思われる。そしてこれは，総体の交換価値を絶えず増大するような生産物の分配，およびその消費の意欲をもつ人びとの欲求へのこの生産物の適応である」(ibid., 1st., p. 413, 同上，下 251 ページ) と述べ，また同様にマルサスは，次のようにも指摘している。「もしその国のすべての道路と運河とが破壊され，またその生産物の分配手段が本質的に妨げをうけるならば，生産物の総価値は著しく下落するであろう……。なるほど，もしさまざまの状態にある現実の人口の欲求，嗜好，および能力に適応しないような生産物の分配がおこなわれるとすれば，その生産物の価値は，比較的にいって，まったく取るに足らない程度まで下落するであろう。同じ原理によって，もしその国の生産物の分配手

段がさらにいっそう便利にされるならば，また，もし消費者の欲求，嗜好，および能力への適応が現在よりもより完全であるとするならば，全生産物の価値の大きな増大がおこるであろうことには，疑いがありえない」(ibid., 1st., p. 414, 同上，下 252-253 ページ）と。

(VI) 「土地財産の分割によって引き起こされる分配」の問題について，マルサスは次のように述べている。もともと彼は，「分配に依存する価値の増大にもっとも好都合な原因は，第一に，土地財産の分割」(ibid., 1st., p. 427, 同上，下 272 ページ）と指摘している。彼は，封建時代以後のヨーロッパにおいて，土地財産の不平等な分割が有効需要にとって不都合であると述べ，「極めて大きな保有者の周囲を極めて貧しい農民が取り囲んでいるということは，有効需要に対してもっとも不都合な財産の分配を示すものである」(ibid., 1st., p. 429, 同上，下 274 ページ）ということ，あるいはまた，同趣旨のことについて，「実際上は，少数者の過剰な富は，有効需要については，多数者のほどよい富と決して等しく作用するものではないことが，つねに見いだされている」(ibid., 1st., p. 431, 同上，下 276 ページ）と明らかにしている。しかしマルサスは，これとは逆に，「土地および資本の両者の小保有者の比例が過大である場合には，土地におけるいっさいの大きな改良，商工業におけるいっさいの大きな企業，およびアダム・スミスが分業から生ずるのだといったいっさいの驚くべき事柄は，停止してしまうであろう。そして富の増進は，供給能力の不足によって妨げられるであろう」(ibid., 1st., p. 432, 同上，下 276-277 ページ）とも指摘している。しかし彼は，結局「社会の中流階級の割合の増大」が「分配のなおいっそうの改善の原因」である，と次のように述べている。「経験がわれわれに示すところでは，製造業者の富は，財産のより良い分配の結果であると同時に，また商工業資本の成長が必ずやつくりだすところの社会の中流階級 (middle classes of society) の割合の増大による，このような分配のなおいっそうの改善の原因であるということ，これである」(ibid., 1st., p. 431, 同上，下 276 ページ）と。

(VII) 「国内商業および外国貿易によって引き起こされる分配」では，これらの分配と有効需要との関連をマルサスは述べている。マルサスは，元

来，国内商業が行われるその誘因について、「一国で起こってくるすべての交換は、社会の欲求によりよく適合したその生産物の分配を結果としてもつ。それは関係当事者双方についてより少なく欲求されるものとより多く欲求されるものとの交換であり、それゆえに、双方の生産物の価値を引き上げなければならない」(ibid., 1st., p. 440, 同上，下 286 ページ) と述べ、国内のある地域が、その地域内で「より少なく欲求されるもの」を他の地域により高価に販売し、そして他の地域から「より多く欲求されるもの」を購入する、というのである。マルサスによれば、国内商業のこの「原理」は、外国貿易の場合にも適用される、と次のように明らかにしている。「個人を誘って外国貿易に従事させる動因は、同じ国の比較的遠い地方のあいだの商品の交換にみちびく動因とまったく同じであり、すなわち、地方生産物の市場価格の増大、これである」(ibid., 1st., p. 449, 同上，下 301 ページ) と。そしてマルサスは、この問題を論じている『経済学原理』の第8章第7節の最後で、リカードゥの外国貿易論とは異なったマルサスの外国貿易論の「原理」について、次のように明らかにしている。「これは、対外的なものであろうと、または国内的なものであろうと、あらゆる交換行為の基礎としてしばしば言及されている簡単かつ明々白々の原理、すなわちより少なく欲求されるものをより多く欲求されるものと交換することによって生みだされる価値の増大、これである」(ibid., 1st., p. 462, 同上，下 324 ページ) と。なおマルサスは、彼の言うこの「原理」をさらに具体的に次のように補っている。「われわれが内国商品を輸出してそれと引き替えに上述のすべての外国商品（絹，綿花，藍，茶，砂糖，コーヒー，タバコ，ポート酒，シェリイ酒，赤ブドウ酒，シャンペン酒，アーモンド，乾ブドウ，オレンジ，レモン，各種の香料と薬品——引用者）を獲得した後に，……われわれは新たに生じた生産物の分配は，輸出された商品よりもわれわれの欲求と嗜好とにはるかによく適した商品をわれわれに与えることによって，われわれの所有物や，われわれの享楽手段や，われわれの富やの交換価値を決定的に増大したことを，確信するであろう」(ibid., 1st., p. 462, 同上，下 324 ページ) と。さらに，

第2章　マルサスの有効需要論と「全生産物の交換価値の増大」について　　229

(VIII)の「不生産的消費者によって引き起こされる分配」の問題である。マルサスは、『原理』第8章第9節の冒頭で「生産物の分配を便宜にすることによってその価値を維持し、かつ増大する傾向のあるおもな原因は、不生産的労働の使用、または適当な比例の不生産的消費者の維持である」(ibid., 1st., p. 463, 同上, 下326ページ)と述べ、また引き続き「生産階級が……とくに彼らの資本に追加するために収入から速やかな貯蓄を行いつつあるときには、莫大な生産力をもつ国は不生産的消費者の一集団をもつことが絶対に必要である」と指摘している。なぜなら、「もし資本家のあいだの生産力がかなり大きければ、資本家自身および彼らの労働者の消費に加えた地主の消費は、全生産物の交換価値を維持しかつ増大するには、なお不十分」(ibid., 1st., p. 466, 同上, 下329-330ページ)だからである。マルサスがこの節で述べている不生産的消費者の一集団とは、「あらゆる社会は、必要な召使いのほかにそれを統治する政治家、それを防衛する兵士、裁判をおこない、かつ個人の権利を保護する裁判官および弁護士、病気を治し傷をいやす内科医および外科医、および無知なものを教育しまた宗教の慰安を与える一団の僧侶」(ibid., 1st., p. 477, 同上, 下343ページ)のことである。なおマルサスは、これらの不生産的消費者たちのほかに、「国富が、租税で扶養されている人々の消費によって大いに刺激を受けている例が実際に起こっている」(ibid., 1st., p. 481, 同上, 下346ページ)こと、また「国債の利子で生活する人々のような一団の不生産的労働者」がわが国に存在してこそ、「国債所有者が受けとりかつ支出する所得が、それが地主に回収されるよりも、多量の製造品にたいする需要にとってより好都合であり、そして社会の幸福と知力とを増大する傾向がはるかにより多いことに私はなんの疑いももたない」(ibid., 1st., pp. 483-484, 同上, 下349ページ)ことなどを指摘している。なおマルサスは、『原理』第7章「富の増進の直接原因について」、第10節「1815年以来の労働階級の困窮への、まえの諸原理のあるものの適用、ならびに概観」において、有効需要を増大させるための不生産的労働や不生産的消費について述べている。例えばマルサスは、「現在のような時期に労働階級に助力を与えようとわれわれがつとめるさいに、

彼らを不生産的労働に，または少なくとも道路または公共事業というような，その成果が市場に売りに出されない労働に，使用することが望ましい，ということを知るのも重要である」(ibid., 1st., p. 511, 同上，下377ページ) と述べ，さらに戦争からの帰還兵士たちを生産的労働として使用しないよう呼びかけ，次のようにも指摘している。

　　全体として，私は，道路および公共事業に貧民を使用することと，地主および財産家たちが建築をなし，彼らの土地を改良し美化し，かつ労働者や召使いを使用しようとする傾向とは，われわれがもっとも容易になしうる手段であり，また戦争に使われていた陸海軍兵士やそのほかの階級をとつぜん生産的労働者に転換することから引き起こされる生産物と消費との均衡の攪乱から生ずる害悪を，直接に救済するように思われる手段である，と言いたいと思う (ibid., 1st., p. 512, 同上，下 377-378 ページ)。

これらのほかにもマルサスは，『原理』の「序説」において，「貯蓄の原理は，過度にわたるときには，生産への誘因を破壊し去るであろうことは，まったく明らかである」(ibid., 1st., p. 8, 同上，上 27 ページ) と述べ，貯蓄は生産にたいする有効需要を減退させる要因であることを示唆している。

注
(1) この引用文が属している文章に J.M. ケインズは，「貯蓄と投資との間のバランスという全問題が，……提起されている」(傍点はケインズ) (*The Collected Writings of John Maynard Keynes*, Vol. X, p. 102, 『ケインズ全集』第 10 巻，「人物評伝」，138 ページ) と指摘している。なおケインズは，「私は読者に，われわれが生活している現実の経済体制において，最適の貯蓄を決定する諸条件のみごとな説明として，第 9 節 (「全生産物の交換価値を増大する手段と考えられる，不生産的消費者によって引き起こされる分配について」のこと──引用者) 全体の参照を勧めたい」(傍点はケインズ) (ibid., Vol. X, p. 101, 同上，第 10 巻 138 ページ) とも指摘している。

## むすび

　本篇の序章でも述べたようにマルクスは,『剰余価値学説史』の第19章「T.R. マルサス」においてマルサスの剰余価値論を批判している。マルクスの批判の論点はすでに述べたように, 第一はマルサスの剰余価値論は重商主義者の「譲渡に基づく利潤」と同じであって, 資本の流通過程から獲得されるものであり, そしてその第二の論点は, マルサスの剰余価値論は社会の不生産的消費者たちからの有効需要によって, 商品の価値が名目的に「労働の価値」（＝賃銀）以上に引き上げられて獲得される, というものであった。本篇では筆者はこの第二の論点に疑問を提出し, そしてその第1章では, マルサスのいわゆる必要価格の三構成要素の賃銀, 地代, 利潤などを, また第2章では, これと関連する有効需要論を,『経済学原理』の初版に則して検討してみた。

　その場合, 本篇の第1章で明らかにしたように, マルサスは地代は剰余生産物であり, 剰余価値であることを示し, 利潤もまた, 製造業などで商品が生産されたときに投下された資本の価値総額を超えて生産された剰余価値そのものであることを, 明らかにしていた。ただマルサスの場合には, 地代論の説明で彼が示唆しているように, 農業における剰余生産物がそれにたいする有効需要によって剰余価値になるのであり, また製造業においても, 収入の資本への転化が行われる場合には, その前提条件としてそこで生産された商品にたいする有効需要によって, 収入すなわち利潤が存在していなければならないのである。これらの場合の剰余生産物を剰余価値に転化させる有効需要は, すでに本篇の第2章で明らかにしたような, 多岐にわたる有効需要増大ならびに減少の諸要因のうちのどれが, 特定の商品の必要価格の形成に作用しているのか, 必ずしも明確ではない。おそらくはそれらの複合的作用によるのであろうが, ケインズが「マルサスのすぐれた常識的観念によれば, 価格と利潤とは主として, 彼が——決して十分ではないが——『有効需要』という言葉で述べたあるものによって決定される」(ibid., Vol. X, p. 88, 同上, 第10巻「人物評伝」119ページ) と述べる場合も, 本篇の第1章と第2章

において明らかにされているように理解されるべきであろう，と筆者は考える。

　要するに，マルクスの第二の論点で示されたマルサスの剰余価値論は，マルクスが指摘するように，不生産的消費者たちの有効需要増大によって商品の価値が名目的に増大することによって生みだされるのでは決してなく，農業でも製造業でも生産された剰余生産物が，それらに対するいくつかの有効需要の複合的作用によって剰余価値に転化する，と理解すべきであろう，と筆者は考える。

## 付録 1
## リカードゥのギャトコム・パークとアダム・スミスの肖像画
――イギリス経済学史の旅のひとこま――

　今年（1983年）の7月と8月の2カ月間，私は，文部省の短期在外研究員として，イギリスを旅行することができた。私の専門が経済学史であり，また特にアダム・スミスやリカードゥらの古典派経済学とそれ以後マルクスに至るまでのイギリスの経済学に関心をもつ者として，ロンドン，グラスゴーおよびエディンバラ等を回るこのたびの旅行は，私にとって大変有益であった。

　7月と8月上旬にかけて私は，ロンドン・スクール・オブ・エコノミックス・アンド・ポリティカル・サイエンスのブリティッシュ・ライブラリィに通い，2階の資料閲覧室で，もっぱらリカードゥ派社会主義者の一人である，ジョン・フランシス・ブレイの原資料に目を通すことができた。ブレイは『労働の不当な処遇と労働の救済策』（1839年）の著者であり，マルクスも『哲学の貧困』や『剰余価値学説史』で彼を取り上げているが，1937年，アメリカのミシガン州でアグネス・イングリス嬢により発見されたブレイの新資料が，この図書館に保管されているのである。この新資料は，すでに水田洋氏や遊部久蔵氏らによって紹介されているが，私もこれらの資料に触れ，またブレイの両親のシルエットや彼の妹の写真等も目にすることができた。

　イギリスは完全な週休2日制なので，私はそれらを利用し，ロンドンやその郊外にある幾人かの経済学者や社会思想史上の人物ゆかりの地，および彼らの彫像等を訪ねた。今は大英博物館の分館の人類博物館として使用されているロイヤル・アカデミーの入口の，堂々たるアダム・スミスの立像や，〔彼がグラスゴー大学卒業後に留学した〕オクスフォード大学のベリオル・カレッジ，それにケンジントン・スクウェアのJ.S.ミルの家とヴィクトリア・エンバン

235

クメント公園の彼の銅像等である。

　これらに加えて私は，ロンドンから列車で40分ほどのところにある，T. ホジスキンの生地チャタム，同じくロンドンから50分ほどのところにある，リチャード・ジョーンズの生地タウンブリッジ・ウェルズ，それに今はイタリア料理店となっている，ロンドン市内のディーン・ストリートにおけるマルクスが住んだ建物とハイゲートの彼の墓地，さらにマルクス夫人の遺産によって彼が移り住んだグラフトン・テラスの家，ゴールドン・スクウェアのケインズの家，そしてチェルシー・オールド・チャーチのトマス・モア像等を訪れた。

　チャタムやタウンブリッジ・ウェルズを訪問した時，私はそれらの中央図書館を訪ねて，それぞれの図書目録を調べたが，ホジスキンやジョーンズの本はまったく存在しなかった。特にタウンブリッジ・ウェルズの場合，資料調査室の婦人が私のためにジョーンズの資料を探してくれたが，皆無だった。しかし私は，軍人の姿を見かける港町チャタムや，周囲が広漠たる牧場や麦畑に囲まれ，また古い教会が散在するタウンブリッジ・ウェルズを訪問して，海軍の志願兵であり，その軍律を批判して労働運動に走ったホジスキンや，ケントやサセックスの農民の騒動をみて経済学に関心を持った牧師ジョーンズらが育った，それぞれの町の雰囲気に浸ることができた。

　さてリカードゥについてであるが，私は7月の半ばにロンドンの彼の居住地，アッパ・ブルック・ストリート（*Upper Brook Street*）の56番地を訪ねた。ロンドンの地図によると，この通りの西の入口はハイド・パークに，東の入口はグロヴナー・スクエアに面し，その長さはせいぜい200メートル程度である。地下鉄中央線のマーブル・アーチ駅からわずか5分ばかりの所で，調

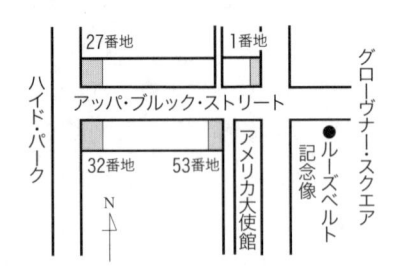

査の結果，図のようになっていた。

　つまり，この通りの北側にはグロヴナー・スクエアからハイド・パークの方へ1番地から27番地まで続き，またその南側には，逆の方向へ32番地から53番地まで家が並んでいるが，リカードゥが住んだ56番地の家は存在しなかった。日本に帰ってから改めて目を通してみた，D. Weatherall, *David Ricardo, Biography*, 1976 によると，この家は戦後1952年にアメリカに買い取られ，そして1956年に今のアメリカ大使館が完成したということであるから，その間にこの家は壊されてしまったのであろう。だから，*The Works and Correspondence of David Ricardo*, edited by Piero Sraffa, 1951-1955, Vol. VI. に載っている，1812年から1823年までリカードゥが住んだ家は，もはや見られないばかりではない。その跡地には何の表示もなかった。この大経済学者のために，ロンドンに多数見られるような表示板を，アメリカ大使館かロンドン市に，この地に設けてもらいたい気持ちを私はもった。

　8月初めに私は，グロースターシャーのミンチンハンプトンにある，リカードゥのギャトコム・パーク（Gatcombe Park）も訪れてみた。J.H. ホランダーの『リカードゥ伝』(1910年) によると，リカードゥは彼の財産を公債から土地に乗りかえるために公債の急激な高騰の機会をとらえて，この地を1814年に買い取った，とのことである。また上述の D.Weatherall によると，リカードゥはこの地を購入するとともに，紋章を帯びる権利を得てイングラ

スラッファ版『リカードゥ全集』第7巻の原書に掲載されているギャトコム・パークの邸宅

付録1　リカードゥのギャトコム・パークとアダム・スミスの肖像画　　237

ンドのジェントルマンと呼ばれるようになり、またそれとともに1年のうち半年は、この地に住む義務を彼は帯びたのである。しかもこのギャトコム・パークには上述のスラッファ版『リカードゥ全集』第7巻の原書で紹介されている彼の邸宅がある。私はそれらを知るためにロンドンのパディントン駅から列車に乗り、2時間かかってストラウド駅に着いた。ミンチンハンプトンへはさらにバスで30分かかり、そこで降りて私は、ギャトコム・パークへまた3マイル歩かねばならなかった。

ようやく着いて、粗末な石の門柱を20メートルばかり入ったところ、突然ヘルメットをかぶった警察官が出てきて、どこへ行くのか、と言う。私は自分の身分と専攻を明らかにし、経済学者リカードゥ氏のかつての別荘を見に来たと彼に話したところ、急に顔を曇らせて、ここは Princess Anne and Captain Mark Phillip の Palace だから、ここから入ることも写真をとることも許さない、直ちに帰ってくれ、と私に言った。

私は意外な事実に驚き、かつて1974年に法政大学教授、時永淑氏がとったこの邸宅の写真（『リカーディアーナ』季報9号）を示して、これがアン王女の Palace かと聞いたところ、そうだと彼は言った。さらに私の問いに答えて、彼はこの邸宅は1976年にアン王女のものになった、と私に告げた。その間に農民に変装した男女2人の警察官が無線機を積んだ小型トラックでかけつけ、どこかと無線連絡をしていた。その後、さらに私は2人の制服の警察官に会わねばならなかったので、ギャトコム・パークを見せてくれるよう再度要請したが、むだだった。彼らはアン王女の安全のために、という言葉を繰り返し、彼らの一人は、われわれはアン王女をテロリストから守っているのだ、とさえ言って、私のパスポートをチェックした。

私はあまりの物々しさにいささか辟易し、とんだところで王室に対するイギリスの警察官の忠誠心を見せつけられた思いだった。少し離れた所からならば見えるかもしれないという彼らの一人の言葉にもかかわらず、ギャトコム・パークの外からは、樹木に囲まれてその邸宅はまったく見えなかった。私は空しくもとのバスの停留所まで歩いて引き返したが、ご丁寧にもサングラスをかけた私服の婦人警察官が同道し、私が停留所にもどったことを確認して彼女は帰って行った。私はロンドンの住居につづいてギャトコム・パー

クでもリカードゥの面影を残すものが消え去ったことに，限りない寂しさを感じた。

なお私は他日，リカードゥがそこで『国富論』を読んで経済学に関心をもったと言われている温泉保養地バースを訪ね，そして18世紀にできた社交場 Assembly Rooms 等を見たあと，帰りにチッペンハムに寄り，ハードンヒュイッシュにあるリカードゥの墓を訪ねた。

8月13日以後私は，グラスゴーとエディンバラを訪問し，アダム・スミスとロバート・オーエンゆかりの地を訪ねた。私はグラスゴーではグラスゴー大学のハンタリアン博物館等，またエディンバラではスミスの最後の家であるパンミュア・ハウスやキャノンゲート教会の彼の墓等を訪問し，さらにスミスの生誕地カコールディにも足を延ばした。

その間，私がスミスの肖像画を見るために，スコットランド国立肖像画博物館 (Scottish National Portrait Gallery) を訪ねた時，また意外な事実を耳にした。私はこの博物館で，スコットランドが生んだ多数の人物のすばらしい肖像画を見たが，日本でも良く知られているチャールズ・スミスやカロピー (Collopy) 作のスミスの肖像画は展示されていなかった。そこで私は，館員に頼んでチャールズ・スミス作のものは見せてもらったが，椅子に腰を降ろしたスミスの肖像画で知られたカロピー作のものについて，私は次のような

今までカロピー作のスミス肖像画と考えられていたもの

付録1　リカードゥのギャトコム・パークとアダム・スミスの肖像画　239

ことを耳にしたのである。

　館員のスメイレス嬢は，このことはまだ公表していないと前置きしながら，今までカロピー作と考えられていたスミスの肖像画はウェルボア・エリス・エイガー（Wellbore Ellis Agar）という collector の肖像画であって，それの画家はカロピーではなく，ナセニァル・ダンス（Nathaniel Dance）だということ，また当館で持っているこの絵は多分コピーであるということ，等を話し，またそのメモを私にくれた。

　その後再び，この博物館を私が訪問した時，写真部長の肩書をもつサラ・スティヴンソン嬢がもっとくわしく次のように話してくれた。今までカロピー作と考えられていた，この肖像画の original painting が 1966 年 11 月 23 日にロンドンの美術商 Sotheby's で売りに出され，その時上述のことがわかったが，しかしこの博物館が上述の事実を知ったのは，10 年後の 1976 年に original painting の写真を手に入れた時であること，そのためこの博物館では，今はこの絵をスミスの肖像画ではなく，ウェルボア・エリス・エイガーの肖像画と呼んでいること，等などである。

　この外にもサラ・スティヴンソン嬢は私の質問に対し，チャールズ・スミス作と考えられているスミスの肖像画も，この画家が描いた肖像画のコレクションの中の一つであったから，しばらく彼が描いたものと考えられていたが，この肖像画はチャールズ・スミスの画風にふさわしくない手法において描かれているので，たぶん彼が描いたものではないと思う，と述べていた。

　彼女はまた，帰国後の私の手紙による問い合わせに対して，ジェームズ・タッシー作のメダリヨンを模写した，日本ではジョン・ケイ作と考えられているスミスのプロフィール（エッチング）の作者は，ジョン・ケイではなく，unknown であることも知らせてくれた。

## 付録 2 （資料・翻訳）

## 『国民的諸困難の原因および救済。……ジョン・ラッセル卿への書簡』ロンドン，1821年（匿名）

(The Source and Remedy of the National Difficulties, deduced from Principles of Political Economy, in a Letter to Lord John Russell, London, 1821)

— 解　説 —

　歴史上，F. ケネーやA. スミス，D. リカードゥら，それにK. マルクスやJ. M. ケインズらも含めて，近年，経済学の発展に貢献したと思われる人々の著書や資料等が，全集や著作集として出版され，経済学の発展の道筋を造ってきた人々の学説が明らかになってきたが，しかし，無名の人々の見解も経済学の発展に貢献した場合があった。ここで紹介する資料も，マルクスに強い影響を与えた文献の一つである。

　よく知られているように，イギリスでは18世紀後半から19世紀初頭にかけて進展した，産業革命による資本関係の確立に伴って，広範な労働者階級の貧困の問題等がうまれ，それらに対する無名の人々の種々の見解も発表された。この匿名の著者——実は文芸評論家Ch.W. ディルク——も，労働者階級の貧困を「国民的な諸困難」の存在と考え，その貧困がなぜ生まれるのか，またその救済の方法は何なのか，について，後に首相になった下院議員ジョン・ラッセル卿宛の手紙の形式で，明らかにするのである。

　マルクスは『剰余価値学説史』の第21章「経済学者たちにたいする反対論（リカードゥの理論を基礎とする）」において，「このほとんど知られていないパンフレット（約40ページ）……はリカードゥを越える本質的な一進歩を含んでいる。それは直接に剰余価値を，またはリカードゥが名づけるところでは『利潤』（しばしばまた『剰余生産物』）を，またはこのパンフレットの筆

者が呼ぶところでは『利子』を，『剰余労働』として示している。……価値を労働に帰着させることが重要だったのとまったく同様に，剰余生産物において現われる剰余価値を剰余労働として示すことが重要だったのである。これは，事実上A.スミスにおいてすでに述べられており，またリカードゥの展開の一主要契機をなしている。しかし，それは彼にあってはどこでも絶対的な形態では表明も確定もされていないのである」（傍点はマルクス）と評価している。

　著者のディルクは，まず，「資本の増加の自然的かつ必然的結果」として，機械等の固定的な不変資本の蓄積が増加する場合から，議論を進めている。そのような場合には，彼はリカードゥの「機械について」やシスモンディ等のように相対的過剰人口がうみだされる，とは考えずに，むしろ機械等が労働者の労働に代わって生産物を生産してくれるから，労働時間の短縮と剰余労働の「搾取」が減少すると考え，このような労働時間の短縮こそが「国民の富」であり，また「富，幸福，イングランドの繁栄」を彼らにもたらす，と主張するのである。そして，このことはディルクによれば，労働者を苦役（toil）から解放し，人間性の回復をもたらすはずなのである。

　しかし，現実のイギリス資本主義における「不自然な」資本の増加のもとでは，事態は大変異なって現れ，特にこの30〜40年間の労働者の生活は，200年以前のそれよりも低い，とディルクは指摘し，その原因を次のように述べるのである。「もしも労働者が，彼が200年前に生活した通りに生活する権利をもっているならば，少なくとも彼の生活はより悪化しているのでありますから，あなたがたの搾取は，私が述べたような，正当であるものを超過しているのであります」（傍点はディルク）と。

　それでは，労働者に生活悪化をもたらす彼らからの「搾取」増大とは，どういうことであろうか。ディルクは元来，「私が今後，人間の剰余労働について述べるときには，私の意味するそれは，彼自身および家族の維持と安楽とのためにのみ所有されるものを超えた，個人のあらゆる労働の代表物が，これであります」（傍点はディルク）と述べ，文字どおり剰余価値を労働者の必要労働を超えた剰余労働に還元して考えていた。したがって，剰余労働の「搾取」増大のために，資本家が労働者に賃銀として，小麦粉で作られたパ

ンのかわりにその価値が小麦粉の数分の一の馬鈴薯を与え，必要労働の短縮を実行した，とディルクは述べている。

これにとどまらずディルクによれば，社会的には，剰余労働の「搾取」増大が次の四つの原因によって実行されているのである。

その第一は，資本家，政府ならびに「すべての兵士，船乗り，教区牧師，弁護士，顧問，および無数の他の人々」等の不生産階級の存在である。彼らは自ら生産しないばかりでなく，他人の労働生産物を不生産的に消費することによって，「常に二重に作用する」からである。ディルクによれば，このことが「・不・生・産・階・級・を・し・て・生・産・階・級・か・ら・彼・ら・の・資・本・が・価・す・る・以・上・の・も・の・を・搾・取・さ・せ・る」（傍点はディルク）のである。

第二の原因について彼は，次のように述べている。銀行が自己の保有する貴金属準備を超える貸付けを行う場合，その貸付けは架空資本（fictitious capital）であるから，その貸付けによって新たに生みだされた現実資本の増加は，国家の資本に対する「不自然な，そして永続的な追加」を意味し，したがってこれらの資本による，労働者の剰余労働「搾取」も増加する，と。

第三の原因について，彼は次のように指摘している。1785年以来，イギリスの利子率はほぼ一定であるのに農業資本の「全地代収入」，すなわち利潤が2倍になったので，全農業資本の名目的価値が利子率により資本還元されて2倍となり，したがって農業労働者の剰余労働「搾取」が増加する，と。

そして第四の原因について，彼は次のように述べている。1793年に勃発した対仏戦争でイギリス政府が国民から借りた8億ポンドに対する利払いが，国家の租税収入を増加させ，このことが産業資本において雇用されている労働者たちの剰余労働「搾取」を増加させる，と。

以上の諸原因のうち，第二と第三のそれらについては理論的に検討の余地があるが，それはともかくとして，彼がこれらの，労働者の賃銀引き下げや，労働時間の延長による剰余労働「搾取」増加が，産業革命進行時における労働者階級の貧困の主要原因であり，これらが当時のイギリスにとっての国民的諸困難である，とディルクは指摘したのである。

そして最後にディルクは，このような「不自然な」資本の蓄積がつづけば剰余労働の「搾取」も継続し，「もしも資本が……蓄積を続行するならば，

資本の使用に対して与えられるべき労働は増加しつづけ、資本に対して支払われる利子（利潤のこと——引用者）がひきつづき同一であるときに、ついには社会の全労働者の全労働が資本家によって独占されてしまうでありましょう」という、はなはだスケールの大きな判断を示している。これは、彼のように、資本の蓄積には労働者を雇用すべき資本（v）に対して、機械や原料等のために支出されるべき資本（c）の割合が増加する場合——マルクスのいわゆる資本の有機的構成の高度化——を伴う時には、換言すれば、総資本（c+v）に対する剰余価値（m）の割合すなわち利潤率が一定の比率を保っている場合には、剰余労働の「搾取」は増大し、ついには社会の全労働者の全労働が資本に独占されてしまうであろう、ということである。

マルクスは利潤率を $\frac{m}{c+v}$ と考え、これは、$\frac{m}{v}$ と $\frac{v}{c+v}$ との相乗積であるから、ディルクのように資本の有機的構成の高度化を伴いつつ利潤率を一定に保つためには、$\frac{v}{c+v}$ の減少に応じて $\frac{m}{v}$ を限りなく増加させねばならず、そのためには労働者の労働時間を限りなく延長するか、あるいは彼らの必要労働を限りなくゼロにまで短縮しなければならない。しかし労働が、生きた人間が支出するものである限り、これらはともに不可能である。したがって資本の有機的構成の高度化を伴う資本の蓄積は、利潤率を傾向的に低下させる、と翻訳者は考えている。

なおディルクは、これまで説明された国民的諸困難を救済する方策は、イギリスの穀物価格が1クォーター当たり80シリングを超えない限り、外国からの安価な穀物の輸入を許さないとしている穀物法を撤廃することのみである、と指摘している。

* この文献の著者は、イギリスの文芸評論家、チャールズ・ウェントワース・ディルク（Charles Wentworth Dilke, 1789-1864）である。このことは、彼の孫が、祖父ディルクの評論集（The Papers of a Critic, selected from the writings of the late Charles Wentworth Dilke, ... 1875）に付した文章で述べており、この点は、杉原四郎氏によって明らかにされた（関西大学『経済論集』XIII, 1〜2号）参照。

    なお、ディルクのこの文献の詳細な分析については、蛯原良一著『リカードウ派社会主義の研究——イギリス初期社会主義論』（世界書院、1994年）の第二篇「チャールズ・ウェントワース・ディルク」を参照せよ。

## 凡　例

1. 本稿は，『ジョン・ラッセル卿への書簡において，経済学の原理から導き出された，国民的諸困難の原因および救済，ロンドン，1821年』(The Source and Remedy of the National Difficulties, deduced from Principles of Political Economy, in a Letter to Lord John Russell, London, 1821.) の全訳である。
2. 原書の大文字組みはゴシックにし，またイタリックは傍点にした。
3. この文献の著者は原書に＊印や†印で注を付けているが，本訳では，これらの注を各パラグラフごとにまとめ，通し番号を付して，その終わりにおいた。したがって注のおかれた場所が，原書のページからずれる場合が多い。
4. 左側の欄外に付けた数字は，原書のページを示したものである。
5. 原書の38ページに「これらのうちもっとも不利ではないものは，数年にわたって，全負債を譲渡可能な年金であると宣言することであろう」という著者注があるが，どのパラグラフのどの文章に付けられたものなのか，不明確である。
6. この文献の著者については，すでに解説において説明した。

1821年2月，ロンドン

(1) 閣　下

　　私は閣下に申しあげます。と言いますのは，おなたの公的な見解や行為において，あなたが誠実であり，また熱意をもっておられることを，私は信じているからであります。その上私は，あなたが若い方であり，それゆえに，確立され，また一般に承認された諸理論でもって，あなたの知性が覆い隠されてしまうことは，余りありそうもないことを知っているからでもあります。

　　広い範囲にわたって閣下が書かれた著書のなかの一論文によって，私は，このような意向をますます強くしたのです。なお，その論文においてあなたは，これまでこの問題にかんする著述家たちの矛盾した見解に，ほとんど満足していないことを認めております。閣下，彼らの見解は，全く一方のものが他方のものと矛盾しているばかりでなく，また，われわれの最良の感覚とこの上なく明白な意識にも矛盾しているのです。その問題にかんする，私が今まで目を通してきたすべての著書によれば，世界で最も富める国民とは，あたかもガザの粉挽き場でペリシテ人の享楽のために，人々を強制し，あるいは勧誘して，2倍だけ多くの労働を支出させる力が，2倍だけ強力な暴政あるいは無知以外の何ものかの証拠であったかのように，もっとも多くの収入が得られるか，あるいは得ることのできる国民なのです。

(2) 　　私自身の見解が閣下の見解に対して，どの程度まで確実であるのか，あえて推測してみようとは思いません。しかし私自身の見解の多くが普通のものとは違っていますので，ヒュームが言いますように，それらは「それらを理解するためのいくらかの苦痛に対して，報いを与えるでしょう」。しかし閣下，もしもそれらが真実であるならば，それらは，もっとも重要な影響力を持つでありましょう。それゆえに私は，忍耐強くまた注意深い検討なしには，それらを拒絶されませんように，心から要請致します。

　　それで閣下，ここでは苦悩しつつあるわが国の利益のために，この研

究の発展全体を通してあなたが関心を持ってくださるよう，もう一度謹んでお願い申し上げまして，擱筆することと致します。

　この重要な問題の考察において，われわれは原理に注意を向け，また原理に基づいて判断しなければなりません。したがって私は，その議論にとって直接に重要であるようなもの，および，もしも語法に間違いがなければ，一般に真実と見なされるに違いないと私が思うようなものを書き記すことに，直ちに取りかかるでしょう。
　それゆえ第一に私は，**労働はあらゆる富と収入との源泉である**，という見解を持っております。あるいはむしろ，そのような見解が広く持たれている，と私は思うのです。たとえば貨幣の利子——家賃，地代，鉱山地代，石切り場の地代——年金——商業の利潤——俸給——十分の一税を問わず，われわれの収入がどのようにしてわれわれの手に入るのかは，重要ではありません。——それがどのようにして生み出され，またどのような道筋を通ろうとも，収入は本来的には労働から——われわれ自身の労働からか，あるいは，他人の労働から——獲得されなければならないのです。
　だから，もしもこの最初の原理が承認されるならば，その結果は結局，**一国民の富は一個人の富と同様にそれの蓄えられた労働に存する**，ということになります。そして国民がおそらく所有するでありましょう貨幣，機械，製造品あるいは生産物等々の，いずれかの貯財がそれの蓄えられた労働であり，また代表物なのです。

(3)

　私の目的は，他の人々の見解に際限もなく物申してこの研究を妨げることではありません——私は今後，彼らと論争することも，あるいは，彼らに言及することもしないでしょう。しかしここでは，事情に通じていない人々に対して，次のことを承認することは，ともかく公平でありましょう。すなわち，このような単純な命題でさえも異議が唱えられてきたということ，また彼を満足させるために，その異議の性質を述べるには，可能な限りの異議に対するあらん限りの原理を考え出さねばならず，そのための努力は，一通の手紙というよりは二つ折判の著書を必要

付録 2　『国民的諸困難の原因および救済』　247

とするであろうということ，これであります。このようなわけで，それは，若干の「学問のあるテーベ人たち」によって誤りである，と受け取られてきたのです。なぜならば，われわれは強力な自然の力を除外しているからだ，という理由によってです。これは現在ではまったく真実であります。しかしまた一方では，他の，そしてより多数の「学問のあるテーベ人たち」が「使用価値」と「交換価値」との区別をたずさえて不意にわれわれの目の前に姿を現し，そしてそれは，「使用価値」にかんしてのみ真実であることを示しているのです。これはよりいっそう正確です。しかしまた一方では，それは，二つだけより多くの章を必要とします。また私は次のように問います，一つの章は，他方の二つの章に対し，「われわれ三人は詭弁を弄されている」と言わないでしょうか，と。率直な人は，彼のその言葉についての普通の解釈は完全に正しかったということを見いださないでしょうか？

　私は簡潔ということについて慎重に気を配るであろうと同時に，また明白であってわかりやすいということが最初に考慮されなければなりません。したがって私はこの第二の原理も，もう少し詳しく論じ，そして今後の説明を省くために，**一国民の富はそれの蓄えられた剰余労働に存する**，ということを付け加えるでありましょう。なお，私の意味する蓄えられた剰余労働というのは，国民の通常の，そして必要な消費を超える蓄えられた労働のことです。と言うのは，たとえ余りにも不明瞭かつ不正確であるとはいえ，私の目的にかなうでしょうこのような区別がなければ，一国民の富は季節とともに，すなわち収穫の前と後とで著しく変動するであろうからです。しかし私が，このような文字の上の正確さによって引きとめられてきたからには，私は次のようなことを付け加えてもよいのです。すなわち私が，今後，人間の剰余労働について述べるときには，私の意味するそれは，彼自身および家族の維持と安楽とのためにのみ所有されるものを超えた個人のあらゆる労働の代表物のことです。しかし，かりにそうすることによって，それが真実であるものを含むか，あるいは，何か特殊な言葉もしくは言葉づかいを制限し，かつ限定するとしても，また，かりに一般的な意味，あるいはもっと広い意

(4) 味において，その見解が誤っているとしても，私は，読む方が私の言葉に最大の範囲の意味を与えてくれるであろうことを確信しています。と言いますのは，告白致しますが，私はこの問題によく通じておりませんし，批判的でもありませんので。定義へのこのようなもたついた試みは，すでに正確さと言ったものを，私に諦めさせているのであります。

ところで，一国民の富とはその国民の蓄えられた剰余労働である，と定義づけられていますので，私は次のようなことを付け加えるでありましょう。すなわち，・蓄・え・ら・れ・た・剰・余・労・働・と・は・資・本・で・あ・る・ということ，さらに，・機・械，・土・地，・農・業・の・改・善等々に投資されたときに，蓄えられた・剰・余・労・働・あ・る・い・は・資・本は，・再・生・産・力あるいは・成・果・を・促・進・す・る・力を所有するということ，これであります。

これらが，それによってこの研究を始めるための最も優れた原理のうちのいくつかであります。と言いますのは，それらは最も反駁されそうもないものだからです。しかし私が，それらのもの——広く同意が得られる同じような保証を私に残してくれるほど，直接的に明白でもなく，あるいは確実でもないもの——から引き出すことに着手するであろう，ある結果があります。経済学にかんするすべての著者たちの目的および対象は，これまで，一国の富もしくは資本を増加させる最も優れた手段を提案することでした。私はあえて申しますが，現在は，・自・然・が・資・本・の・蓄・積・を・制・限・し・て・い・る・のです。そしてさらに，私は，・も・し・も・少・数・者・の・ぜ・い・・た・く・で・は・な・く・て，・全・体・の・幸・福・が・国・民・的・喜・び・の・本・来・の・課・題・で・あ・る・な・ら・ば，・資・本・の・蓄・積・は・非・常・に・制・限・さ・れ・るということを明らかにしたいものだと考えております。と言いますのは，このことが議論の事実上の重要な目的だからです。

われわれは問題のみを検討するでありましょう。その国の全労働が全人口の維持のために，ちょうど十分なだけ生産するものと想定してください。明らかに剰余労働が存在せず，したがって資本として蓄積することが承認されうるような何物も存在いたしません。

その国の全労働が，それを・2年間維持するのと同じだけを・1年で生産すると想定してください。1年の消費分が朽ち果てなければならないか，

(5) あるいは1年間，人々は生産的労働をやめなければならないことは，明らかです。しかし剰余生産物あるいは資本の所有者はその次の年では人口を何もしない状態で維持しないでしょうし，あるいは生産物が失われるのを許さないでしょう。彼らはそれらの人々を例えば機械の組立て等々の，直接的には生産的ではないあることに使用するでしょう。しかし第3年目には，全人口は再び生産的労働に復帰できるのです。そして前年に組み立てられた機械はいまや活動を始めますので，全体の人の生産物は機械の追加的な力の分だけ第1年目の生産物よりももっと多くなるのであり，したがって過剰な生産物は，まる1年の消費高と，そのほか機械の生産物であることは，明らかです。それゆえに，さらにより必然的に，この剰余労働が失われるか，あるいは以前のように利用されるに違いない，という結果になるでしょう。また，これの使用は，再び社会の労働の生産力を増大させ，そして，人々がしばらく生産的労働をやめなければならないか，あるいは，彼らの労働の生産物が失われるに違いないその時まで，累進的に増加し続けるのです。

　これが社会の最も単純な状態における明白な結果であります。また，たとえ一方の人が論文においてわれわれを狼狽させ，他方の人がその試みにおいてわれわれを罵ろうとも，細かな数字も，わが経済学者たちの専門語も，あるいは現存している制度の複雑さも，この結果をなんら変更させることはできません。そしてわれわれは立証するために，現存社会における資本蓄積の発展の追跡を始め，そのことは，私が述べてきたことを確証するでありましょう。

　その第一歩は次のようなことです。すなわち，その資本がいかにして手に入ったか，あるいは土地，家屋，貨幣または製造品を問わず，いかにしてそれらに資本が投下されたかを決して気にかけることのない資本の所有者は，自己の資本の使用に対して，非常に多くの他人の労働を奪うということです。なぜならば，彼らは資本の使用によって利益を獲得できるからです。そしてこれが，いわゆる貨幣の利子，商業の利潤，地代等々なのです。しかし，貨幣の蓄積力をかつて感じたことのあるすべての人々は，それを蓄積する熱情を持っておりますから，資本の蓄積は

進行するでありましょう。また資本は，再生産する力を持っていますから，生産物は次のような状態になるまで，増加しつづけるでしょう。すなわち，誰もが資本の使用に対して自己の労働を与えなくなるであろうという理由によって，だれもが他人の資本を利用せず，またしたがって，だれもが自己の資本によって生活できなくなるまで。だから，ここにお

(6) いて，害悪はそれ自らを除去し，そして社会は第1年目と同じ状態になるでしょう。ただ，それの剰余生産物が失われるに違いないという，この相違のみが存在するに過ぎないのです。と言いますのは，それを投資するさらにそれ以上の手段が存在しないのでありますから。

(1) これらのユートピアに似た考察においてさえ，大土地所有者はおそらく除外されるでしょう。と言いますのは，輸入に基づく支出に等しい地代収入は，いつも彼に保障されているからです。資本のいかなる増加も完全に土地の地代を消滅させることはできません。なぜならば，いかなる資本も増加しえない土地の使用に対する場合を除けば，地代収入のほんのわずかな部分が資本の使用に対する支払いだからです。——それは，土地所有者が独占しているという理由による支払いであり，むだな支払いなのです。

この増加する資本の発展は，基礎の確立した諸社会では貨幣の利子の減少によって特色づけられるでしょう。あるいは同じことですが，それの使用に対して与えられる他の人々の労働量の減少によって特色づけられるでしょう。しかし，いやしくも資本が利子を支配しうる限り，次のような結果になるように思われます。すなわち，社会の生産物が朽ち果てることが認められるに違いない時には，社会は富もしくは生産力のその最高に到達するはずがない，ということです。

しかしながら，社会がこの最高に到達した場合，それがさらに引き続きその最大限の生産力を発揮するであろうと考えることは，ばかげたことでありましょう。それゆえに，それに続く結果は，人々がそれまで12時間労働していた所で現在6時間労働し，そしてこれが国民の富であり，これが国民の繁栄である，ということになりましょう。彼らのすべての根拠なき詭弁にしたがえば，ありがたいことだ！ 生活の便宜を増加させること以外に一国民の富を増加させる手段はないのです。それ

で，富とは自由であり——休養を求める自由であり——生活を楽しむ自由であり——心を発展させるべき自由であるのです。それは自由に使用してよい時間であり，それ以上のものではありません。社会がこのような点に到達した場合にはいつでも，社会を構成している個々人が，この6時間のあいだ，日なたぼっこをするか，木陰で眠るか，怠けるか，遊ぶか，あるいはそれとともに社会が崩壊するような物品に彼らの労働を支出するかを問わず——もしも彼らが，いやしくも労働する意志を持つならば最後の場合が必然的な結果です——すべての各個人の選択におかれているのが当然なのです。

　しかしながら，資本の価値減少は非常に確実な結果ですので，もしもわれわれが，ある与えられた時期における社会の剰余生産物の現実的価値を確認できるならば，また，もしもわれわれが，労働を助け，あるいは，労働の力を増大させる場合の改良と機械の的確な発展，および，それらの改良と組立てとにおける人間の労働の必要な支出を予測できるならば，われわれは，社会の累進的な拡大を考慮しつつ，比率という共通の尺度によって，資本が価値を有することをやめ，そして労働が，その苦役の時間を短縮するに違いない場合の，ほとんど1時間に至るまで確

(7) かめることができるでしょう。あるいは，剰余生産物を地中に肥料として施すことを確認することができるでしょうし，あるいはまた，それととも社会が崩壊してしまうような物品に労働を支出することができるでしょう。とは言っても，怠惰あるいは知的享楽よりも労働とぜいたくとを好む，個々人の選択を除外するならば，社会にとって取るに足りない，この最後の選ぶべき道は，ここではおそらく注目されないでしょうが。しかしわれわれが，それらから年，月，時間を予言できるこの正確なデータがなくても，すべての生産的労働の生産物が労働者の消費を超過するということを確信して，われわれは，遅かれ早かれその時期が到来するに違いないという，知識と確信とを獲得するのです。また，すべての生産的労働者の剰余生産物が彼の消費高の2倍，10倍あるいは20倍であることを確信して，われわれは，それが遠くに離れて存在しえないということを，満足の得られるように納得するのであります。

この問題にかんする多くの著述家たちの混乱と誤った説明とにのみ慣れている人々にとって，あるいは，存在したものから存在しなければならないもの，または存在すべきあるものへの論究に慣れている人々にとって，これらの結果は，ただ単に楽しいかつ根拠なき考察に思われることを，私は恐れるのです。しかしながら，それらは議論の余地なく真実なのです。それでは，すべての時代，および非常に野蛮なもの以外のすべての社会において，わずか数年ながら楽にそれに到達したことがあることを考察するにつけても，現に存在する，あるいはかつて存在したどのような社会も，この時点に到達したことがないのは，なぜでしょうか？　また，われわれの資本の限りなき大きさ，われわれの機械，運河，道路，そして労働を助け，あるいはそれの生産物を増大させる他のすべての物の継続的改良とすばらしい完成にもかかわらず，われわれの労働者は，自己の労働の短縮のかわりに，キンメル半島から渡ってきて荒れた島を所有した最初のケルト人の奴隷よりも，限りなくもっともっと多くの時間をさらに厳しく労働しているということが付け加えられ得るのは，どうしてでしょうか？　この疑問に答えるためには，実際に，憂鬱な過去を振り返ってみる研究を必要とするでしょう。もしもわれわれが過去の立法者たちの，そして特に最近100年間，権力と権威とを賦与されてきたこれらの人々の精神を思い出すことができるならば，大衆が無知であるために彼らに拍手喝采をし，また私心を持っている人々が彼ら
(8)　を賞賛し，その上彼らに名誉を与えるために力を合わせたいかに多くの人々が，自分自身の恥に答えなければならないことでしょうか！　しかしながら私は，私の力の及ぶ限りその問題を解決するでしょう。
　われわれは明らかに十分，資本の起源と，その継続的な増大，その再生産力とその結果である，それの真の国民的繁栄へ向かう社会の急速な発展を見てきたのです。そしてその場合，人々は，

　　　　　涼しい東風をすすめ，その上，安楽を
　　　　より以上安楽にし，健康な渇きと食欲とを，
　　　さらにいっそう有り難く思わせるのに足りるだけ，

労働するにすぎないのです。そして，すぐさま手の届くところに存在す

付録2　『国民的諸困難の原因および救済』　253

るとはいえ，われわれの研究は現在，社会はなぜこのようなうらやましい状態，このような真の国民的繁栄に到達しないのか，を確かめることであります。

　それの発展を妨げようとして付きまとっている第一の重荷は，資本の所有者です。彼はもはや自己の労働を社会の労働と結合しませんし，地代であるか，あるいは貨幣の利子等々の性質においてであるかを問わず，彼の資本の使用に対して彼に支払われる利子，すなわち他人の剰余労働によって生計をたてているのです。私が明らかにしたこのことは，非常に短期間存在しうるところの不都合です。――資本の増大と蓄積とはさらに続くでしょう。そしてついには，いかなる人も資本の使用に対して彼の労働を与えなくなり，そしてそれゆえに，資本家は再び労働するために自らの労働を与えなければならないのです。

　しかしながら労働者は，訴えるべき真の不満を持っておりません。われわれは，資本家がその利子によって暮らしをたてる資本を，労働者自身の剰余労働であるか，あるいは彼の祖先のそれであるかを問わず，それだけの蓄えられた剰余労働の代表物である，と考えなければなりませんし，また，本来，個人の労働が生産的たりうるよりも，それ自身においてもっと生産的であると考えなければならないのです。そうでなければ，いかなる人もそれの使用に対する十分な支払いによって彼を維持できないでしょうし，そして資本の増大は概して毎時間，また毎日，不満の除去の傾向を持つでありましょう。しかし，権力が常に妨げてきたということ，また，ある部分の労働を誤った方向に導き，その上他の部分の労働を無駄にすることによって，権力はもはや剰余生産物の真の蓄積を許さないということ，したがって現存する資本の価値を減少させるか，あるいは資本家をして再び労働することの必要に陥れるような資本の増加をもはや許さないというのは，この点においてです。

(9)　これまで述べてきたことにおいて，それは，人間の感情，人間の無知，陸軍，海軍，戦争，およびすべての種類の害悪によって援助されているのです。すべての技術的な複雑さと，明白なことを不明確にするそれらの細かな諸区別を除去してしまうならば，このことについて確実な証拠

を与えることは，非常に容易なことです。すでに明らかにされたように，社会のすべての労働の生産力は，労働にたずさわらない資本家階級全体の分だけ減少するのです。——彼らが資本を使用することは，彼らの個々人の労働に等しいだけのものを超えて，それ以上になることを意味致しません。もしも彼らが，引き続き自己の資本の生産力に彼らの労働を付け加えるならば，全生産物はその資本だけの生産物よりも，もっと多くなるであろうことは否定され得ません。しかし社会は，彼らが労働をやめることによって資本家の全生産力を失うばかりでなく，資本家によって必ず消費されるところの，他人の労働によるその全生産物部分をも失うのであります。このようにして100人によって構成されている一社会において，もしも1人の労働が2人の維持に十分なだけ生産するならば，すべての労働は200人を維持するだけに等しくなるでしょう。あるいは，全体の剰余労働はその社会よりも100人多くを維持するだけに等しいのです。しかし，もしも50人だけが労働することをやめるならば，その社会の労働の生産物は正確に社会の消費高に等しいでしょう——1オンスの剰余生産物すら存在しないでしょう——そして，すべての不生産階級は，自ら生産することをやめるばかりでなく，また積極的に，他人の労働の生産物を破壊することによって，常に二重に作用するということは，人の心にいくら強く印象づけられても足りる，ということはないのです。

　次のことは直ちに明らかになるでしょう。すなわち，すべての兵士，船乗り，教区牧師，弁護士，顧問，判事，および無数の他の人々は資本家の数の中に，言い換えれば，ただ単に，不生産的であるばかりでなく，積極的に生産階級の労働を無駄にする人々の数の中に含まれなければならない，ということです。このことは，これらの人々を非難し，あるいはまた，彼らの有用性の否定を意味するのだ，と想像するほど愚かな者は誰もいない，と私は考えます。——彼らの有用性と必要とは，現在の研究と関係ありません。——私はただ，私が行ったように，彼らは必ずや社会の労働の生産物を破壊し，そしてその結果，資本のより以上の増大を妨げるか，あるいは遅延させるということの証拠を提出しなければ

(10)

ならないだけです。これは社会のすべての状態における、これらの人々の作用であって、そのことは、次のようなもっとも単純な社会においてさえ、すなわち彼の維持にとって十分であれば人間にとって十分であるような社会、および、これらの階級の個々人が彼らの維持に十分である以上のものを搾取しない社会でさえ、同様です。しかしわれわれは、次のことを知り、また感じております。すなわちわれわれと一緒のこれらの人々、および他の多くの諸階級が非常に多くのものを搾取しているということ、すなわち、彼ら自身の維持にとって、および他の5000人の人々、500人の中のある人々、50人の中のある人々、5人の中のある人々にとって、相当十分なものを搾取している、ということ、です。さて、この剰余搾取は——もしも私のこのような言葉使いが許されるならば——正確に最初の搾取と同じように作用するのであります。すなわち最後の部類において、それは生産的労働者たちから5人を連れ去り、そしてその点までは全体のうちの例の生産物を減少させるばかりでなく、またこれらの5人は最初作用した者のように作用するのです。彼らは、彼ら自ら生産することをやめた瞬間に、残された者の労働の生産物を破壊し始めるのです。

　しかしながら、5人がたまたま個人や家族の雇い人ではなくて、馬車製造業者、銀細工師、あるいは地主によって雇われた若干のこのような商人、公債所有者、教区牧師、官吏あるいは資本家である場合の、このような明白な結果は、非常に多く論議されましたから、また、それは若干の著述家たちの言う「さわやかな露」のしたたる道であり、その上多くの人がぜいたくのもつ利益について話をしてきましたから、説明においては1語あるいは2語といえども、より多く浪費されてはいけないのです。われわれは、この5人の維持のための財源はAの資本の利子であると考えましょう。さてAが5人を全面的に維持するか、あるいは10人を半分だけ維持するかどうかは、作用において同一です。また彼が20人の労働のうち4分の1を奪い、そして各人の生計に4分の1与えるかどうかを問わず、あるいはまた、30人の労働から6分の1を取り、その上このようにして、彼の労働者たちを毎日取り替えるかどうかを問

わず，作用においては同一です．もしも彼が後者のほうを選ぶならば，彼は月曜日に 5 人の労働を所有し，そして彼は，これら 5 人を月曜日に維持するでしょうが，それ以上維持することはないでしょう．すなわち社会に対する影響は同じなのです．そしてこの相違のみが，個人的な雇い人と馬車製造業者および銀細工人との間に存在するのです．これらの 5 人が彼のために馬車を製作し，それを御することに雇用されるか，あるいは馬車の後ろに乗ることに雇用されるかどうかは，社会にとって何を意味するでありましょうか？　彼らの労働は全く不生産的であり，その上，彼らは彼によって間接的に維持されねばならず，現に維持され

(11) ているのです．しかし，直接的には，生産的労働者の生産物によって維持されているのです．さて，もしもこれらの人々が新しい資本の創造に使用されるか，あるいは生産的労働に使用されるならば，その結果は必ずや次のようになることを，われわれは知るでしょう．すなわち短期間において，非常にわずかの利子，あるいは全くゼロの利子が資本の使用に対して支払われるであろうということ，また労働の生産物が非常に増加したので，人々はその労働を短縮するに違いないということ，です．そしてこのことは，真の国民的富および繁栄の最初の徴候なのです．

　資本家のこのような衰えゆく影響にとって，戦争は強力な共同作用者です．もっとも，最近 20 年以内に発行された，おびただしい財政上のパンフレットにどうにかこうにか目を通してみた後で，通常の人々の常識は次のようなことに疑いを持つほど当惑しているのではありますが．その次のようなこととは，労働の生産物の増加に強力に作用し，かつ一国の富を増加させるところの戦争は，ピット氏によるある種の綿密な発明ではないのかどうか，ということです．その疑問が明白に述べられるときに，それはそれ自らを解決するのです．政府は，ちょうど大資本家が行動するように行動するのです．(1)かりに政府が，100 人の維持のために十分なだけを租税において無理に取り立てるならば，政府は，この収入を処分するためには，100 人を雇用しなければならないのです．たとえ私が議論を繰り返さなくても，彼らを生産的に雇用することが長い期間にわたって継続されることは不可能であり，またそれは，事実，継続

付録 2　『国民的諸困難の原因および救済』　257

されていないことをわれわれは知っている，ということを，私は一度ならず明らかにしてきましたし，読む方もそれを忘れてはいけないのです。もしもその場合，彼らが火薬の製造に雇用されるならば，彼らの労働が支出され，またその労働は最初の祝砲とともに永久に消え去ってしまうのです。もしも彼らが造船業において雇用されるならば，彼らの労働は彼らが建造する船舶とともに消失してしまうのです。そして人々は生産的労働から身を退いてしまうばかりでなく，また残った労働者の労働の生産物によって養われ，衣服を与えられるのです。かりに政府が，その収入の大部分を判事のような人に与えるか，あるいは大司教のような他の人に与えるとしても，その作用は必ず同じでありましょう。判事あるいは大司教はその場合，資本家の地位にあり，また前者について述べられたことはすべて，後者に適用可能なのです。

(1) 政府は大土地所有者のように行動致します。5ページの注における区別に目を通してください。

(12) しかしながら，不生産階級が少数者に制限されている限り，あるいは作用において同じことですが，彼らの搾取がわずかの量に制限されている限り，この不都合は感ぜられないでしょう。しかし生産階級と不生産階級との間の比率は（読者は10ページの議論から思い出されるでしょうが，資本家のみによって享受される不必要な物品に彼らの労働を支出するすべての人々は，後者の階級に含まれるべきです），いつもある比率を保たなければならないのです。また資本を蓄積すべく自由な状態に置かれている社会において，われわれは彼らの将来を知ったのです。と言うのは，資本が増加するにつれて資本の使用に対して与えられるべき利子あるいは労働は，短期間の後に減少するであろうからです。

　立法府および政府が，資本の新たな蓄積を妨げるよう間接的に働きかける通常の状態のもとでの社会においても，またそうであり，生産階級と不生産階級との間の比率，あるいは，不生産階級によって生産階級から搾取される労働は，引き続き同一でしょう。このことは非常に明確なことです。また私は，いま次のことを立証することに着手するでしょう。

すなわち，この国において経験され，その上アメリカにおいてもまた現在，経験されている困窮のすべては，たとえそのことが問題から離れているとはいえ，国の資本を不自然に増加させたことによってそのようなことが生じているのではなくて（なぜならば，資本の増加が人為的であるか，あるいは，真実であるかを問わず，もしも放置しておかれるならば，その作用は同一でしょうから），国の資本を不自然に増加させ，そして資本の増加の自然的かつ必然的結果，すなわち資本の使用に対して支払われるべき利子の減少を回避させたことによって生み出されるということです。そしてそれゆえに――しかしながら，直接にそれは，この問題に影響を与えますから――生産階級と不生産階級との間の不自然な不均衡を生み出すことによって，あるいは，より一層正確に言うならば，不生産階級をして，生産階級から彼らの資本がそれに価する以上のものを搾取させることによって，生み出されるということです。私が，このことについての証拠を後に提出した場合に，なぜこのような誤りの影響がその終結時を除いて，戦争の進行中に感ぜられなかったのかを示すことに，私は着手するでしょう。

(13)　だから第一に，この国の資本が不自然に増加したことを立証するために，資本とは何であるかを，われわれは問わなければならないのです。資本とは蓄えられた剰余労働のことです。それは土地，家屋，機械，船舶，および多数の他の物品において存在しております。また有効に機能している部分であるとはいえ，わずかのものが金や銀において存在しているのです。われわれが現在，直接に関係をもっていますのは後者のみです。その場合，金および銀は蓄えられた剰余労働の代表物であります。そして金鉱山も銀鉱山もこの国においては経営されていませんので，金および銀はわれわれにとって，ただ単に蓄えられた剰余労働の代表物であるばかりでなく，また蓄えられ，かつ他の国々へ輸送される剰余労働の代表物であります。金および銀はまた，この国において久しく認定され，そして貨幣と呼ばれてきた交換の媒介物です。それゆえに，私が金および銀について述べたすべてのことは，貨幣についても真実なのであります。すなわちそれは，蓄えられ，かつ他の国々へ輸送された剰余労

働の代表物である，ということです。<sup>(1)</sup>

(1) 読む方が，私の議論を予想するという理由だけで異議を唱えることを私は望んでおりませんので，私はここで次のことを述べるでしょう。すなわち私は，われわれが現在知っている銀行券や私的手形は貨幣でもなく，貨幣の代表物でもなく，蓄えられた剰余労働でもない，と考えているということです。また私は，このことを今後立証しようと思っております。

　それゆえに，この国における貨幣の分量は必ず制限されるという結果になるでしょう。また，詳細な説明および諸条件によって議論を混乱させることなしに，私は，次のことを付け加えることができるのです。すなわち，金および銀の輸入は，ただ単に一連の年月において輸入された生産物あるいは製造物を超過する，輸出された剰余生産物あるいは剰余製造物に等しいことが可能であるにすぎないということです。このようにして，もしもわれわれがフランスに1000ポンドに価する木綿の靴下あるいは小麦を輸出し，そしてフランスから900ポンドに価するブドウ酒か絹を輸入するならば，金で支払われるべき剰余は100ポンドです。だから金の分量，したがってこの国における金貨の分量は，必ずわれわれの輸入を超える輸出の剰余額によって規定され，かつ他の国々における金の分量によって制限されるのです。と言いますのは，他の国々における金は，それが少なくなるにつれて価値が騰貴し，また金が潤沢になるにつれて，われわれにとりその価値が減少し，ついには，われわれの財貨と交換に，より以上の金が得られなくなるからです。

(14)　だからすべての鋳貨は，剰余労働の代表物なのです。しかし長年の間，われわれの流通媒介物の一部分が銀行券（paper）であり，そして近年，それは全面的に銀行券となり，その上，金と兌換できない銀行券となったのです。これの歴史を思い浮かべ，あるいは辿ってみることに致しましょう。そして，そうすることによってわれわれは，それの性質を理解するでしょう。読む方が私に，より大なる安全のために，私の鉄の金庫の中に100ギニーをしまいこむことを要求したと仮定致しましょう。そして彼に対する受取証として，また彼が，それが支払われることを望

んでいる人々に対して，私は彼らにそれをお渡ししますという保証として，私は次のような趣旨の約束手形を彼に渡します。すなわち，私は一覧後に，あるいは1週間後に，あるいは1カ月後に支払うことを約束しますという趣旨のものが，これです。この手形は間接的に同じ額だけの貨幣，資本，あるいは蓄えられた剰余労働の代表物なのです。そしてそれが100ギニーであるか，あるいは100万ギニーであるかを問わず，またそれが私自身によって与えられるか，あるいはイングランド銀行によって与えられるかを問わず，この論法は当てはまります。しかし，実際には私の金庫の中に金貨がしまいこまれていないのに，もしもよい評判とかなりの財産とを頼みとして手形を彼に与えるならば，そのことはそれの性格を全く変えてしまうでしょう。それはもはや同じ額の貨幣，あるいは資本の代表物ではないのです。そして，立証するために私は2万ポンドを貨幣で所有し，また信用あるいは銀行券（paper money）のようなものは知られていないと仮定しましょう。その上各々2万ポンドに価する土地を所有しているA，BおよびCが私のところへ来て，各人が自分の財産の2分の1の貸付けを望み，それに対し各人とも大体において喜んで私に抵当を提供するものと仮定いたしましょう。これには十分な財産があります。しかし私は彼らに貸付けを行うことができるでしょうか？　確かに否です！　それは明らかに不可能なことです！　そしてなぜそれはそうなのでしょうか？　その理由は次のようなものです。すなわち，われわれ4人全部の共同の財産は8万ポンドであって9万ポンドではなく，また地上には，われわれの蓄えられた剰余労働を増大させることによる以外には，われわれの蓄えられた剰余労働の代表物を増大させるいかなる手段もない，ということです。この論法はまた，A，BおよびCが私に申請するか，あるいはイングランド銀行と呼ばれる，特権を与えられた機関に申請するかを問わず，当てはまるのです。しかし疑問が生ずる余地を少なくするために，私は議論の展開において，イングランド銀行に適用されるものと仮定致しましょう。さて遅かれ早かれ信用が明らかになります。イングランド銀行の財産および性格が知られます。若干の場合には，手形が貨幣よりもよりよく交換の趣旨に応え

付録2　『国民的諸困難の原因および救済』　　261

てくれるのです。すべての人々が喜んでイングランド銀行の約束手形を受け取り，そしてそれゆえにA，BおよびCは，彼らの申請を更新致します。いまや困難に終止符が打たれます。銀行は彼らの約束手形を与え，そして抵当を受け取るのです。しかし，これにもかかわらず，またこれらの約束手形が貨幣の持つすべての用途に役立っているにもかかわ

(15) らず，2万ポンドのみが蓄えられた剰余労働を表し，それ以上の10ポンドは何も表しておりません。そしてそれを立証するために，われわれは，約束の遂行を求めてイングランド銀行に3万ポンドを要求している，これらの約束手形の所持人を想定するでありましょう。どのようなことが結果として起こらねばならないでしょうか？　もちろんそれは，鉄の金庫の中にしまい込まれている2万ポンドでもって3分の2を返済し，またA，BおよびCの財産の2分の1を残額の所持人に譲渡致します。そのことが結果として必ず行われます。この1万ポンドは架空の資本 (fictitious capital) だったのです。しかし，たとえ銀行券 (paper) の発行後，イングランド銀行がこれらの約束手形の所持人に対して保護されるとしても，この1万ポンドは相変わらず，その国の資本への不自然な，そして永続的な追加となるでしょう。また，ここにおいては想像的なものは何もなく，その上イングランド銀行は実際に1797年にそのように保護されましたので，私は，この国の資本が不自然に増加したということが意味するものは何であったのかを，立証したのであります。なぜならば，イングランド銀行がその金庫の中に181年〔原文のまま──訳者〕におけるその発行額であった金貨 (gold) の3000万ポンドを所有していなかったということの証拠を提出することは無駄である，と私は考えていますから。もしもそれがそうであったならば，実際それは，その利益をどこから獲得できたのでしょうか？

　このような推論からなんぴとも私が，信用がもつ可能な利益に異議を唱えるほど愚かであると，想像しないものと，私は考えています。私はいま，事実を述べているのであって，それ以上のものは何も述べておりません。政策についての疑問は，あとで議論されましょう。しかしながら，ここで述べられるものから重要な諸結果が導き出されるでしょうか

ら，私は読む方に，述べられているものは事実であって，それはもろもろの結果を今後に残すということを確かめていただくよう，望んでおります。私が述べることは，次のようなことであります——すなわち，すべてのイングランド銀行券——地方銀行券——私的な引受手形，また要するに，結果的には流通から引き上げられるが，しかし実際には所有されている貨幣の総額を超過しているところの貨幣を表し，かつ信用に基づいて流通させられているすべてのものは，たとえそれらがいかに有用なものであろうとも，貨幣も，資本も，そして貨幣と資本とが表現する蓄えられた剰余労働も，表現しないということ，です。

　それでは先に進みましょう。私は以前に，資本の増大の必然的結果は資本の価値減少であるということを，5ページで明らかにしました。しかし資本の価値減少は，資本の増加する額と等しく，かつ，それにふさわしい比率において行われるのではないのです。なぜならば，他の，そして外部の状態は，この自然的な結果に反作用する傾向があるからです。

(16) 分業，商業の拡大，および，貨幣が使用されるすべての購入と交換と増大は，流通媒介物の増加を必要とし，またそれゆえに，その媒介物である貨幣の価値を維持する傾向があるのです。さて読む方は次のことを主張するでありましょう。すなわち，この流通媒介物，あるいは浮動資本（floating capital）は，金貨（gold）であるか，あるいは，信用に基づいて流通する銀行券（paper）であるかを問わず，その自然的な作用は同一であり，そしてその額の増大とともに，その価値はもちろん減少するであろうということです。なぜそれがそうならなかったのかは，後での立証にかんすることです。

　5ページで立証されたもう一つのことは，すべての資本は資本を生み出す傾向があるということ，あるいは，資本という言葉よりももっと明白な概念を与える剰余生産物を増加させる傾向がある，ということです。それゆえに商業の拡大は，現実のものであれ架空のものであれ，商業に投ぜられた資本の増加の結果であるから，より一層資本を増加させる傾向を有するのです。しかし，いましがた明らかにしたように，商業の拡大は，貨幣が流通媒介物であるところでは，貨幣の増大を必要と致しま

す。また 13 ページで明らかにされたように，貨幣の増大は非常に緩慢であって，しかも必ずしも可能なことではなく，他の交換媒介物が知られていないところでは当然に，商業は流通している金貨（gold）の額によって束縛され，また制限されるに違いない，ということになりましょう。したがって，金貨あるいは浮動資本の増大は，われわれの商業によって抑制され，また支配されるばかりでなく，商業そのものを抑制し，かつ支配するのです。それゆえにこのことは，商業の拡大に対する自然的な抑制なのです。しかしながら商業の拡大に対するこの自然的な抑制は，信用が確立されるや否や排除されます。しかし信用そのものも，やはり自然的な抑制を有しております。なぜならば，もしもそれの代表的な約束手形が過剰——それは流通媒介物の価値減少において感ぜられます——に流通するようになるならば，それの所持人たちは，それが振出人に戻ったときに無効にされるという理由によって，全く無効にされてしまうまでは，残ったものの価値を維持するために，それらと交換に金を要求するであろうからです。信用に対するこの自然的な抑制は，約束手形が法によって貨幣と取り替えられるとき，失われるのです。また立証を繰り返さないために，私は読む方が 14 ページで提出されたものを参照されるよう望みます。

(17) 　それゆえに不換銀行券の確立によって，生産物の増大に対する自然的な抑制は，取り除かれるのです。そうは言うものの，生産物の増大に対する抑制と支配とは，非常に必然的なものです。なぜならば，外国のもろもろの需要でさえ制限されているからです。かりに全世界がこの国とだけ物々交換をすることに同意することを望んでいるとしても，私はあえて申しますが，この国は全世界と物々交換できないでありましょう。なぜならば，われわれの製造品は，いかに援助を受けたものとはいえ，人間の労働の生産物であり，それがなければこの国が崩壊してしまうようなものだからです。そして，たとえわれわれの労働人口がアザミを食べる状態に置かれるとしても，彼らの剰余労働は決して全世界の剰余労働に等しくなることはあり得ないのです。わが国の商人たちが時たま，われわれを楽しませてくれる，世界の全交易を独占するというばかげた，

かつ不可能な想定は，このくらいに致しましょう。しかし，少しの間こ
のことを見逃すならば，私はあえて述べますが，外国貿易はわが国自ら
の人口がもつ苦しみよりも，はるかに早く抑制されます。他の国々の需
要はわが国の生産する力によって制限されるばかりでなく，彼らの生産
する力によってもまた，制限されるのです。なぜならば，あなたが望ん
でおられることを実行してみてください，そうすれば連年，われわれが
世界から獲得するのと同じだけ，全世界がわれわれから獲得できるから
です（13ページ参照）。そのために，そんなにも多く話題にされている
あなたがたのすべての外国貿易は，国家の富に1シリング，あるいはさ
らに一層わずかの金額も付け加えなかったし，付け加えることができな
かった，あるいは常に付け加えることができないのです。と言うのは，
かつて輸入されたすべての梱の絹，すべての箱のお茶，すべての樽のブ
ドウ酒と交換に，等しい価値を有する何かが輸出されたからです。また
(18) 彼らの外国貿易において，われわれの商人によって作り出された利潤で
さえ，こちらへの帰り荷の消費者によって支払われるのです。

(1)　リカードゥ氏は述べている（『経済学原理』188ページ），「鉱山からの貴金属の
　　流入の結果による，あるいは銀行業務の特権の乱用による貨幣の価値下落は，
　　食物の価格騰貴のもう一つの原因であるが，それは生産されたものの分量に全
　　く変化を生じさせないであろう。それは，それらに対する需要と同様に，労働
　　者の数をもまた，そのままの状態にしておくのである。と言うのは，資本の増
　　大も減少も存在しないであろうから。貨幣が，必需品の分量を表現する唯一の
　　媒介物であるときに，労働者に分配されるべき必需品の分量は労働に対する比
　　較的な需要と供給とともに，必需品に対する比較的な需要と供給とに依存する
　　のである。またこれらのどちらも変化しないのであるから，労働者の真実の報
　　酬は変化しないであろう」と。これらの結果は，私にはその流入が完成するば
　　あいにのみ真実であるように思われます。しかもリカードゥ氏は，進行中のそ
　　の作用を全く除外しているのです。「銀行業務の特権の乱用」に局限するため
　　に，イングランド銀行が，不換銀行券で100万ポンドをA，Bに抵当を取って
　　貸し付けるか，あるいは割り引くものと仮定致しましょう。この貨幣は，支払
　　われるときや全世界に流通するときに，彼が述べるような効果を持つでしょう。
　　——全体の価値が比例的に減少すると私が思うような意味での資本への追加は
　　存在しないでしょう。——しかし，A．Bによる最初の支出の時間があるのです。
　　——その上，労働に対する需要には変化があります。なぜならば，労働に対す

付録2　『国民的諸困難の原因および救済』　265

る需要が存在しますし，労働者はその支出以前に，すなわちその減価以前に雇用されており，それゆえに実際には，最初の支出と同時にそれは追加的な資本なのですから。とはいうものの，ひとたび流通する場合には，資本は，全体の価値減少において失われるのですが。もしもこの点で私が正しいならば，氏の議論に終止符が打たれるのであります。

　わが国の外国貿易が持つ真の性格はほとんど理解されておりません。——かりにその問題について著述家たちがそれを理解するとしても，その理解が彼らの慣習以上のものでさえ，わが国では彼らはわれわれを「いい加減にあしらっている」のであります。農業上の必需品，および他のあらゆるそれらのものが十分な分量において生産されているこの国においては，外国貿易は単なる物々交換にすぎず，かつ資本家のための必需品および享楽品との交換にすぎないのであります。彼は100の身体を持っていませんし，また100本の足も持っていないのです。彼は，毛織物と木綿の靴下において，製造されるすべてのそれらのものを消費できません。それゆえに，これらのものは，ブドウ酒や絹と交換されるのです。しかし，それらのブドウ酒および絹は，毛織物および木綿と同じほど，わが国自身の人口の剰余労働を表現するのです。またこのようにして，資本家の最も有害な力が，あらゆる限界を越えて増大するのです。——資本家は外国貿易により，彼らの搾取，および彼らの搾取しようとする意欲に対して，無数の自然的限界を設けた自然を，出し抜くよう目論んでおります。現在では彼らの力に対して，あるいは，彼らの願望に対して，不可能を除けば，何の制限も存在しないのです。

　これが，わが国の商業の直接的かつ明白な結果であり，また，まさしくわが国の労働人口が苦悩しつつあることを示す証拠なのです。しかしわが国の商業は，肉体的な結果と同様に道義的な結果を有しております。またこのようにして，それは，かつて人類を苦しめた，最もひどい呪いであったのです。そして，このことについて，国民自らがすべての子孫に立証するでしょう。ああ，もしも私があえて危険を冒して，今後の世代がこの時代とこの国の性格を溯って調査するであろう歴史家の最後のパラグラフを予想してみるならば，それは次のように書かれるでありま

しょう。——「交易と商業との拡大は，ぜいたくに対して限りない広がりをもたらした。——少数者におけるぜいたくな享楽の豪華さは，すべての人々に，取るに足りない，かつ卑しいそして利己的な対抗心をかきたてた。——富の達成は，人生の最終的な目的となった。——天性の利己主義は，ごまかしや策略によって飽食させられた。——自尊心や野望は，このような悪しき目的に役立たせられた。——彼らの欲望は，それの自然的で健康な栄養物がおそらく与えられるであろう彼らの幼少の頃に退廃させられて，その結果，取引所の路地の残菜を食べて生きた。

(19)——静けさ，楽しみ，幸福および人民の道義的力の代わりに彼らは，たかが富に過ぎないものの入門書において商業，製造業，収入，および，その国の金銭上の源泉，その国の海軍の大きさ，その国の雇われて働く陸軍の兵員名簿を読む。——この獣のような堕落した人を祝って，彼らは彼らの天性の激しい活動力を犠牲にした。——たとえ彼の右手に専制が座し，左手に悲惨が座していたとしても，彼らは，彼の行進をホサナ〔救いたまえ〕と言って迎えた。——彼らは，彼のために自分の徳と自由とを喜んで犠牲にした。——彼らは，彼の熱望を満たすために，自分の生来の願望を捨てた。名誉と真理とは彼の祭壇に捧げられた。そして，彼らの希望の達成は，悲惨および無知によって，また，すべての社会的道徳および個人間の通常の同情の消滅によって，そしてまた反目し合っている，力のない，専制的な，その上，軽蔑されている政府によって，特徴づけられた！」。

　しかし，生存中の一著述家は，外国貿易は「労働がそれに使用される原料を増加させる」と述べ，またヒュームは，制限された借金の利益に言及しつつ「それは通常の人々の労働に活気を与える」と述べております。商業と借金に共通するこれらの利益は同一である，と私は理解致します。あるいは少なくとも，後者の利益はもっと理解しやすいのであります。しかし私は，これらの著述家たちが1日12時間，1週間に6日，生涯を通して穴を掘ることを選ぶか，あるいは，1日6時間，1週間に3日間，20歳から50歳まで穴を掘ることを選ぶかどうか，お尋ねしたいものです。労働，すなわち骨折り，苦役，穴掘り，生垣を囲うこと，

溝掘り，干拓は，人生の唯一の楽しみでありましょうか？　あるいは，あなたの紡機は，それの絶え間ないブンブンという音が，人生を我慢のできるものにするという，このような「すばらしい音楽」について「語る」でありましょうか？　人生を絶え間なく苦役させるこのような強制，あるい勧誘は，これらの人々によれば非常に楽しい推測であり，また，政治経済学におけるすばらしい発展のように思われるのです。しかし私は，彼らのうち誰ひとりとして，静けさ，および享楽に興味を持たなかった者がいたことを聞いたことがないのです。それゆえに，労働が初めて発見され，またその発見の結果がヒューム，および，その当時存在していたすべての人を駆りたてて，あられの降る日であるか，雨の日(20)であるかを問わず，冬も夏も1日12時間労働させ，また，ハインド・ヘッドの荒れた不毛の地表，あるいはソールズベリー平野を耕作させることが仮に可能だとしても，われわれは，労働がそれだけの利益を持っているということを耳にしたことが，あるでしょうか？　とは言うものの，一部分の労働よりも全体の「労働に活気を与える」ほうが確かによいのではありますが。

　残念ながら外国貿易についてのこれらの見解が，私を，私の議論から横道にそれさせてしまいました。また私は，多分それをいくらか予想していたのかもれません。しかしもとへ戻ることに致しましょう。読む方は思い出されるでありましょうが，私は，私が証明しようと思っていましたこの国の資本は，不自然に増加したという十分な証拠を（14ページと15ページ）提供したと考えてよいでしょう。われわれは，次のような不換銀行券（inconvertible paper money）を設けることによって，このようなことを行ったのです。すなわちその不換銀行券とは，すべての資本が蓄えられた剰余生産物を表現するのが当然であるように，蓄えられた剰余生産物を表現しなかった架空の資本を，われわれをして，国の浮動資本に付け加えさせたところのものです。しかしこれが，資産の唯一のものだったのです。なるほど強力なものであり，また――読む方を満足させるために十分に述べられたと私は信じておりますが――それがなくては，われわれは他において成功するはずがなかったのです。しかしそれ

は一つのものにすぎません。禁止的穀物法がもう一つのものであります。人は一つの物品と交換に，Ｂに対するよりもＡに対して，もっと多くのものを与えるということはしないでしょう。

　それゆえに，この国の人民が穀物を輸入するどのような価格においても，わが国の農業者は必ず彼らの穀物をその価格で売らなければならないか，あるいは，彼らは全くそれを販売できないのであります。人民は，それの相対的費用について何も知らず，全く注意をしていないのです。彼らの市場はもっとも安価な市場です。このことは全く議論の余地がありません。さてそれから，この国における農業者が彼の小麦を販売するどのような価格においても，それの価格に比例して彼は地代を支払い，またこの地代は耕地の価値の標準なのであり，その上，その国の全地代は，その国の全耕地の価値，あるいは，耕地に投資されたその国における資本の価値の標準なのです。もしも現在，ある法案の制定や貨幣の価値減少によって，あるいは，何か他の規制的な事情によって，農業生産物の価格が土地所有者をして彼らの地代を2倍にするほど騰貴させ，また貨幣の利子が以後も引き続き以前と同じであるならば，耕地に投資されたその国の全資本は額において2倍になるでしょう。立法府はおそらくこの増加した地代は政府の手に入るように法律制定を調整するであろうということを，われわれは皆知っているのです。しかし，立法府はそのように行わないかもしれません。農業生産物の価値増加を規定する諸事情が，土地所有者が利益を手に入れないであろうという他の事情によって，おそらく反作用をこうむるかもしれないということを，われわれ

(21)　は皆知っております。しかしそれはそのようにならないかもしれません。――われわれはここでは，それと関係がないのです。私が述べたような主張は，あらゆる異論を越えて真理であります。

　さてそれから，立法府の法律制定か，貨幣の価値減少か，ある有力な諸事情か，あるいはこれらのものの結合した作用かが，最近の30年以内に農業生産物の価値を非常に騰貴させ，そのために土地所有者は少なくとも彼らの地代収入を2倍にしたほどでした。このことの争う余地なき証拠を提出することは困難です。なぜなら，形而上学者は，道理を

わきまえたどのような人も疑いを差しはさまない形態，色彩あるいは成分のようなものが存在する，ということの証拠を提出することは，困難であることを知っていますから。これらの場合においては，証拠となるような例にだけ，異議が唱えられ得るのであります。それゆえに，1785年の場合，および，1815年の場合のように，王国におけるすべての人の所有地の地代帳以外に，小むずかしい人を満足させることができるものは，何も存在しないのです。それゆえにわれわれは，その事実がよく知れわたっていることを証拠と考えることで，満足しなければならないのです。今後私は，それに関して道理にかなった見込みを明らかにできるでしょう。しかし，確かにすべての人は，その主張を支えるであろうと私が確信する，彼の手のとどく範囲内の資料を収集しなければなりません。合法的な貨幣の利子は現在，1785年の場合と同一であるということは，等しく知れわたっていることです。それゆえ確実に1785年以来，王国の全地代収入は2倍になったということ，および，貨幣の利子が引き続き同一ですので耕地に投下された全資本は2倍になったということになります。また，人は自らの知る範囲内で，1785年に500ポンドあるいは5万ポンドに価したいくらかの所有地が，もしもそれらが完全に残り，かつ小麦が80シリングで販売されるならば，現在，1000ポンドあるいは10万ポンドに価していない所有地が存在するかどうかを，問うてみるべきです。

(1) 私は現在の小麦の価格をひとわたり眺めてみて，80シリングと推定しております。それは現在ではそうではないのですが，今までは，はるかにそれを超えていたことを，われわれは知っております。そして，もしも地代と租税とが減少させられなければ，より少ない何ものも農業者の報酬を与えないであろうという事実は，周知のことであります。小麦の真実の価格は決して議論に影響することがありえませんし，また私は，私が今後，国の救済にあえて提案するであろう方策に見られるような理由によって，現在の報酬を与える価格に注目しているのであります。

私は，国の資本は不自然に増大したということをすでに立証致しました。現在明らかにすべく残されていますのは，次のようなことです。す

270

(22) なわち，国の資本がそのように増加したときにも，われわれは増加した資本の自然的かつ必然的な結果である，資本の価値減少を回避したということです。われわれがそのように述べたことを立証するための真の議論の展開は，しかるべき結論を明らかにするでしょうし，またそれらの当然の結果は，現存する困窮（distress）を説明するでしょう。それゆえに議論は，もはや一般的な推論に限定されず，それの直接的な現実への適用の重要性を増大させているのです。

　私は，今まで主張されてきた一般的なもろもろの推論を繰り返さないために，そのことはこの書簡全体を通じて読む方に与えられていると考えるでしょうし，また，そのことが参照されうる前ページにほんのわずかだけ言及することで，私は満足するでしょう。

(23) 　私は資本の増大の自然的結果は，資本の価値減少であることを明らかにしました（6ページと7ページ）。しかしこのことは，ただ単に自然的な結果であるばかりでなく，また必然的な結果でもあるのです。それは次のような理由によって必然的なのであります。すなわちもしも資本を引き続き増加させ，そして資本の価値を維持すること——それは貨幣の利子を引き続き同一であるということによって立証されるのです——が可能であるならば，資本に対して支払われるべき利子は，まもなく，労働の全生産物を超過してしまうであろうということです。この立証の真実性については述べられました。次のことは普遍的に認められた原理です。すなわち，資本の蓄積力を一度感じている人々は，それを蓄積しようという情熱を持つということです。——そして少数の浪費家の行為は，人類全体のそれ，社会全体のそれのように，決して原理に影響を及ぼしません。資本は算術級数以上に自らを増大させる傾向を有する，ということが明らかにされました（5ページ）。地代という性質であるか，貨幣の利子という性質であるか，あるいは商業の利潤という性質であるかを問わず，一資本家に対して支払われた利子は，他人の労働から支払われるということが，認められているのです。もしもその場合，資本は，当然それを行うであろうように蓄積を続行するならば，資本の使用に対して与えられるべき労働は増加し続け，資本に対して支払われる利子が引

き続き同一である時には，ついには社会の全労働者の全労働が資本家によって独占されてしまうでしょう。このような結果は理論的に正当です。しかしながら，それは全く生じ得ない結果であるという，そのことに対する一つの異論，しかもただ一つの異論があります。その理由は，資本家に当然与えられるべきものは何であれ，彼は労働者の剰余労働をただ単に受け取ることができるにすぎない，ということ，また，労働者は生きなければならない，すなわち，彼は資本家の渇望を満足させる前に，身体の欲求を満足させなければならないということです。しかし読む方は，そのような異論は，このような極端な場合においては虚偽であるにすぎないと言うでしょう。もしも資本が，その額において増加している間に価値が減少しないならば，労働者にとって生活することが可能であるもの以上のすべての時間の労働の生産物を，資本家が労働者から搾取

(24) するであろうということは，全く真実です。またそれが，どのようにいまいましく，かつ，いやなことであろうとも，資本家は結局，それを生産するのにもっとも少なく労働を必要とする食料を考えだし，そして最後にこう労働者に述べるでしょう。「君たちにはパンを食べさせない。なぜなら，砂糖大根や馬鈴薯を食べて生活を維持することが可能であるから」と。そしてこの点まで，われわれは来たのです！ また，まさしくこのような展開によって，われわれはそれに到達したのであります！

(1) リカードゥ氏は，蓄積が利潤および利子に及ぼす影響について，一つの章を設けています。氏の議論は次のようなものです。すなわち，いかなる資本の蓄積も利潤を低下させないであろう，なぜならば賃銀の増加以外に，いかなるものも利潤を低下させず，また労働者に食物と必需品とを供給することの困難の増加以外に，いかなるものも賃銀を増加させないから，と。さらに資本の生産力には制限がない，なぜならば，便宜品およびぜいたく品に対する人々の願望には限界がないから，と。また労働者の制限された数による資本の使用に対する制限は，全く存在しない，なぜならば，「労働者の供給は常に最終的には彼らを維持すべき諸手段に比例するであろうということ以上に，よりよく確証される点はない」のであり，またそれゆえに，資本の生産物に対する需要はやまないであろうし，賃銀もまた騰貴しないであろうから，と。しかしながらリカードゥ氏自身の理論によれば，労働の自然賃銀とは，今日の労働者をして，増加することなしに，労働者の種族を維持させるに十分なだけなのです。労働者がこ

れよりももっとよく支払われる場合には，人口は増大するでありましょう。しかしもっとよく支払われるまでは，増大しないでしょう（——もっとも残酷でもっともばかげた理論です。しかしこれに加うるに，たとえそれが彼について同じくらい述べられているマルサス氏の理論であろうとも，どうでもよいのです。なぜならば，もしもそれが正しいならば，何という途方もない増加が資本家の間に生じ，また，かりに紳士の一族の地位低下によるだけでも，労働者は，自然賃銀にもかかわらず，全く絶えまなく増大するであろうから）。さて，それから，これらの自然賃銀を超える賃銀の騰貴が直ちに生ずるに違いないのです。——なぜならば，われわれが「最終的に」に到達する以前に，労働者がそのように「よく確証され」る点に従って，資本の増大におそらく歩調を合わせるであろうような——それに至る道があるのですから。そのために資本の蓄積は賃銀を増大させることによって直ちに利潤を引き下げるでしょうし，またその章に対する一つの解答があるのです。しかし，そのことにありがちであるように「交接を盛んにせよ」，資本もまた繁栄しないでしょうか？　人口を増加させるには時間がかかり，そのうえ資本を増加させるよりも長い時間がかかるのです。なぜならワーズワース氏が述べていますように，もしも「少年は成年男子の一部分である」ならば，1ポンドは100ポンドの一部分でありますから。100ポンドと同様に1ポンドも「金箔のはえ」のように「それへ行く」のです。1ポンドは，それの存在の時間を増加し始めており，少年はたとえ将来の世代として生まれたとはいえ，彼の生存の時間を延長し始めてはいないのです。

　しかし，この自己論破（self-refutaton）をさらに立証するために，リカードゥ氏は他の章で次のことを認めているのです。すなわち，人口の増加に比例して食料を獲得することの困難が増加し，そして食料を獲得することの困難の増大に比例して，食料の価格が騰貴し，また食料の騰貴した価格に比例して賃銀が増大するのである，と。そうならば，いやしくもその章の有効性はどこにあったのでしょうか？　なにゆえに，次のようなことを，われわれに話すことによって，説明が行われたのでありましょうか？　すなわち，いかなる資本の蓄積も利潤を低下させないということです。そしてその理由は，もしも人口が資本とともに増加しないならば，賃銀は，資本と労働との不均衡によって騰貴し，またもしも人口が増加するならば，賃銀は食料獲得の困難によって騰貴するように思われる場合に，賃銀騰貴以外には何ものも利潤を減少させないであろう，ということです。これらの論文は袋小路であります。

　さて，しかし，次のことが問われるかもしれません。すなわち，あなたが増加する資本の自然的結果と呼ぶところの資本の価値減少を避けるために，どのような工夫を行ったのですか，と。私は答えます，それを破壊することによって，と。資本あるいは資本となったであろう剰余生

付録2　『国民的諸困難の原因および救済』　　273

産物を破壊することによって，それの存在は承認されたのであります。それはアメリカにおいて湯水のように乱費されたのです——それは，エジプトおよびトラファルガーにおいて撃ち尽くされたのです——それはイベリヤ半島において数十万の人々によって食べられたのです——30年間あなたがたの陸海軍によって——あなたがたはワルカランおよびワーテルローにおいて，それの有無を尋ね，また地球のいたるところで，それについてお聞きになるでしょう。さてそれから，資本が創造されるや否や，もしもそれが破壊されるならば，いかにして資本が増大できるのであろうかと，述べられるかもしれません。これはしゃれでありましょう。資本は実際には増加しなかったのですが，仮にそれが増加したとしても，資本の使用に対して支払われる利子とだけ関係している労働者にとっては重要ではないのです。それは名目的に増大したのです。またそれの有害な結果および証拠の点においては，耕地に投下された名目的資本の増大に関し21ページに注意して下さい。資本の増加はなかったのです。しかし耕地に投下された資本の使用に対して支払われる利子は，額において2倍になっているのです。さらに名目的資本はおそらくこのようにして，増大したのでありましょう。読む方が私から正当な利子で100ポンドを借り，その上，貸付けが行われるその日，あるいはその1時間後に彼の家が焼け，そしてその100ポンドもそれとともに焼失したと仮定して下さい。その資本は失われますが，彼は，世界が存在する限り完全に元金を返済するまで利子を支払わなければならないのです。いまその100ポンドを受け取った時，彼は遊覧船を購入し，また7年で彼のボートは朽ち果てて駄目になる，と仮定して下さい。その資本は消滅しますが，利子は永久に残ります。そのことは，この国の場合でも全く同じです。われわれは，最近の30年間に8億の貨幣を借りたのです！

しかし，私はあえて申しますが，もしもこの8億が現存しているならば，国は現在と同様に5パーセントでのそれの利子を支払うことができないでしょう。それは多少とも改善するかもしれませんが，しかしまだ，耐え難いほど厳しいでありましょう。しかしその場合，8億がまだ存在しているとしても，それは支払うべき利子を所有していないでありましょ

う。弊害はそれ自身を是正するでしょう。労働の生産物は，機械や農業におけるこの資本の大部分の追加とともに，あなたがたが消費する部分をあまりに超過したので，すべての人間の進歩が人民の一部分，一分割部分に利益を与えるにすぎないということが，述べられる点を除き，また，たとえ労働が生産的なものから不生産的なものへ変化させられるとはいえ，労働者がそれでも労働するであろうということが述べられる点を除き，たとえ労働者が安ぴか物や小装飾品類，および道化の杖にすぎない物を作るにしても，彼はそれにもかかわらず，労働するでありましょう。労働の生産物が余りにあなたがたの消費する部分を超過したので，おそらく，資本の使用に対して支払われるべき利子のようなものが全く知られなかったのでしょう。しかし私は，あえて申しますが，あなたがたの資本のすべてのシリングは，資本が創造された時に破壊され，そしてそれに対して，支払われるべき利子を除けば，何物も残らないのです。しかしながら，資本は圧制的だという，あらゆる意味において，この8億は真の存在を維持し，かつ不滅なのです。

　私は，国の真の剰余労働のすべてのシリングが，資本が創造されたとき破壊されたということを，いましがた述べたばかりです。最近の30年間，私は労働の搾取はその最大限にあったということ，言い換えれば，到達することが十分可能であるような最大限に近づいた——否，それを超えたと私は思います——ということを，正直に信じてきたのです。また私は，あなたがたの増加する救貧税は，このことの証拠であるということも，正直に信じてきたのです。と言うのは，救貧税の10分の9がそれだけ資本家によって，しぶしぶながら出され，またそれは，労働者が維持しうるものを超過して，それだけ搾取されているのですから。(1)これに対して，租税や地代などが最近30年間，次第に増加し続けてきたということ，またそれゆえに，このような主張はばかげているということがおそらく力説されるであろうということを，私は知っているのです。もちろん私は，そのようには考えておりません。労働者からどれだけ多く搾取することができるかを述べることは，困難です。なぜならば私は，労働者がどれだけ多くを労働できるかも，あるいは，どれだけ少ないも

ので生活できるかも知らないのですから。コフーン（Colquhoun）は述べております。「1エーカーでとれる馬鈴薯は，1エーカーでとれる小麦のような食料の4倍生産されるであろうということは，珍しく，また興味深い事実である」と。そして彼は，そのために，馬鈴薯の耕作を奨励するよう立法府に強く説き勧めているのです。

(1) 37ページの注の結論を参照せよ。

(26) もちろん，もしも労働者が，パンの代わりに馬鈴薯を食べて生活するよう仕向けられるならば，彼の労働からもっと多くのものが搾取されうるということは，議論の余地なく真実です。すなわち，彼がパンを食べて生活する時に，もしも，彼が，彼自身および家族の維持のために，月曜日と火曜日の労働を持続するよう余儀なくされるならば，馬鈴薯を食べて生活する時には，月曜日の半分だけを必要とするにすぎないでありましょう。そして月曜日の残り半分と火曜日の全部は，国家か，あるいは資本家への奉仕のために役立つでありましょう。そしてこのことは，「興味深い事実」でしょうか？ 実際，驚いたことです！ 国の増大する繁栄，すなわち国の限りない富および資源を立証するために分厚い本を提供するあるひとが，われわれのよりよい感情に次のような侮辱を加えることは耐えられねばならないことでしょうか？ すなわち，その侮辱とは，「肉屋の肉がほとんど労働者階級にとって近寄り難いものとなった」という事実や，また人間は馬鈴薯を食することにより生存できるという理由によって，労働者にパンを与えることは，ばかばかしいぜいたくであるというような，これらの悲しむべき事実を，国のその増大する繁栄と結び付けるということ，これであります。

　もちろん，たとえわれわれがこのように考察することができ，またそれにしたがって行動しうるとしても，私はもう一度，あえて申しますが，労働者からどれだけ多くを搾取することが可能であるか，知らないのです。なぜならば，医者が労働者に規定の食物を与えることを望んでいるように，労働者が「オートミール，大麦のあら粉，馬鈴薯，および牛乳」を強いられている時に，他の「興味深い事実」が，おそらく次のことを

立証するであろうということ以外のことを，私は知らないからです。す
なわち，労働者はアザミやハリエニシダを食べて生存できるということ，
および，医者が，その哀れな人のオートミールをいろいろな方法で料理
することによって彼の味覚に合うように望んでいるという理由によって，
それらの植物のとげは快くぴりっとするソースにすぎないということで
す。しかし，もしも労働者が 200 年前の労働者と同じくらい良好に生活
しうるならば，また，もしも労働者がそれ以下に低下しえない，彼の安
楽のための標準，および，それを超過して彼が労働しえない標準が存在
するものならば，その時に，最近の 30 年ないし 40 年間，搾取は最大で
あった，否，それを超過していたという私の考えは，正当なのです。

　この国の「増大する富と繁栄」にもかかわらず，労働者の状態はこれ
らの 200 年間，日に日に，また毎時間，ますます悪化しつつあったのです。
私は今，私の目前に 1614 年に出版されたバークレーの Icon Animorum
(27) の翻訳を持っております。その中で英国人を他の諸国民と比較しながら，
普通の職人について，彼は次のように述べております。すなわち，彼ら
は「彼らの安楽および豊かさという理由により手工業において熟達」せ
ず，「また彼らは，神聖な日もしくは祭りの日ばかりでなく，すべての
祝日に（誰がそれを信ずるであろうか？）[1]，天候が快晴ならば，近くの野
原で自由に彼らの休養や娯楽をとる。あるいは雨天ならば居酒屋で楽し
むのである――天候には，彼らの機知を曇らせてしまうような落度はな
い。しかし，彼らを怠けさせてしまうような，あまりにも多くの豊かさ
がある」と。同様にわがベーコン卿は，イギリスとフランスとの戦争で
フランスに対して博したイギリスの勝利の原因を，普通の人々のより大
なる豊かさと安楽さに求めているのです。また 1626 年に開かれた議会
におけるダッドレー・カールトン卿の演説も全く同じ趣旨のものです。
「実際に，もしもあなたがたが，私自身と同じような外国における人民
を知っているならば，あなたがたは，彼らを非常に惨めだと思うでしょ
う。彼らを見れば，背中に肉の盛り上がりが見られるわが国民のように
は見えず，非常に多くの幽霊のように見え，また人でないように見える
のです。と言うのは，ただ単に皮と骨ばかりにすぎず，彼らは裸のうえ

にいくらかの薄い覆いをまとい，足には木靴しかはいていないのですから。それゆえに彼らは肉を食べることができず，あるいは良い衣服を着用できないのです。それにもかかわらず，彼らはそれに対して，王に税を支払わなければならないのです。これは言語に絶する惨めさです。しかしながら，われわれには関係のないことです」。当時は，かつて英国人を傑出させた愛国心とその誇り高い祖国愛とが，揺りかごに入れられ，そして養い育て上げられた時代なのです。英国人が求めた優越は盲目的な無知が持つ横柄な態度の中にはなかったのであって，理解しつつあり，また理解された知恵と幸福とが持つ横柄な態度の中にあったのです。英国人が自国の名誉のために求めたものは外国人自身によってさえも，英国人に与えられたのであります。バークレーは一外国人だったのであり，そして彼が久しくわが国内に居住した後に彼の生国へ帰った時，英国の労働者によって享受されている「安楽と潤沢および余りにも過度の豊富さ」に対して，このような証言を与えたのです。

(1) この疑問はバークレーのものです。ミルトンが彼の『教会政治の道理』において，バークレーを英国人と呼んだ時，彼は誤っていました。

　これらのものは労働を用い，また調査が行われて集められた飛び飛びの紹介ではなくて，この研究に伴う漫然とした読書において提出した多くのものの中の少数のものであります。

　大法官フォーテスキュー氏もまた，150年以前の彼らの状態に対し，同じ証言を与えております。事実，もしもわれわれが，次のような彼らの名称に驚かされないならば，すなわち，もしも農奴，奴僕あるいは奴隷がわれわれをびっくりさせないだろうならば，今日の労働者の生活は，私はそうではないことも聞いてはおりますが，1500年前の労働者の生活よりも，もっと悪いのであります。なるほど，その時代の歴史家であるターナー氏は，サクソン人の地主も持ってはいなかった煙突を，労働者は持っているとわれわれに話しております。しかし煙突は，われわれが労働者から奪うことができない知識の発展なのです。アルフレッド王の法律によれば，「近頃は，すべての自由民に対して」，（もしもわれわれ

(28)

が正確に記憶しているならば，ターナー氏は自由民を，その年間雇用されるわれわれの農業の使用人という性格において多少とも役立っている人々と理解しております）クリスマス，受難週間，四季大斎週間において12日およびその他わずかの日々が「免除されている」のであります(1)。またカヌート王の法律によれば，もしも主人が祭日に奴隷を働くよう強制するならば，自由が奴隷に与えられたのです。もちろん，もしも農民の労働が現在，「キリスト復活祭にトランプを一番やるか，あるいは祭日には九柱戯という遊びをする」ならば，彼は手におえない，かつ，つまらない者と見なされるでありましょう。

(1) 『アングロ・サクソンの歴史』1巻，100ページ。

　それならば，なぜ労働者はダッドレー・カールトン卿やバークレーが生きていた時代の労働者の状態よりも，それ以下に低下してしまったのでありましょうか？　もしもこれが「増加する富と繁栄」との必然的な結果であるならば，貧しい人は，それに対してある限界を設けてくれる神に祈らなければならないだけです。

　200年以前のあなたがたの労働者を見，また現在の労働者を見てください。さらに50年前を見てください。労働者は，彼の生活において毎日，雇い主の台所でか，あるいは彼自身の家庭で，パンと肉との十分な食事をとらなかったのでしょうか？　現在，生活している人々の思い出の中では，労働者はパンと肉との十分な食事をとっていなかったのでしょうか？　また大多数の労働者は現在，1週間に1度以上，肉を食べているでしょうか？(1)　その場合，もちろん，生存することを可能にするもの以上のすべてのものは，おそらく，労働者から絞り取られるでしょうから，もしも彼が1週間7日食べる肉を1週間1回に無理に減少させられたならば，6日分の肉の費用は労働者から絞り取られたのですし，現に絞り取られている証拠があるのです。またもしも労働者は，彼が200年前に生活した通りに生活する権利を持っているならば，少なくとも彼の生活は，より悪化しているのですから，あなたがたの搾取は，私が述べたような，正当であるものを超過しているのです。また私はあえて申

しますが，あなたがたの救貧税の法外な増大は，このことをより一層証明しているのです。あのひどく不愉快な人コフーンが，次のように述べているのです。すなわち最近の30年間に，教育し，かつ人民の間に知識を普及するために，それ以前の1000年をしのいで実行されたすべてのことにもかかわらず，それは，「無知，不十分な教育，および宗教的ならびに道徳的な教訓の一般的普及の欠如」に帰せられるのである，と。否！ それは人間の苦悩に帰すべきことであります！ 欠乏と窮乏，ならびに悲惨が，人民の道徳的能力と精神とを破壊したのです。人々が，救貧法を不当なものとして撤廃することを話しているのを耳にするのは，不愉快なことです。以前の時代の心のやさしい人間は，生存するすべての人が持つ扶養する権利を認めていたのです。貧しい者や惨めな者の扶養は，王国におけるすべての所有地が，条件として行わなければならないことです。貧しい者は，僧侶が彼の10分の1税に対して有するのと同一の扶養する権利を，すなわち，土地所有者が，彼の10分の9に対して有するのと同じくらい，十分な権利を持っているのであります。

(1) 私が，すぐにでも参照できる，権威あるただ二つの文書は，「編物師の請願に関する昨年の下院の報告書」および「アイルランドにおける貧者の疾病ならびに境遇の状態について」です。前者はある特殊な職業に関係しておりますが，それに局限されていないのではないか，と私は思っています。後者は大体，アイルランドに関係しているのです。

前者においては，次のような証言が承認されたのです。すなわち，靴下製造人は1日15時間の労働に対して，〔フォーテスキューは，ヘンリ6世の時代におけるわが国の人民に言及しつつ「彼らは何か骨の折れる労働に悩まされることが不十分である」と述べております〕平均が6シリングの時に，1週間7シリング以上を稼ぎ出すことができないということです。W. ジャクソンは次のように述べております。すなわち，「おそらく2カ月に1度，肉を食べない人が多くいる。一般的な生活の方法は根菜や薄いかゆに依存している」と。アイルランドにおいては貧窮（distress）は，さらにもっと恐るべきものです。政府によって任命され，マンスター地方を視察する医者であって政府に報告を行っているF. パーカー博士は，次のように述べています。すなわち，「トラリーの付近では食料の欠乏が非常に切実であるので，馬鈴薯の種が地面から取り出されて生活の維持のために用いられた。イラクサや食用に適する他の野生の野菜が，飢えをしのぐために熱心に捜し求められた」と。リマリック州において彼は，次

のように述べております。すなわち，「野生のカブラの葉，および，この類いの他の植物によって，数日間ともに生活を維持しようと努力した患者たちが病院に収容されたということを，私は信じて疑わない」と。コノート地方を視察する医者クランプトン博士は，ゴールウエーから次のように報告しています。すなわち，「貧しい者は雇用の不足のために意気消沈の状態にあった。彼らは，家族のための，食料あるいは着物を購入できなかった。彼らが獲得できたわずかな量の食料も，品質は悪かった。湿った馬鈴薯や質のよくないオートミールが，1816年および1817年の収穫だった。全家族は，乏しい何かの覆いをかけて横にならなければならなかった。彼らには，乏しい食料を料理する火がなかった。これらの厳しい季節の冷たい雨にさらされた後に，彼らはその野原で食用に適する根菜を，また，多くの場合に彼らの食事に役立つ雑草のプラシャを探した」と。クレア州では，彼は「ゴールウエーの州で苦しんだように苦しんだ」と報告しているのです。ダウン州についてクラーク博士は，同じ趣旨の報告を多く行っています。彼は，次のように述べております。すなわち，燃料があまりに不足しているので，「多くの場合彼らは，彼らの食料を生で食べなければならず，また冬期月間には幾週間も連続して，彼らの衣服がこれまでほとんど乾いたことがなかった」と。また，リンスター地方を視察する医者であるチェイニー博士の報告は，このこと全部を確認しているのです。すなわち，「伝染病が始まった時，多くの土地で貧しい者は雑草を食べて生きてきた。キルケニーの付近では野バラの実，イラクサの葉，および他の雑草を食べた。ストラドベリー付近では多くの家族が野生のカブラの葉を食べ，またカッスルダモットにおいては，この雑草（プラシャ・ブヴィーと呼ばれた）および，わずかの麦芽の粉末が主たる栄養物だった」と。

(30) 私はあえて申しますが，あなたがたの救貧税は，資本の極端な搾取が原因です。貧しい者は生存するために州に対する合法的な請求権を持っているのです。また，かりに彼らが生計費を求めて1日15時間，骨折って働くとしてもそれを得ることは許されないのです。救貧税の増大はより以上の説明を必要とするでありましょうか？

私を誤解しないでください。私は，現世代の人間に対して，このことを強く主張しようとは思っておりません。そのようなことはないのです。われわれの間には，いつもと同じだけの名誉と人間性とが存在しているのです。そして，もしも個人の努力，あるいは個人的な犠牲が救済を与えうるならば，それには1時間も必要としないでありましょう。しかし，われわれの悲惨の場合は，より一般的です。それは立法府の誤りから生まれたのであり，また立法府の知恵のみが，それを是正することができ

るのです。

　私が，貸付けの性質と結果，および，それらと銀行券 (paper circulation) との関連をさらに十分に説明したであろう時に，次のことが承認されるであろうと，私は信じております。すなわち，最近の 30 年における租税ともろもろの地代の増大は，私が述べることに対する，いかなる正当な反論でもないということ，また，労働の搾取はこの 30 年ないし 40 年，最高であったし，かつ正当であるところのものをはるかに超過していたということ，です。

　収入の唯一の可能な源泉は剰余労働であり，また剰余労働を表現するすべてのものであります。貨幣は剰余労働を表現致します。そして銀行券 (paper) が合法的に発行された場合には貨幣の代わりとなり，それの良い結果と悪い結果とを伴うのであります。

　だから最近 30 年間に創造されたすべての虚偽の資本は利用可能な収入の源泉であり，また 8 億の負債が十分な証拠であるように，政府自らがそれを利用したのです。銀行券 (paper money) のようなものが存在しなかった場合にも，政府は，毎年 3000 万，4000 万，および 5000 万の貸付けを交渉できたのはなぜでしょうか？　それが創造された以後どのような時期においても，王国全体の全貨幣はその額に達しえなかったのです。また，たとえ，すべての通貨が 1 カ月あるいは 1 週間だけ流通から回収され，そして人民が野蛮と物々交換に戻ったに違いないような場合においても，途方もなく増大したとは言わないまでも，商業は存在しえたでしょうか？　しかし，これらの貸付けの性質は，戦争による過度の支出から生み出された窮迫が感ぜられなかったのはなぜなのか，あるいは，支出の大部分が縮小するまで同じように感ぜられなかったのはなぜなのか，の証拠を提出するでありましょう。

(31)　貸付けは，資本家だけによって支払われた自発的な租税であります。この簡単な定義から，読む方はおそらく全議論を予知でき，そして直ちに，なぜわれわれの窮迫が戦争の終結まで，そのように厳しく感ぜられず，また現在，大変辛く感ぜられるのかを説明できるでしょう。しかし私は，今まで証拠なしには満足しなかったのですから，読む方は，あま

り物わかりがよいとは言えない人々に，それを提出することを許して下さるでしょう。私は申しますが，貸付けは，それに比べれば，あなたがたの財産税は単なるわずかな変化にすぎないところの，資本家によって支払われる租税なのです。そのことは，彼が愛国心によってではなく，私利によってこれに導かれる，ということを意味しません。国にとってそれは，直接的な結果においては全く同じなのです。

　資本の利子を労働から搾取する資本家を想定してみて下さい。換言すれば，資本家全体の収入は3億であると仮定してみて下さい。政府の支出額は7500万ポンドであり，そのうち2500万は政府の収入を超過しているのであって，しかも政府は2500万ポンドを資本家からの借款という方法によって借りるのです。政府は，それ以外から借りることができません。政府を活動中の一大資本家と考えてみましょう。そうしますと，政府の支出するこの超過分は人民にとっては無なのです。なぜならば，政府もその中の一つであるところの資本家の全体の搾取は正確に同じであり，3億5000万にすぎないのですから。しかし，次の年に徴収されるべき租税は，いかなる理由によるかは無視することとして，前年よりも120万ポンド多いのです。このことは，人民によって感ぜられております。しかし，どの程度までそれは感ぜられているのでしょうか？2500万ポンドという，この借款そのものの支出は，窮迫を緩和する傾向を持っております。契約者，火薬製造業者，造船家の利潤が増加し，そして，その2500万の支出によって直接，または間接に，利益を得ている他の人がいるのです。また，その120万ポンドが租税として徴収されなければならない時に，もしも2500万ポンドが次の年に借用されるならば，その租税が辛うじて感ぜられるにすぎないであろうということは，はなはだありうることです。それゆえに，窮迫が毎日また毎時間増大するのはなぜなのか，の一つの理由は，次のようなことです。すなわち，政府による彼らの間への支出が4000万ないし5000万ポンドより大であるのに，戦争中における労働者からの搾取は現在と同じであった，ということです。

(1) この議論は，多分さらに一層追究されるでしょう。

(32) 戦争中に人民からの搾取がなぜそのように強く感ぜられなかったのかということ，さらにまた，地代と租税との増加は労働者からの搾取が最高であることの証拠であるということ，および貸付け，したがって虚偽の資本を増加させることが容易であるということの，もう一つの理由は，貨幣の価値減少であったのです。なぜならば，すべての反作用する諸事情，および立法化された諸規定にもかかわらず，銀行券（paper）の過剰発行は可能であったからでもあります。また特に，この国の剰余労働の生産物の多くが外国において消費された場合に，銀行券の過剰発行は，銀行券の減価というそれの自然的結果にならざるをえないからです。

戦争の終結に近い多くの年月の間，資本家の収入および国家の租税がそれでもって徴収されたイングランド銀行券は，13個ないし14個以上のシリング銀貨として通用しなかったのです。それゆえに，あらゆる地代，租税等々の4分の1以上のものは，単なる名目的なものに過ぎなかったのです。銀行券（paper）の流通の縮小により，国の通貨はそれの名目的な価値にまで騰貴致しました。それゆえに，何か立法上の事情，あるいはその他の事情が存在しないならば，国の現実の租税や地代，および，すべての資本家の収入は，他の事情がそれを妨げない場合には，この一つの事情だけによって，4分の1増加したでありましょう。またその結果，すべての所得は労働から得られるのですから，労働者からの搾取は，黙っていても4分の1増加したでありましょう。

以前に与えられた諸理由によって，資本家の搾取がどこまで増大しうるかを述べることは，困難なことです。しかし搾取が，どこまで増大するかをおおよそ推定することは，可能です。そうするには，私は，明白な水平化原理（levelling principle）から推論しなければなりません。しかし誠実な人々は，原理へのこのような論及を誤解しないでしょう。また，国の情勢および救済に関する先の見えないような無知は，それを許してしまうでしょう。コフーンは，王国のすべての階級の推定された所得を概算した表を提示しました。私はその表を信じておりません。収集され，

また具体化された最近の 25 年間に，優勢を占め，かつ，それが持つ最もばかげた範囲まで導いていったのは，推論であります。このようなことがあるにもかかわらず，若干の好奇心をそそる事実があり，また彼は
(33) 公的な文章の参照に関して，便宜を得ていましたから，そのデータは時には正確です。現在の例においてどこまで正確であるのかについては，私は他の方々に決定をお任せ致します。

　私が行いました推定では，やむを得ず財産と権威とが持つ高い威厳を，それが持つ自然的な重要さまで引き下げました。私はあえて申しますが，すべての人の現実の労働は等しい価値を持っております。あるいはむしろ，優れた能力等々の少数の例外が区別するに値しないほどである時は平等に支払われるのです。社会は，並外れた才能というものを推定もしなければ，それに対して支払いも致しません。それゆえに，法律顧問，裁判官，主教，土地所有者，あるいは世帯主が通常の労働者の報酬を超えて受け取るすべての収入は，資本の利子なのであります。才能が他より抜きん出ている若干の場合は異なるように思われ，また，おそらく，わずかに異なっているのですが，しかし，一般的原理に影響を及ぼすほど著しく異なってはおりません。もしも牧師，あるいは法律家が 1 年に，200，300 あるいは 500 を受け取るならば，それは，2000 ポンド，3000 ポンド，あるいは 4000 ポンドが彼の教育に費やされたと考えられているからです。そのことは，下は労働者よりもわずかだけ多く支払われている最下層の商人の書記やその他の人たちに至るまで，すべての人々にとって同じなのです。すべての人々の労働に対する真の報酬は，ほとんど同じであります。そしてそれゆえに，すべての人の労働の価値は，最下層の労働者の大なる集団の労働の価値によって評価されるべきです。なぜならば，職工および他の職人の高い賃銀でさえ，それがこれを超える限りでは次のような資本の利子なのですから。すなわち，彼らの徒弟としての身分，年季奉公契約書，謝礼金，食料，衣類，あるいは時間の損失，に費やされた資本が，これであります。さてコフーンは，大英帝国の富等々に関する彼の論文において，農業労働者には 74 万 2151 の家族数があり，また各家族の賃銀は 1 年につき 1 家族当たり 45 ポンドに

付録 2 『国民的諸困難の原因および救済』　285

達する、と計算しております。それゆえに、もしも私が、彼から他の諸階級における家族の戸主の数を取り出し、そして彼らの各々に対して戸主の労働の価値を1年につき45ポンドと認めるならば、われわれは、彼らの労働の価値、あるいは、彼らの労働の正当なる賃銀を、彼らが資本から受け取る利子から分離できるでありましょう。

| (34) コフーンが述べている家族の戸主数 | 階級, 位階, 種類 | コフーンが述べている階級の収入 | 家族の1戸主当たり1年間45ポンドの労働の価値 | 資本の利子 |
|---|---|---|---|---|
| 6万8937 | 王，王妃および正統のならびに傍系の王族——有爵夫人を含む聖職にない上院議員，主教等々——准男爵，勲爵士，郷士，および所得で生活している紳士と淑女等々——一般市民の職務にある人々等々………… | 6775万3590 | 310万2165 | 6465万1425 |
| 62万1000 | 僧侶，判事，法廷弁護士，代理人等々——内科医，外科医，薬剤師等々——芸術家，彫刻家，彫刻師等々——より高い階級の自由保有権所有者——借地農業者等々………… | 9283万 | 2794万5000 | 6488万5000 |
| 3万5000 | 地位の高い商人，銀行家等々——仲買人を含む，海上で取引きする，より地位の低い商人等々——技術者，測量士，建築家等々として職業的な熟練および資本を使用する人々…… | 3006万4000 | 157万5000 | 2848万9000 |
| 9250 | 資本を船，小型の舟等々の建造および修理に用いる人々——用船料のためにのみ船を貸す船主等々………… | 565万2000 | 42万6250 | 522万5750 |
| 4万4900 | 資本をあらゆる部門に，すなわち木綿，羊毛，亜麻，麻，皮，ガラス，陶器，金，銀，錫，銅，鉄，鋼鉄および他の金属，絹，紙，本，火薬，画家用絵具，染物等々に使用する製 | | | |

|  | | | | |
|---|---|---|---|---|
|  | 造業者たち——資本をビール，黒ビール，蒸留酒，砂糖菓子，ローソク，石鹼，タバコ，かぎタバコ，塩等々に使用する製造業者たち，卸でし販売する主な卸売商人等々 ……… | 3609万9600 | 202万500 | 3407万9100 |
| 18万3750 | 財貨を小売する小売商人——資本を洋服仕立屋，婦人外套仕立人，婦人帽子屋等々のように，織物を衣料，ドレス等々の製造に使用する人々… | 3587万5000 | 426万8750 | 3160万6250 |
| 3万5874 | 総合大学と主要な学校で青年を教育している人々——男女青年の教育に従事し，また一般にこのような仕事に若干の資本を使用する人々 ……… | 766万4400 | 161万4330 | 605万70 |
|  |  | 2億7593万8590 | 4095万1995 | 2億3498万6595 |

(35)　私はこの困難な研究において，他の諸階級の，よりわずかな搾取の方へ進むことはまったく不必要と思われます。とはいえ，最もわずかな搾取でも，それの及ぼす影響がなくはないのですが。この表は私の目的にとって十分です。そして，この表からわれわれは，次のような事実を収集するのであります。すなわち，1814年におけるこれらの諸階級だけの収入は，合計2億7593万8590に達すると私は思うということ，また，彼らの労働の真の価値は4095万1995であるということ，またそれゆえに，彼らは，資本の利子として2億3498万6595に等しい額を，換言すれば，彼らの労働の価値の6倍を搾取するということ，また彼らは，彼の労働に対して追加的に，あるいは資本だけの利子として，**農業に従事する全労働人口の賃銀の7倍以上が支払われる**ということ，です。

　さて公平な人は，次のようなことを信じないでください。すなわち，私がすべての階級と差別を撤廃することを求めているということ，あるいは，判事の給料を労働者の給料まで減少させることを求めているということ，あるいは，何かこのような他のばかげた空論にふけっているということです。私は，ただ大体の草案によって，資本家の全搾取の確実

と思われる額を明らかにするために，この計算法を考え出したのです。またその額が途方もないものであるということは，これといった正確な参考，あるいは比較の標準がなくても過大であるということの証拠なのである，と私は考えております。

　ここで閣下，私の議論が終わりに近づいておりますので，私は再び個人的にあなたに申し上げます。全体を注意して熟読する時に，私は残念ながら次のことを見いだすのであります。すなわち，私の議論は余り首尾一貫しておりませんので，証拠は，私が望みえたほど直接に主張された原理に従ってはいない，ということです。証拠は余りに散漫であり，その構造において余りにばらばらなのです。私は，ただそれを残念に思うだけです。かりに私が，全体を書き改めるとしましても，それは，より良いものにならないでしょう。それゆえに私は，最近30年のもろもろの誤りを直す最良の方法と思うものを示唆しなければならないだけです。そして，もしも閣下が，わが国の諸困難の原因を記憶にとどめられるならば，——資本の使用に対して支払われるべき利子の自然的，かつ必然的減少，したがってその結果生ずる資本家の不自然な搾取の自然的かつ必然的減少が存在しない場合に，真実のものであるか，あるいは架空のものであるかを問わず，資本の増大は，——当然に次のような結果になるでありましょう。すなわち，有効であるべきどのような救済も，可能な限り平等に資本の額を減少すべきであるということ，しかしながら(36)ら概して架空の資本を除去し，その上なしうる限り，新しく形成された資本を蓄積すべき状態にしておくことによって，資本を減少すべきであるということ，またその結果，すべての資本に支払われる利子を減少すべきであるということ，です。

　これを実行するために，私が提案したい第一の方策は，農業生産物に直接または間接に影響を与えるすべての法律の撤廃であります。

　閣下，私は全体を通して小麦の価格は80シリングである——それはそうではないことを私は知っております——ということを想定してきました。しかし私は，次のことでは一般に意見が一致しているものと信じ

ております。すなわち，もっと安い価格では現在の地代と租税とを負担しつつ土地を耕作することは，借地農業者にとって不可能であるということ，またそれは，長年の間これ以上であったということ，です。それゆえに，もしも地代や租税が引き続き同一であるならば，小麦はこの価格においてもたらされなければならないのです。したがってこの価格は，その時期の正当な価格であります——それに対する唯一の異議は，80シリングでは製造業者は破産させられるに違いないということです。これに対しても私は同意しております。それゆえに，地代および租税が引き続き同一であることは不可能であり，そして私は80シリングに注目するだけなのです。なぜならば，われわれは，それから値引きを計算すべきある標準を持たなければならないからです。

　農業生産物に影響を及ぼす，すべての法律の撤廃の結果は，土地の所有者が莫大な額の資本から利子を搾取した虚偽の資本を破壊し，そしてそれを大陸の市場との競争によって45ないし50シリングにすることにより，小麦の価格を引き下げるでしょう。これは土地所有者にとって，彼が受け取る権利のない利益だったのであり，また彼に与えられるよう意図されてはいなかった利益だったのであって，国の困窮，および，国家の莫大な収入を徴収しえなかったそれの絶望的な資源から，生み出されたのです。しかしながら，土地所有者を共犯者たらしめることによってであり，また彼は，彼が得た利益を感謝すべきであって，それを失うことの不法を訴えるべきではないのです。これがどの程度まで国を救済(37) するかは，ほとんど信頼できません。コフーンは1812年から1813年における耕作地の全生産物の価値を，70シリング6ペンスの価格でもって2億1681万7624ポンドと見積もっております。現在，報酬を与える価格である80シリングでは，それはもっと多くなるでしょう。小麦はすべての農業生産物の価格に影響を及ぼします。それゆえに，もしも私が5000万と言うならば，価格が45ないし50シリングである場合に救済が行われるであろうよりも，それははるかに少ないでしょう。しかし土地所有者は，最近の30年間，国の不自然な状態によって利益を得る唯一の人々ではないのです。政府への貸付けが，ときには30％，およ

付録2　『国民的諸困難の原因および救済』　　289

(38) び40％減価したところの，減価した通貨で行われ，また現在，その価値がもとに戻った流通媒介物における縮小は，公債所有者にとり，それの全差額分だけ真の特別配当金となるのです。これは，土地の価値における任意の，かつ偶然的な騰貴のように，公債所有者が決して受け取る権利のない利益であって，減価した通貨の場合を除けば，国家の途方もない，莫大な収入を徴収できなかった国の困窮から生じたのです。それゆえに公債所有者は，たとえ彼が，自分の国の不幸および人民の不当な処遇と災難とによって利益を獲得することが永続的に許されないとしても，不満を訴えるべき正当な権利を持っていないのです。

(1) 「小麦の大陸価格と英国価格との格差が現在と同じように大きい間は，英国価格は平均して，大陸等々の価格の2倍であることが明らかである」（農業の窮迫の問題に関する下院委員会の報告書，1820年7月8日）。これに半額の輸送料等々が付け加えられなければなりません。しかしそのデータは，計算なしに想定されております。

(2) 　国は直接税によって，それの収入を徴収できなかったのです——国は，労働者が現在，間接的に支払っているものを労働者から直接的に取るべきであった人頭税（capitation tax）によって，それの収入を徴収できなかったのです——それは大きい，公開された，恥知らずなことであり，したがって不可能なことであったのです。

(3) 　一ブリトン人によりロバート・ピール卿に当てられ，最近出版された手紙もまた，見てください，そのパンフレットにおける計算は，多少とも過大であると私は思います。しかしそれは，ただ単に問題に対し，程度において影響するにすぎないのです。ステノプ卿がこの著述家の「悪意をいだいた試み」について話をされた時，彼はどのようなつもりで述べたのでありましょうか？　現在は，われわれと見解が異なるすべての人を非難し，また中傷すべき時代ではないのです。また，たとえ機械の使用を制限するステノプ閣下の提案が不思議に人を怒らせるものとは言え，私が今まで行ってきたように，個人的にはおそらく不快に思うことがありうる，すべての注釈を手控えるでありましょう——ラッダイツのようなものに対しても。

　　しかしながらステノプ閣下の提案に一言。神によるある種の天罰により，ノーフォークおよびエセックスのすばらしい小麦畑全部が，即刻に不毛にされたと仮定して下さい。これは慶賀すべき問題でありましょうか？　わが国の公衆は喜ぶでしょうか？　われわれは国民的な感謝の気持ちをもつでありましょうか？　それは確かに労働者にとって，十分な雇用を見いだすでしょう。ノーフォークおよびエセックスの肥えた多収穫の土地において現在50人の人が生産し

ているのと同じだけの生産物を，ダートムアの「広いむき出しの背中」で5人あるいは10人，あるいは1万人の人々が生産できないのです。しかし，このような目的のために，ステノプ閣下は法律を制定することを望んでおられます！私はこれらの場合を見分けるために，ステノプ閣下だけを拒むのではなく，貴族全体の集中された知恵を拒むつもりなのです。これは表面的には非常に奇怪なことです。貴族が非常にはなはだしく誤りを犯しているということは，どうやら信用できるのです。しかしその誤りは，実際よりももっと大きいように思われます。ステノプ閣下を誤りに導いたのは同情の欠如であって，知識の欠如ではないのです。彼は次のことを理解し，かつ明白に，また正当に，理解しております。すなわち，労働と資本とが生産物をあまりに急速に増大させるであろうということ，また，資本家による労働からの搾取は限界を持っていること，そして，それゆえに，生産物に対する彼らの需要は限界を持っているということ，しかし，生産物そのものは，どのような限界もどのような制限も持っていないということ，したがって，生産物を増加させる傾向を持つすべての機械は，労働を短縮する傾向を持つということ，これであります。この点まではステノプ閣下は正しいのです。しかし，それゆえに私は，機械を最大限に増加せよ，労働者を可能な限り援助せよ，とあえて申すのであります。労働者の苦役の時間を，1日12時間から6時間に短縮することを求めようではありませんか。そして，その時にこそ，われわれは富，幸福，イングランドの繁栄を自慢してよいでありましょう。しかしこの点で，ステノプ閣下は，異議を唱えているのです。機械を破壊しようではないか，自然の産出力と労働者の骨折りとを短縮する人間の創意による発明を呪おうではないか，とステノプ閣下は述べるのです。貧しい者は何をなすべきでありましょうか？　あなたがたの機械はあまりに生産物を増大させたので，あなたがたの全住民を1週間に3日雇用するのに十分な仕事がなく，また彼らは救貧税から援助をえなければならないのです。もちろん，もしも資本家が彼らの搾取を継続することが許されるならば，閣下，彼らは真に援助を得なければならないのです。しかし，たとえ労働者が1日に6時間しか労働しないとはいえ，資本が放置された場合に労働者を維持するであろうということを，もしも私が明らかにしなかったならば，私はほとんど何も行わなかったことになるでありましょう。また，もしも立法府がこれらの搾取に賛成し，かつ保護するならば，彼らは救貧税に対し不満を訴えるべきではないのであります。彼らは自然に逆らうと考え，そしてそれを不可能なことと考えているのです。たとえ私が，ステノプ閣下の議論を誤解したとしても，彼は彼の行為に根拠を与えるには，全く不合理なもの以外の何ものも持ってはいないのです。

　そこで，すべての禁止的あるいは規制的な穀物法の撤廃によって，また，正当な報酬を与える価格である80シリングから50シリングへ，す

なわち，大陸市場との競争の開始により，おそらく低下するであろうものへ，小麦の価格が低下することによって生み出される耕作地の地代収入の減少の，公平な見積もりを行ってください——地代収入の永続的な低下は，資本の減少であることを想起して下さい——またこれに比例して，長期公債（funded debt）の全額から現実の差し引き控除を行って下さい。

　これらが，私が提案すべき方策であり，また，私があえて提案する唯一の方策なのであります。とは言いましても，他の多くの方策がそれに伴い，そしてそれらは時宜を得，かつ正当なものではありますが。閣下，もしも私の示唆が採用されるならば，どのような困難もなく，どのような込み入った計算もなく，個人の財産に対するどのようなせんさくも存在しないでありましょう。立法府のただ一つの決議のみが，決定的となるでありましょう。しかし，個人の財産は逃れられないということを，想起して下さい。反対に，国におけるすべての個人的財産は，価値において等しい，かつ正当な割合で減少するでありましょう。その上，私の素朴な判断においては，王国の個人的財産に実際に干渉する，どのような他の手段も存在しないのです。なぜならば，10分の1，あるいは20分の1を徴収することについては，すでに述べられたように，全生産物が財産評価人，法律家，顧問，および陸軍の軍隊，そして収税人に同伴するに違いない役人によって食い尽くされてしまうでしょうから。しかし，穀物法の撤廃によって，また食料の価格の低下によって，われわれは，人間の勤労の生産物であるすべての物品の価格を低下させるのであります。なぜならば，労働の価格はその価格の一部分であるからです。それは実際，比例した程度においては安価にならないでしょう。すなわち，現在80シリングに価する1着の上着は，その場合，たとえ小麦がその比率において安価になったとしても，55シリングで販売されない
(39) でしょう。なぜならば，他のもろもろの物品は労働の外に，上着の価格にも影響を及ぼし，また，全議論が現在，労働者が十分に支払われていないことを明らかにすることですので，労働そのものも，その割合において安価にならないでしょうし，あるいは，安価になるはずのものでは

292

ないのですから。しかし，もしも労働の価格がいくらか安価になるならば，上着は，原材料と労働との低下した価格に比例して安価になるでしょう。それはまた，比例的に，家屋に投下された資本に影響を与えるのであります。と言うのは，家屋は上着，あるいは，もっと普通に製造品と理解されている他の労働の生産物よりも，より以上耐久的な製造品でありますから。

　しかしながら，より慎重でより忍耐強い研究に基づけば，影響を被らないであろうような，ある財産が見いだされることが可能です。このことのために，おそらくある特別な備えが行われるでありましょう。しかし，多くの私的契約，抵当，年金等々，また借地契約のもとで支払われた地代，貨幣に換えられてのすべての支払い（all commutation payments）等々は，貨幣が減価している間に契約が行われたところでは同じ事情によって影響を被っておりますので，提案された救済からそれらを除外することは著しく不当なのであります。それゆえに，両方の場合において，あらゆる不正を取り除くべき，可能なすべての支配的事情とともに，私的負債は公的負債が減少するのと同じ方向，および同じ割合において，減少させられるべきなのです。たとえば，179 年〔原文のまま——訳者〕以前に行われた契約は，債権者，抵当権者等々が，179 年〔原文のまま——訳者〕以前の人と同一人であるか，あるいは彼の法定相続人である所では，その効力から免除されるべきなのです。最近の　年〔原文のまま——訳者〕以内において高められた官吏，恩給受領者等の報酬，陸海軍等々の給料，および，すべての給料等々の支払いもまた，減少させられるべきなのです。

　これらの方策は，貨幣の価格における自然的な騰貴もしくは農業生産物の価格における不自然な騰貴によって利益を得ているか，あるいはすでに得たところのすべての人々，および，すべての事情に，影響を与えるように，私には思われます。商業に従事している人々，契約者等々は疑いもなく等しく利益を得ているのです。しかし，これらの方策がそれに及ばないであろう所では，彼らが自分の資本に関して行ったはずである，どのような投資，および，利潤についても，私は全く知らないのです。

付録2　『国民的諸困難の原因および救済』　293

(40) 　これらが、私が提出しようと思っております唯一の案です。なぜならば、それらは、私が、ほとんどもっぱらそれだけに限ってきた弊害を、改善するからです。しかしながら、もう一度、私はあえて申しますが、他の財政上の方策がそれらに相伴うべきであり、また、次のことは、私が提案するところの方策が持つ、著しい利益の一つであります。すなわち、それらの方策を採用することは、交易や商業を自由な状態にしておくような財政上の立法という、賢明かつ時宜を得た制度を国が自由に追求しうる状態にあるということ、これであります。それゆえに実際には、商業は、おそらく、通常考えられた方法においてではなく、それがなし得る次のような唯一の方法において、利益があるのです。すなわち、自然的な状態あるいは偶然的な状態が、それの生産物に並外れた便宜あるいは豊富さを与える場合には、すべての国が、自由にその国の労働をそれらの物品に投下する状態にあるということ、これであります。このようにダートムアのやせた山の背において、同数の荷の小麦を生産するのに10人の労働が支出される代わりに、あるいは、セントポール寺院のドームの上で、あるいは、下院の石の階段の上で——いささかより浪費的であり、かつ、ばかげたことですが——小麦を生産するのに100人の労働が支出される代わりに、われわれは、10人の労働を帽子、上着、あるいは木綿の靴下に支出することができ、その上ポーランドにおいて、あるいは、黒海の沿岸において、われわれに代わって労働している10人のひとを得、また、彼らの労働と交換に100荷の小麦を生産する10人を得るのであります。

　閣下、私は繰り返しますが、その他のもろもろの方策は、回顧的な行為のためにではなく、存在している弊害をなくすためにではなく、それらの弊害が将来再び出現することを阻止するために、これらに相伴うでありましょうし、また、相伴うに違いないのです。しかし、ここで私は、読んでくださる方と握手をし、また、非常に友好的に閣下とお別れできるものと確信しております。私は、最高の気分でもって導かれたこの研究において、彼らの見解とだけは異なっていると考えた多くの人々を、すでに立腹させてしまったかもしれないことを、心配せざるをえないの

です。しかし，閣下を立腹させてはいないものと私は確信致しております。「つまらない一言もしくは二言，いつも立腹の種を捜し出すことは愚かなことである」ということを，私は認めております。——しかし閣下，われわれの将来の政策についての疑問に，あえて乗り出すべき十分な気力を私は持ち合わせていないことを，正直に認めます。そしてそれゆえに，私は，直ちに次のように署名を行ないます。

     閣下の
 もっとも忠実であって非常に卑しいしもべ。

# あとがき

　本書の本文，ならびに二つの付録における資料とその解説，およびエッセイ等は，本書の「初出一覧」で紹介した筆者の論文等が基礎になっている。だが，本文の各篇は，筆者が本書の全体を一つのテーマに統一しようとして，誤字や脱字はもちろんのこと，本文を含めて，それらの表現や注をかなり書き換え，また縮小し，そして資料の訳文も平易にしたつもりである。しかしもともと，それらが独立して執筆されたものなので，例えばリカードゥの『経済学および課税の原理』(第3版)に新たに付け加えられた第31章「機械について」や，『剰余価値学説史』第19章「T.R. マルサス」におけるマルクスの，マルサス剰余価値論批判の説明等について筆者の説明の繰り返しが多かった点は，論文の趣旨をできるだけ明確にするために必要であったとはいえ，改めてお詫びしておきたいと思う。

　今から振り返ってみて，筆者の研究生活のかなり初期に属する論文も含めて，このたびあらためてそれらを出版する気持ちになったのは，次のような理由からである。

　筆者の研究テーマは，(1)『古典派資本蓄積論の発展と労働者階級』(法政大学出版局，1974年，282ページ，第2版，1982年，321ページ)や(2)『リカードゥ派社会主義の研究——イギリス初期社会主義論』(世界書院，1994年，420ページ)等の「まえがき」や「まえおき」でも触れたように，資本主義社会における労働者階級の貧困はどのようにして生ずるのか，またその内実はどのようなものなのか，の経済学的解明であった。筆者は，その解明の手掛かりをマルクスの『資本論』第1巻，第23章「資本主義的蓄積の一般的法則」に求め，それが経済学史的にどのような思想家の手を経て確立されたのかをたどってきた。その結果，一つは，生産手段を所有する資本家が，あらゆる生産手段から切り離され，所有するものとしては自分の労働力だけである賃銀労働者から労働力を購入する社会関係が維持されて初めて，資本家

が労働者から剰余価値を獲得でき，これが労働者階級の貧困の真の原因であるということ，もう一つは，イギリスの産業革命期，およびそれの発展過程において顕著に見られたような，資本の生産過程に，より優れた機械等の労働手段が導入された場合における失業等の相対的過剰人口の創出と増大の理論的問題が，筆者にとって明確になった。そして前者の理論の経済学史的な形成を，筆者は前掲拙著の(2)で，後者のそれは同じく(1)で跡づけた。

　これらの著書を執筆している間に，内外の研究者が明らかにしている諸見解に対し，筆者は次のような種々の疑問をもつに至った。(I)マルサスやリカードゥ，それにマルクスさえも，相対的過剰人口創出の理論的形成の最初の功労者としてジョン・バートンを挙げているが，見方によっては，バートンの機械論は自らを否定するような矛盾を含んでいること，その矛盾を解明して経済学のより正しいルートへ戻したのがリカードゥの「機械について」であるから，リカードゥは価値論の観点からばかりでなく，蓄積論の視点からも，もっと高く評価されるべきであること，(II)しかしその反面，より優れた機械の導入は，就業労働者の一部分を解雇し，相対的過剰人口を生みだすが，その機械の耐久性の長期化に応じて，かえってそれによる生産量の限りない減少傾向をリカードゥが強調し始めたことは，機械による労働者の雇用減少によるところの国民所得の減少と，機械による生産物の増大によって，シスモンディのいわゆる「生産と消費の間の不均衡」やマルサスの有効需要の減少とそれを越える生産による一般的過剰生産の発生等と同じ結論に陥ることを避けるためのリカードゥの苦肉の策だったのではないか，ということ，(III)さらにまたリカードゥは，セーの法則を援用し，生産はそれ自らの需要を生み出すから，資本主義経済においては，一般的過剰生産は存在しないという見解をもっていたが，彼の収穫逓減の法則→穀物の価格騰貴→労働者の賃銀騰貴→彼のいわゆる「永続的な利潤率の低下」のほうではなく，特殊な商品である労働力の増加度よりも，より急速な「流動資本」の蓄積は，労働力に対する需要を高め，労働者の賃銀を騰貴させて「一時的な利潤率の低下」をもたらし，そして，少なくても理論的には (in theory)，それ以上の蓄積は「利潤」の絶対量をかえって減少させると述べている点は，資本主義経済に恐慌をもたらし，一般的過剰生産に陥れるという，マルクスのいわゆる「資本の

絶対的過剰生産」の原型を意味するのではなかろうか，ということ，(Ⅳ)そしてまた，マルクスが『剰余価値学説史』で，マルサスが，賃金労働者の労働が諸商品に付け加える価値は彼らの賃金部分だけであって，それ以上の利潤や地代等の剰余価値は，商品を生産しないで，ただ消費するだけの社会の不生産的消費者等からの有効需要による，市場価格の騰貴によって生み出される，と述べて，正当な剰余価値論を否定したと批判したが，少なくとも筆者の見る限り，マルサスの『経済学原理』，(初版，1820年，第2版，1836年)，『価値尺度論』(1823年)，『経済学における諸定義』(1827年)等の経済学にかんする主要な著書では，彼は，商品を生産しまた剰余価値を生産する労働が生産的労働である，と規定したアダム・スミスの考えをマルサスは正当に評価し，そして利潤も地代も労働者が自分の賃金の価値を超えて「創造した」ものである，と指摘していること，等々である。

　筆者は，リカードゥやマルクス，それにマルサスも含めて，資本蓄積にかんする以上のような筆者の問題意識の観点から，それらを解明すべく本書をまとめてみた。筆者のこれらの疑問は，期せずして内外の研究者の成果に対する疑問をも意味し，また特に，マルクスによるマルサス剰余価値論批判への筆者の解明が，もしいささかでも読者の方々を納得させるものを持っているならば，マルサスの経済学に対する評価は変わらなければならない，と筆者は思う。国民所得がマルサスが指摘するように生産的労働者の労働が「創造した」ものであるならば，それらの再配分によって年金やその他の社会保障費等の消費（＝有効需要の増加）に対するマルサスの提言は，より肯定的に受け取ることができ，そしてロバート・オーエン以来の公共投資による道路建設等の失業救済も，同じような意味で，より現実的に理解できるであろう。本書に対する多くの方々のご批判を頂ければ幸いである。

　最後になったが，本書の出版に際し，法政大学出版局の平川俊彦氏，緑営舎の佐藤憲司氏，ならびに森肇氏に大変お世話になった。記して謝意を表したい。

　　　　平成16年1月20日　　　　　　　　　　　　著　　者

# 初出一覧

(1) 「リカードゥの『機械論』と一般的過剰生産」(『経済学の方法』末永茂喜教授還暦記念論文集, 日本評論社, 1968年8月)
(2) 「マルクスとリカードゥにおける資本の絶対的過剰生産」(原題「資本の絶対的過剰生産におけるマルクスとリカードゥ」, 新潟大学経済学会『新潟大学経済論集』第9号, 1971年2月)
(3) 「リカードゥにおける機械論と補償説的見解について——とくに『マルサス評注』の『評注一四九』との関連において」(新潟大学経済学部『新潟大学経済学年報』第13号, 1989年2月)
(4) 「リカードゥとシスモンディの機械論について——それらの類似性と相違点」(同上『新潟大学経済学年報』14号, 1989年12月)
(5) 「リカードゥの『機械について』に対するJ.バートンとシスモンディの影響について」(同上『新潟大学経済学年報』第15号, 1990年12月)
(6) 「『剰余価値学説史』におけるマルクスの, マルサス剰余価値論批判について——一つの疑問」(新潟大学経済学会『新潟大学経済論集』第51号, 1991年8月),
(7) 「マルサスの有効需要論と剰余価値」(東日本国際大学『研究紀要』第4巻, 第1号, 1998年1月)

付録1 「リカードゥのギャトコム・パークとアダム・スミスの肖像画」(『書斎の窓』有斐閣, No.330, 1984年)
付録2 「国民的諸困難の原因および救済。……ジョン・ラッセル卿への書簡」(ロンドン, 1821年, 匿名)
　① 「解説」——「The Source and Remedy of the National Difficulties, etc., 1821, における経済学について」(東北大学経済学会『研究年報　経済学』第102・103合併号, 1972年5月)
　② 「資料・翻訳」——「ジョン・ラッセル卿宛書簡において政治経済学の原理から演繹された国民的諸困難の原因および救済」(新潟大学経済学会『新潟大学経済論集』第6号, 1970年3月)

# 索　引

## 【ア　行】

遊部久蔵　235
アークライト　99
アッパ・ブルック・ストリート　236
出雲雅志　61
一般的過剰生産　1, 3, 8, 15, 27, 56, 63, 88, 91, 99, 106, 137-38, 154, 163-64, 170, 174-75, 222
一般的供給過剰　223
一般的剰余　188, 191, 218, 220, 223
「v＋mのドグマ」　2-3, 34, 97-98, 160
馬の使用　36
『エディンバラ評論』　13, 44-46, 48, 50-51, 58-59, 95, 101-02, 132
『エディンバラ・エンサイクロペディア』　64, 65, 116
蛯原良一　28, 61, 244
オーエン，R.　99, 100, 106, 117
オクスフォード大学　235
大島　清　28, 61
大島雄一　94
岡田純一　94
岡本博之　95
オブライエン，D.P.　131

## 【カ　行】

外国貿易　265-68
架空資本　243
過少消費説的恐慌論　56, 99
『価値尺度論』（マルサス）　192, 199, 201, 205, 213
価値の創造　191
過渡的恐慌　4, 169
過渡期の機械　58
「機械について」　2-3, 7-8, 13, 26, 35-36, 38, 43-44, 49, 51, 53-57, 89, 92-93, 104-05, 116, 123-24, 127-30
機械の耐用年数　14, 16, 18-19, 28, 46, 54, 93
ギャトコム・パーク　237
キャナン，E.　131
旧機械論　39, 41, 44, 56, 58-60, 127
恐慌　3, 94, 97, 141, 143, 145, 161, 169
グラスゴー大学　239
クレア，O.St.　60
『経済学および課税の原理』（リカードゥ）　2, 7-8, 14, 21, 23, 25, 32, 38, 43-44, 49-50, 54-55, 62, 64, 66, 88-90, 92, 104, 123, 137, 154-55, 157-60
『経済学原理』（マルサス）　22, 37, 107, 124-25, 161, 174, 181-83, 185, 187, 205-06, 213, 224-25, 230-31
『経済学新原理』（シスモンディ）　45, 62, 64-66, 68, 72-80, 81, 88, 91, 106, 116-18, 123-25
『経済学における諸定義』（マルサス）　174, 183, 192, 199-201, 205-06, 213
ケーズノブ，J.　204
公共事業　231
小泉信三　131
国際的競争　121
『国富論』　107-08, 174
国民所得　1, 3, 9, 63, 67, 90, 207
国民的諸困難　241, 243
穀物法　292
越村信三郎　98
固定資本　3, 7, 9-10, 12, 16, 23-24, 28, 34-35, 38-39, 41-43, 48, 54, 63, 67-68, 88-89, 95, 97, 104-05, 109-10, 113, 118, 120-22, 133, 144, 216
コフーン，P.　285

## 【サ　行】

産業循環　148-49, 169
シェルビュリエ，A.É.　31, 104
シスモンディ，J.C.L.S.de　3, 8, 31, 45, 47-48,

301

50-51, 61-64, 66-67, 94, 96, 98, 100, 102-03, 105-07, 116-21, 124-26, 128-29, 132-33, 179, 211
シーニア，N.W.　32
資本の過剰と人口の過剰　137, 157
資本の過剰蓄積　138
資本の絶対的過剰生産　3, 137-38, 142-43, 152-54, 159
資本の有機的構成　3, 8, 16, 140, 142, 146, 148-49, 152
『資本論』　2-3, 19-22, 31-32, 104, 112, 138-40, 143, 152, 168, 211
社会的平均構成　150-51
『社会の労働階級の状態に影響を与える諸事情についての所見』（バートン）　56, 102, 105, 107, 112, 123, 130
剰余　185, 188-89, 191, 220, 223-24
『剰余価値学説史』　1, 4, 28, 30, 31, 56, 97, 104-05, 112, 131, 173, 176, 179, 186, 204, 211, 213, 232, 235, 241
剰余搾取　256
剰余生産物　174, 177, 187-89, 191, 198-99, 204, 219, 224
剰余労働　254-55, 260-61, 263-64
純収入　9, 11, 33, 35, 44, 57, 62, 90, 127
純所得　9, 11, 33, 35, 38, 62, 127
純生産物　10-11, 35, 60, 94, 153-54
ジョーンズ，R.　31, 104, 173, 236
新機械論　52, 56, 59-60
『人口論』　211
末永茂喜　95, 169
杉原四郎　96
鈴木喜久夫　169
スチュアート，J.　124, 211
スミス，A.　1, 2, 64-67, 94-95, 97-98, 107, 116-17, 123-24, 174, 181-87, 203, 205-06, 211, 213, 215-16, 219, 239, 241
譲渡に基づく利潤　174, 177, 204-06, 211-12
スラッファ，P.　7, 37-39, 41, 42-44, 59
セー，J.B.　23, 45, 66, 91-93, 116-17, 124, 222
生産的労働　1, 174, 181-82, 184, 186-87, 191, 205-06, 217, 250, 257, 266
「生産と消費との間の不均衡」　67, 92, 126
総所得　9, 11, 33-35, 38, 62, 90, 127
総生産物　11, 15, 24-26, 35, 50-51, 55-57, 63, 128-29
世界市場　90
増加価値　182
ソティロフ，G.　94, 102-03, 106-07, 123-24, 130

【タ　行】

玉野井芳郎　169
力と知恵の問題　144
中位的活況期　146-47, 149, 169
中位的生産条件　143, 146
貯蓄の原理　230
沈滞期　143-44, 169
ディルク，C.W.　96, 241-43, 245
時永　淑　238
豊倉三子雄　28, 61
富塚良三　28, 61, 169
トラワ，H.　60-61
トレンズ，R.　32, 58, 100
トンプソン，W.　95

【ナ　行】

永田　清　95
中野　正　28, 61, 95, 169
中山孝男　132
野原秀次　61, 99

【ハ　行】

橋本比登志　203
羽鳥卓也　28, 59-60, 169
バートン，J.　28, 31, 39, 41, 43, 54-57, 61, 103-05, 107-08, 110-15, 120, 122-23, 125-26, 131-32
早坂　忠　95
必要価格　215, 220, 232
「評注 149」　37-39, 41, 43-44, 48, 54-60
「評注 153」　57
「評注 236」　29, 39, 49, 55, 57, 59-60
不換銀行券　264, 268
富源の終末　4, 157-58, 161-62, 169
不生産階級　255, 258-59
不生産的消費者　4, 36, 68, 137, 163-64, 167-68, 174, 178-79, 181-82, 186, 212-13, 223
藤田勝次郎　95

部分的過剰生産　154
ブレイ，J.F.　235
ベェイリー，S.　201
ベルクマン，E.　170
ホジスキン，T.　236
補償説的見解　2, 7, 24, 32, 36, 39, 43-44, 54, 56, 58-60, 62
ホランダー，S.　58, 131
堀　経夫　28, 131, 203

## 【マ　行】

マカロック，J.R.　13-16, 22, 25, 28, 32, 44-48, 50-52, 58-60, 63, 92, 114, 124-25, 128-29, 137, 157, 161, 186
真実一男　31, 58, 130-32
マルクス，K.　1, 4, 9, 29, 31-32, 37, 47, 51, 56-57, 96, 98-99, 104-05, 112, 130, 132, 140, 146-48, 150-51, 159-60, 168-69, 173, 175-81, 205-06, 223, 232, 236, 241
マルサス，T.R.　1-3-4, 8, 15, 20, 26, 37, 39-40, 45, 47-48, 51-53, 55-58, 61, 63, 92, 96, 103, 124-25, 128-29, 137, 157, 161-65, 173-82, 184-87, 189, 192, 194, 198-203, 205-06, 215-24, 227, 232
『マルサス評注』　22-23, 31, 37-39, 43-45, 54-61, 88, 107, 131, 137, 161-62, 174
水田　洋　235
三谷友吉　131
ミル，J.　32, 37, 60, 125, 137, 161-62, 174
ミル，J.S.　32, 235

## 【ヤ　行】

有効需要　4, 181, 191, 212-13, 223-26, 232
　　――と機械の発明　225, 227
　　――と生産力及び分配の結合　225, 237-38
　　――と商業，貿易　226-29
　　――と人口　225-26
　　――と蓄積　225-26
　　――と土地の肥沃度　225-27
　　――と土地財産の分割　225, 228
　　――と不生産的消費者　225, 230
吉田静一　94, 98
吉原泰助　95

## 【ラ　行】

ラダイト禁止法　51
ラムズィ，G.　31, 95-97, 104, 173
リカードゥ，D.　1-4, 7-19, 21-29, 31-33, 39-40, 42-44, 50-51, 53, 55-63, 66, 88-93, 102, 104, 113, 116-17, 123-26, 128, 133, 137-38, 154-59, 162-63, 168, 173-74, 192, 194, 196, 201, 211, 220, 225, 241-42, 265, 272
利潤率の低下　4, 137-38, 141-42, 161-63, 165, 168, 221-22
流動資本　3, 7, 9-10, 16, 18, 21, 24, 27, 34-35, 38-39, 41-42, 46-48, 52, 54, 56, 63, 67-68, 88-89, 95, 97, 99, 104, 109, 118-19, 121-22, 133, 216
ルクセンブルグ，R.　94, 98, 102
レイヴンストーン，P.　97
レーニン，N.　98
労働の不変的価値　192, 195, 197, 199
ロンドン・スクール・オブ・エコノミックス　235

《著者紹介》

蛯原 良一（えびはら りょういち）

1929年福島県相馬市に生まれる．55年東北大学経済学部卒業．59年同大学大学院経済学研究科博士課程中退，新潟大学人文学部（経済学史担当）講師．73年同教授．95年同大学定年退職．96年東日本国際大学教授，2000年同大学退職．経済学博士（東北大学）．現在，新潟大学名誉教授．
主要著書および訳書：末永茂喜教授還暦記念論文集『経済学の方法』（日本評論社，1968年，共著）P. スラッファ編『ディヴィド・リカードゥ全集（III）』（雄松堂書店，1969年，共訳）『古典派資本蓄積論の発展と労働者階級』（法政大学出版局，1974年，同増補版，1982年）『体系経済学』（現代史研究所出版局，1979年，共著）『資本論体系　第3巻（剰余価値・資本蓄積）』（有斐閣，1985年）『所有論の歴史』（世界書院，1986年）『リカードゥ派社会主義の研究——イギリス初期社会主義論』（世界書院，1994年）

---

資本蓄積と失業・恐慌
リカードゥ，マルクス，マルサス研究

2004年7月30日　初版第1刷発行

著者　蛯　原　良　一
発行所　財団法人　法政大学出版局
〒102-0073　東京都千代田区九段北3-2-7
電話 03(5214)5540/ 振替 00160-6-95814
製版/緑営舎　印刷/三和印刷　製本/鈴木製本
© 2004 Ryoichi Ebihara
Printed in Japan

ISBN4-588-64535-8

蛯原良一 3000 円
古典派資本蓄積論の発展と労働者階級
［増補版］

川上忠雄編 2700 円
経済の大転換と経済学
金子勝氏の問題提起をめぐって

川上忠雄 3000 円
アメリカのバブル 1195 - 2000
ユーフォリアと宴のあと

日高 普 3900 円
資本蓄積と景気循環

佐藤良一編 5800 円
市場経済の神話とその変革
〈社会的なこと〉の復権

J.H. ミッテルマン／田口富久治・中谷義和他訳
グローバル化シンドローム 4700 円

李憲昶／須川英徳・六反田豊監訳 8500 円
韓国経済通史

法政大学出版局　　（税抜き価格で表示）